탄탄한 기초를 위한
당구입문서

서울스포츠대학원대학교
스포츠레저연구소

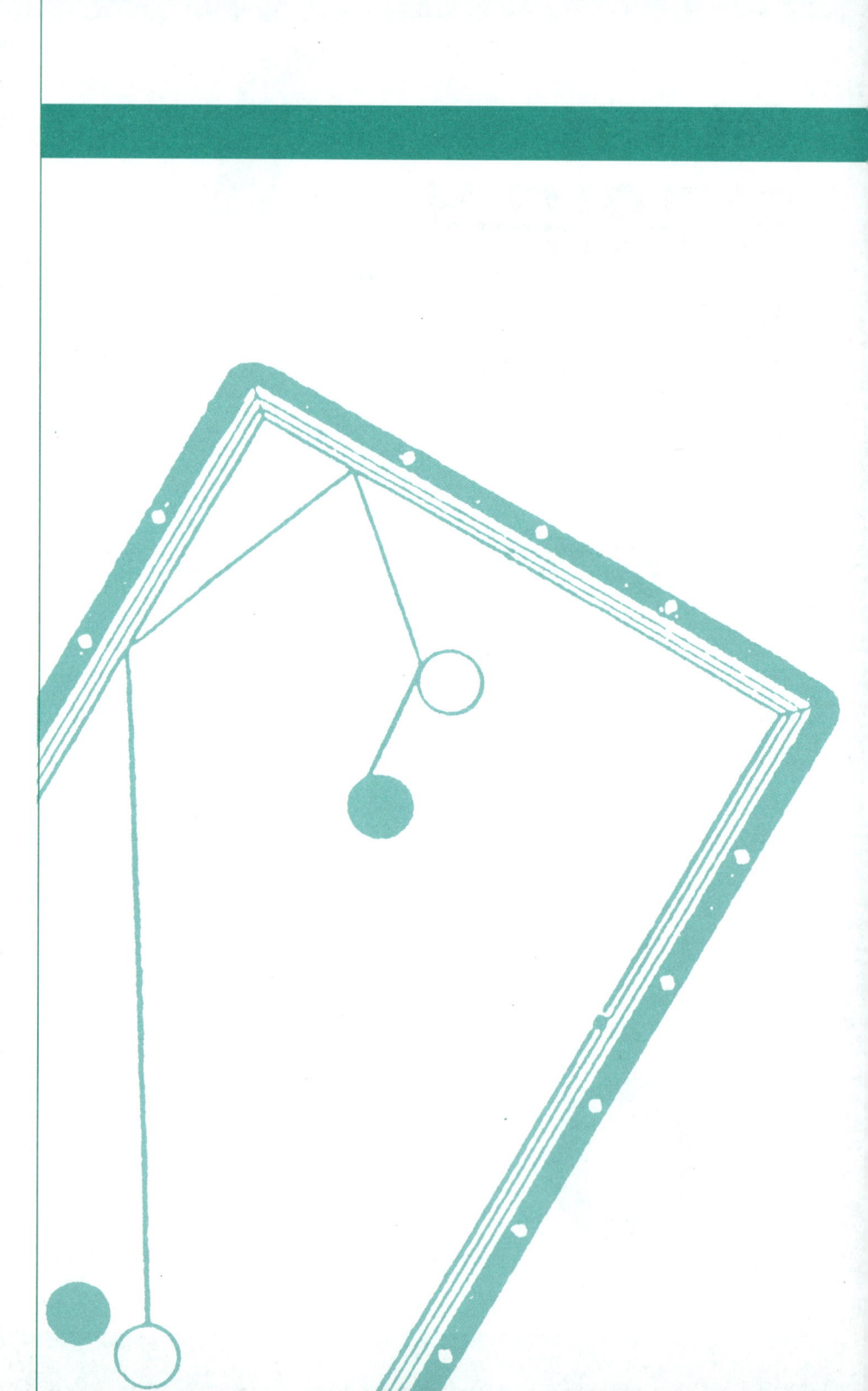

머리말

한정된 스페이스 안에서 자신이 그린 이미지대로 마치 살아있는 생물체를 다루는 양 공을 움직이는 당구. 정지하고 있는 공에 모든 신경을 집중시켜 큐를 댄다. 자신이 뜻했던 대로 적구에 맞았을 때의 기쁨과 만족감은 그 어디에도 비교할 수가 없다. 당구는 누구나 이내 익힐 수 있는 스포츠다. 그러나 다이나믹하고 스피디한 당구의 파워는 특히 젊은 사람들에게 인기가 있다. 그리고 헤아릴 수 없이 많은 기술은 항상 치는 이를 흥분시킨다. 단순한 것 같지만 그 내면에는 무한하다고 해도 될 만큼 깊은 세계가 펼쳐진다. '머리로 하는 스포츠'라고 불리는 것도 그런 데에서 연유한 것이리라.

본서는 이제부터 당구를 시작하려는 사람들을 위해 초보자의 입장에서 기본적인 원칙과 이론을 해설한 책이다. 모든 스포츠가 그러하듯이 당구도 또한 그 기본이 되는 폼이나 기법을 정확하게 터득해야 한다. 기본을 마스터하지 않은 채 자기 식의 플레이를 계속하다 보면 어느 정도에 이르면 그 이상은 진보되지 않으며 그때 가서 수정하려면 많은 시간과 노력이 든다. 또한 숙달을 위해서는 연습을 거듭하는 것 외에는 다른 방법이 없다. 실제로 큐를 잡고 공을 반복하여 치며 경험자로부터 지도를 받는 것이 가장 빠른 숙달의 길이다.

그러한 지도 외에 정확한 기본을 마스터하는 데 본서가 도움이 될 수 있다면 그 이상 바랄 나위가 없겠다.

2006. 12.
오성출판사 편집부

contents

Part 1 기초 지식

1 당구게임 10
  1) 당구의 종류 10
2 용구의 해설 14
  1) 당구대 14
  2) 공(Ball) 15
  3) 큐 15
  4) 초크 16
3 당구의 기본 동작 17
  1) 바른 폼의 기본 동작 17
  2) 큐의 무게 중심 19
  3) 몸의 위치와 발의 위치 22
  4) 큐를 잡는 법 23
  5) 브리지를 만드는 법 23
  6) 여러 가지 브리지 24
  7) 스트로크 28
4 사구 게임의 진행 방법 30
  1) 게임의 방법 30
  2) 채점법 38
  3) 점수 38
  4) 게임에 사용되는 용어 39

Part 2 당구의 기초 테크닉

1 공은 어떻게 치는가 42
  1) 중심을 친 경우 42
  2) 상부를 친 경우 43
  3) 하부를 친 경우 43
  4) 옆을 친 경우 43
2 수구와 적구 45
  1) 경사치기의 중심점 47
  2) 공의 회전과 속력 47
3 쿠션과 공의 관계 49
  1) 각도의 겨냥 50
4 중요한 자세 52
  1) 바른 스탠스 52
  2) 나쁜 자세 55
  3) 큐에 익숙해지자 56

Part 3 초보자를 위한 테크닉

1 브리지 60
  1) 브리지 61
  끌어치기의 브리지 62
  쿠션에 댄 브리지 1 63
  쿠션에 댄 브리지 2 64
  쿠션에 댄 브리지 3 64
  커브를 만드는 브리지 1 66
  커브를 만드는 브리지 2 67

커브를 만드는 브리지 3 67
2 샷 69
　어디를 보고 치는가 70
　수구는 어디를 쳐야 할까 70
　샷의 계산 70
　샷의 속도 71
　겨냥은 정확하게 72
3 삼각구 73
　삼각구의 5개의 당점 73
　아주 쉬운 삼각구 73
　수구의 중심에서 약간 위를 친다 79
　원 쿠션의 경우 80
4 밀어치기 81
　밀어치기의 세 가지 85
　찔러밀어치기의 두 가지 88
　마세치기 92
　마세치기의 모아치기 95
　밀어치기 마세의 모아치기 96
　밀어치기 더블 쿠션 98
　밀어빼어치기 커브 99
5 끌어치기 100
　끌어치기의 기술 104
　가로 끌어치기에 의한 모아치기 110
　긴 끌어치기 111
　원 쿠션 끌어치기 112
　원 쿠션 모아치기 113
　먼 끌어치기의 모아치기 114
　투 쿠션의 모아치기 115

끌어치기 투 쿠션 모아치기 117
6 비틀기(가로회전) 119
　원 쿠션의 비틀기 120
　절반 세우기의 비틀기 121
7 공 쿠션 124
　공 스리 쿠션 치기 127
　공 쿠션 치기 128
8 얇은 공 132
9 쿠션치기 136
10 걸쳐치기 141
11 되받아치기 145
12 공 쿠션 149
　공 쿠션의 모아치기 만들기 151
13 마중나오기 공의 치기 155
　밀어빼어치기의 마중나오기 157
　선구 원 쿠션의 마중나오기 159
　수구 원 쿠션의 마중나오기 160
　선구 투 쿠션 마중나오기 161

Part 4 고급 테크닉

1 죽여치기 166
2 모아치기 167
　1) 순서가 중요하다 168
　짧은 모아치기 171

contents

걸쳐치기 역비틀기의 크게 돌려서
모아치기 172
쉬운 모아치기 173
역치기 원 쿠션의 모아치기 174
적구 더블 쿠션의 모아치기 177
삼각구에 의한 모아치기 178
밀어빼어치기의 모아치기 179
밀어치기 포 쿠션의 모아치기 180
절반 밀어치기 원 쿠션의
모아치기 181
절반 밀어치기 투 쿠션의
모아치기 182
원 쿠션의 모아치기 184
끌어치기의 모아치기 186
끌어치기 원 쿠션 모아치기 188
공 쿠션 모아치기 189
크게 돌려 모아치기 190
짧은 모아치기 2 194
절반 세우기의 모아치기 201
스리 쿠션의 모아치기 202
짧은 모아치기 3 204
원 쿠션의 모아치기 2 206
더블 쿠션의 모아치기 1 207
포 쿠션의 모아치기 208
더블 쿠션의 모아치기 2 211
파이브 쿠션의 모아치기 212
더블 쿠션의 모아치기 3 213
커브의 모아치기 214

3 마세(masse)를 치는 방법 216
  자세 216
  브리지 216
  스트로크 217
  큐의 방향 218
4 세리치기 223
  세리의 연습 223

 숙련자를 위한 실험 테크닉

적구의 선택 230
얇은 가로 끌어치기 231
역치기의 원 쿠션 232
선택에 따라 다른 모아치기 234
스리 쿠션의 방법 237
역치기 원 쿠션의 방법 238
원 쿠션의 방법 239
주의해야 하는 끌어치기 240
밀어치기도 원 쿠션도 할 수 없는 공 245
일직선이 된 공의 경우 247
큰 커브 248
송곳 끌어치기 4가지 249
스리 쿠션에 따른 어려운 공들 253

Part 6 사구 게임의 경기법과 점수 계산법

스리쿠션 게임 274
파이브 & 하프 시스템 276
플러스 투 시스템 280
맥시멈 잉글리시 시스템 280
더블 레일 시스템 283
리보이스 시스템 284
노우 잉글리시 시스템 285
보크라인 게임 286

Part 7 부록

각종 게임의 경기규칙 290
  캐롬 게임 경기 규칙 290
  포켓볼 게임 경기 규칙 291
  파울 (반칙) 293
  스누커 게임 경기 규칙 296
  그 밖의 경기 규칙 296
  잉글리시 빌리아드 경기 규칙 298
  예술구 경기규칙 299
일본어의 잔재가 남아있는 당구 용어 300
당구의 매너 304
미국당구협의회(BCA) 제정 당구용어 및 정의 306

기초 지식 Part 1

당구의 기초 테크닉 **Part 2**

초보자를 위한 테크닉 **Part 3**

고급 테크닉 **Part 4**

숙련자를 위한 실험 테크닉 **Part 5**

사구 게임의 경기법과 점수 계산법 **Part 6**

부록 **Part 7**

1
당구 게임

1) 당구의 종류

당구 또는 '빌리어드(Billiards)', 바르게는 빌리어즈라고 복수로 발음해야 하지만 일반적으로는 빌리어드라고 하는데 이는 누구나 쉽게 익힐 수 있는 게임이다.

그러한 당구에는 여러 가지 종류가 있다. 우리나라에 일반적으로 보급되어 있는 당구는 공 넷으로 치는 사구(캐롬 게임)이며 프로 선수나 고득점자는 보크라인 또는 스리쿠션 게임도 한다. 보크라인, 스리쿠션은 이른바 고등 기술에 속하는 것이므로 본서에서는 주로 당구의 기본인 사구 게임에 대해 알기 쉽게 설명하고자 한다.

다만 당구를 치는 사람이 갖추어야 할 지식으로 각종 게임에 대해 간단한 해설을 곁들였다.

사구 게임(캐롬 게임, Carom Game)
초보자에게 가장 적합한 게임이다. 수구 즉 큐로 치는 공이 다른 흰색 공 1개, 붉은 공 2개 중 어느 것이든 2개에 맞으면 득점이 되며 계속 칠 권리를 가지게 된다. 이를 캐롬이라 한다. 이 게임에서는 수구가 다른 공에 맞기 전에 쿠션에 맞아야 한다는 제한은 없다. 상세한 설명은 본문에서 하기로 한다.

보크라인 게임(Balkline Game)

이 게임은 숙련자가 공을 당구대 한 구석에 모아 무제한으로 득점을 계속하지 못하도록 마련된 게임으로 당구대도 보편적인 것보다 크다(물론 사구대로도 할 수는 있다.). 쿠션으로부터 14, 16 또는 18인치 되는 곳에 줄을 긋고 쿠션을 따라 8개의 사각형(이를 보크라고 한다.)을 만든다. 공은 3개(흰색 공 2개, 붉은색 공 1개)로 하며 수구 이외에 2개의 공이 그 보크 안에 동시에 들어간 경우 그 중 하나를 1회 또는 2회의 샷으로 그 보크로부터 밖으로 내보내야 한다는 규칙이 있다. 이때 다시 그 공이 보크 안으로 들어간 경우, 역시 내보내기를 반복해야 한다. 또한 보크 이외에 보크의 선이 쿠션과 교차하는 곳에는 7인치의 정방형 구역이 있다. 이를 앵커라고 하며 여기에서도 마찬가지로 2개의 선구(先球)가 들어간 경우, 이를 인 앵커라고 하며 앞에서처럼 그 구역 밖으로 내보내야 한다.

스리쿠션(Threecushions)

수구는 제1구와 제2구의 선구(先球)를 맞히기 전 또는 적구(的球)를 맞은 다음, 선구를 맞히기 전에 3번 쿠션에 닿아야 하는 제한이 있다. 3번 모두 같은 쿠션이라도 상관없지만 샷 하기 이전에 이미 수구가 쿠션에 접촉한 경우에는 그 쿠션을 향해 쳐도 그것은 가산되지 않는다.

포켓 게임(Pocket Game)

이 포켓 게임은 서구에서 보편화된 게임으로 여러 가지 종류가 있으며 우리나라에도 로테이션, 에이트 볼(Eight Ball) 등의 게임이 서서히 알려지고 있다. 그밖에도 스트레이트 볼(Straight Ball), 골프 등의 게임도 있다. 포켓 게임의 테이블에는 모두 6개의 포켓이 있으며, 포켓의 크기는 쿠션의 포켓이 약 13cm, 코너 포켓의 크기가 약 14cm이다. 이 게임에서 사용하는 공은 16개이며, 흰색의 수구 1개와 ①에서 ⑮까지의 번호가 적힌 갖가지 색깔의 공 15개로 이루어진다.

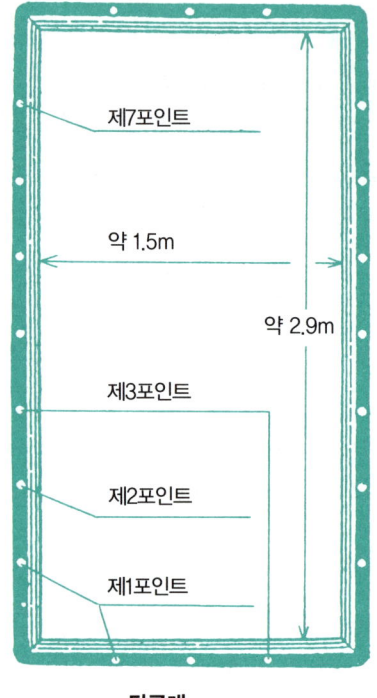

당구대

포켓볼 당구대

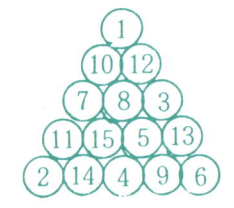

로테이션 게임시 공의 위치

에이트 볼 게임시 공의 위치

로테이션 게임은 2명 이상이면 플레이할 수 있으며 공은 ⑮를 중심으로 그림과 같이 놓는다. 그리고 번호 순서대로 공을 차례차례 포켓으로 집어 넣는다.

당구대 위의 ①의 공이 최초의 적구(的球), 즉 표적이 되는 공이며 수구를 그 공에 맞추어 포켓에 떨군 다음 이어서 ②, ③, ④…의 순서로 떨구어 간다. 수구가 적구에 맞지 않거나 포켓으로 떨어지지 않으면 상대방과 교대한다. 득점은 ①이 1점, ②가 2점,…⑮가 15점으로 카운트하며 어느 쪽이 합계 120점의 절반인 60점을 먼저 득점하는가를 겨루는 게임이다.

에이트 볼은 2명 또는 2조로 플레이한다. 그림에서처럼 ⑧을 중심으로 볼을 놓고 ①~⑦까지의 7개의 공을 포켓에 넣는 조와, ⑨~⑮의 공을 포켓에 넣는 조로 나눈다. 그리고 번호와 관계없이 각각 정해진 조의 공을 포켓으로 넣어나간다. 이렇게 7개의 공을 포켓에 넣은 플레이어가 먼저 ⑧을 포켓에 넣으면 승리를 하게 된다. ⑧을 포켓에 넣을 때, 어느 포켓에 넣어야 한다고 지정하는 경우도 있으며 거기에 실패하면 게임을 놓치게 된다.

2 용구의 해설

당구에 사용하는 용구에 대해 우선 간단히 설명해 보기로 한다.

1) 당구대

사구 게임에 사용되는 것을 캐롬 테이블이라 하여 미국식이다. 크기에 다소 차이가 있기는 하지만 보통은 길이 약 2.9m, 폭 약 1.5m이다. 보크라인 게임이나 스리쿠션 게임에 사용하는 당구대는 이보다 훨씬 크며, 포켓 게임에 사용하는 것은 또 다르지만 고무가 달려 있다. 이것을 쿠션 또는 레일이라고 한다. 이것은 공이 쿠션의 어디에 맞든 그 탄력에 의해 회전, 전진하는 힘을 잃지 않고 회전할 수 있게 해 준다.

또한 테두리(목재 부분)에는 마름모꼴 또는 둥근 모양의 포인트(다이아몬드)가 긴 쿠션에 7개, 짧은 쿠션에 3개씩 있다. 이로써 공이 진행, 회전하는 각도의 기준으로 삼는다.

당구대의 면은 공의 운동을 원활하게 하기 위해 대리석으로 만드는 것이 가장 이상적이라고 하는데 요즘은 흔히 슬레이트가 사용되고 있다. 이 당구대의 면과 쿠션에는 녹색의 나사(羅紗)가 깔려 있다.

2) 공(Ball)

예전에는 양질의 상아로 제조되었다. 주산지는 아프리카, 인도 또는 태국 등이었으나 상아는 변형이 쉽게 되기 때문에 오늘날에는 거의 사용하지 않는다. 지금은 연구(練球, 플라스틱제)가 사용된다.
사구 게임에서는 흰 색깔의 공 2개(그 1개에는 검은 표가 붙어 있다.)와 붉은 색깔의 공 2개를 사용한다. 지름은 약 7.3cm가 표준이다.

3) 큐

표준이라든가 규격 같은 것이 특별히 있지는 않지만 대체적으로 길이는 약 155cm, 무게는 약 16~19온스(약 450~540g)이다. 그러나 사용하는 사람의 키에 따라 다를 수 있기 때문에 자신에게 맞는 적절한 것을 고르면 된다. 큐를 직접 구입할 경우에는 반듯하고 사용하기 편한 것을 선택하도록 한다. 재료는 여러 가지가 있지만 단풍나무가 가장 좋다. 큐는 게임을 하는 데 있어서 중요한 무기이며 야구 선수가 익숙한 배트를, 테니스 선수가 사용하기 쉬운 라켓을 고르는 것과 마찬가지다. 무엇보다도 사용하기 쉬운 것을 골라서 그 큐에 익숙해지도록 연습하는 것이 필요하다.
다만 큐는 아무리 고급 큐를 구입해도 그 생명이 되는 부분은 큐의 앞쪽 30cm 정도인 바 특히 앞끝에 있는 탭(칩이라 하는 것이 정확하다. 가죽으로 둥그스름하게 만든 것)이 공에 닿는 부분이 조악하거나 형태가 좋지 않으면 좋은 공을 칠 수 없다. 초보자는 보통 부드러운 탭을 좋아하는데 피해야 할 일이다. 숙련자들은 딱딱한 것을 사용한다.

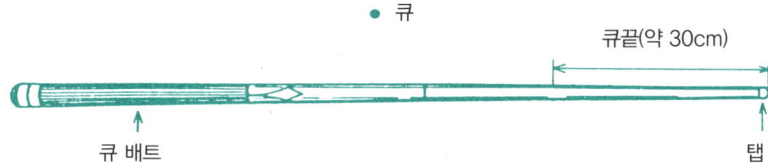

● 큐

4) 초크

탭에 발라 미끄러지지 않게 하기 위한 백묵과 같은 가루를 단단하게 굳힌 것이다. 색깔은 보라색, 파란색이 많으며, 게임 중 2~3회 친 뒤에는 초크를 발라야 한다. 그렇지 않으면 탭이 공에 맞았을 때 미끄러져 실패하고 만다(흔히 이것을 미스했다고 한다.). 이 탭이 만들어지면서부터 끌어치기, 밀어치기, 마세치기 등이 고안되었으며, 게임의 종류도 다양해지고 많은 발전을 이루었다.

3 당구의 기본 동작

어떤 스포츠이든 기본이 가장 중요하다. 당구에서는 무엇보다도 그 자세, 즉 바른 폼이 중요하다. 그저 바른 폼이라 하지만 신장이나 팔, 다리의 길이 등에 개인적인 차이가 있기 때문에 이렇게 해야 한다는 조건을 제시할 수는 없다.

그러나 공을 치기 전 일련의 동작-스탠스(발의 위치와 몸의 무게 중심의 균형), 브리지(왼손으로 만드는 큐의 지탱 방법), 그립(큐를 잡는 법), 얼굴의 위치(정확한 조준법), 스트로크(정확하게 치기 위한 준비 동작)-을 종합하는 기본적인 자세가 바른 방법으로 자연스럽게 취해져야 한다. 자기 식의 방법으로 일단 나쁜 버릇이 생기게 되면 수정하는 데 시간이 걸린다.

바른 폼이란 자연스러우며 무리가 없고 몸의 무게 중심이 안정되어 있는 자세다. 다음에 설명하는 기본 동작은 어디까지나 기본적인 것이므로 그 요점을 잘 이해하고 자신에게 적합한 바른 폼을 연습해서 익혀보자.

1) 바른 폼의 기본 동작

바른 자세와 동작은 다음 4가지로 나눌 수 있다.
① 큐의 무게 중심점(밸런스 포인트)을 정한다.
② 몸의 위치를 정한다.
③ 발의 위치를 정한다.
④ 브리지를 만든다.

바른 폼

우선 몸의 위치를 정하고 다음에 발의 위치를 정한다. 몸의 위치는 멀지도 가깝지도 않으며 가장 치기 쉬운 곳으로 한다. 양발을 모으고 서거나 반대로 지나치게 벌리거나 또는 오른발을 앞으로 내밀어서는 안 된다. 안정된 샷은 몸과 발이 바른 위치에 있으며 이상적인 균형을 유지할 때 탄생된다.

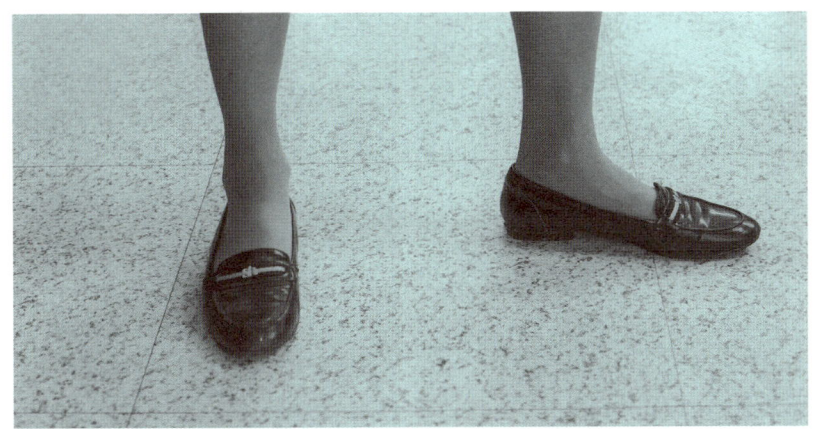

바른 발의 위치

처음에는 이 일련의 동작을 하나하나 구별하여 연습하고 익숙해지면 연속해서 하도록 한다. 공을 치는 방법을 연습하기 전에 항상 안정된 폼부터 취하는 습관을 가져야 한다. 폼이 잘못되면 아무리 연습을 해도 효과가 없다.

2) 큐의 무게 중심

큐의 어디를 잡으면 되는가에 대한 기준으로 큐의 무게 중심점(밸런스 포인트)을 알아야 한다. 큐의 밸런스 포인트는 대개 큐 끝으로부터 50cm 앞뒤 부분에 있다.

오른손의 엄지손가락과 집게손가락 위에 큐를 얹고 좌우의 균형이 잡히면 그 부분이 바로 중심점이다. 따라서 어렵지 않게 찾아낼 수 있다. 중심점을 알게 되면 그 뒤쪽 10cm 정도가 그립의 위치가 된다.

이것은 보편적으로 칠 때의 잡는 방법이며 가까이에 있는 수구를 칠 때는 다소 중심점에 가까운 곳을 잡고 먼 수구를 칠 때에는 평소보다 약간 뒤쪽을 잡도록 한다. 왜 이렇게 그립의 위치를 바꾸는가 하면, 가까운 공은 약하게 치는 경우가 많고 먼 공은 강하게 치는 경우가 많기 때문이다.

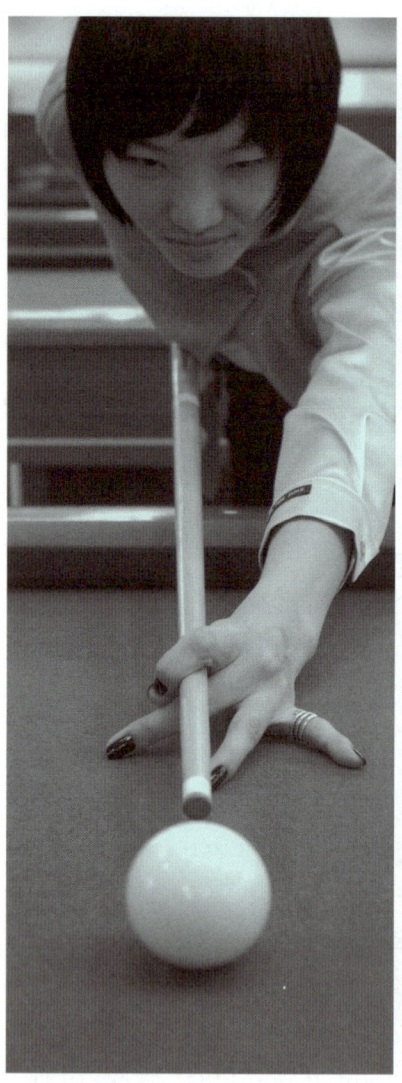 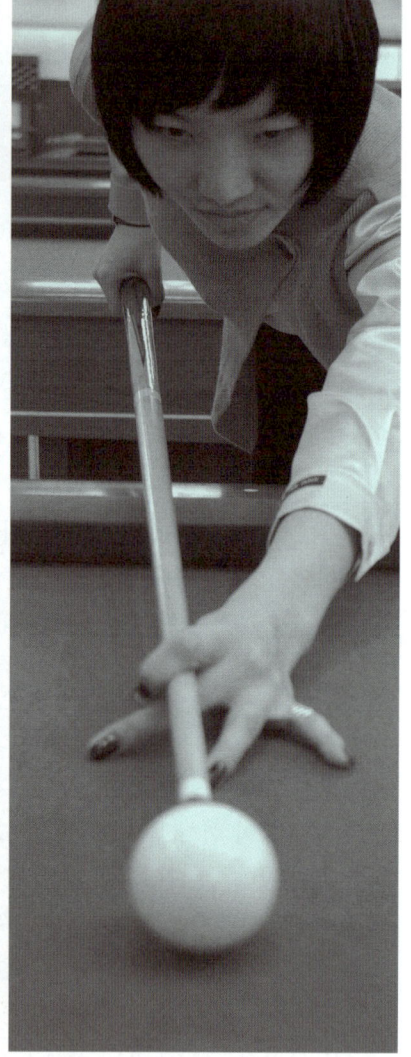

바른 얼굴의 위치

얼굴의 위치도 체크해야 할 중요한 포인트다. 큐가 오른쪽 옆으로 벗어나거나 해서는 바른 샷이 불가능하다. 왼쪽 사진은 바른 위치에 와 있지만 오른쪽 사진은 큐가 오른쪽으로 빗나가 있다. 보기에는 약간의 차이이지만 실제 플레이에서는 미스 샷이 생기기 쉽다.

바른 그립

큐의 바로 위에서 엄지손가락, 집게손가락, 가운데손가락, 약손가락 4개로 가볍게 쥐며 새끼손가락과 손바닥은 큐에 닿을까말까 할 정도로 한다. 손목은 고정시키지 않는다. 팔꿈치는 거의 직각이다.

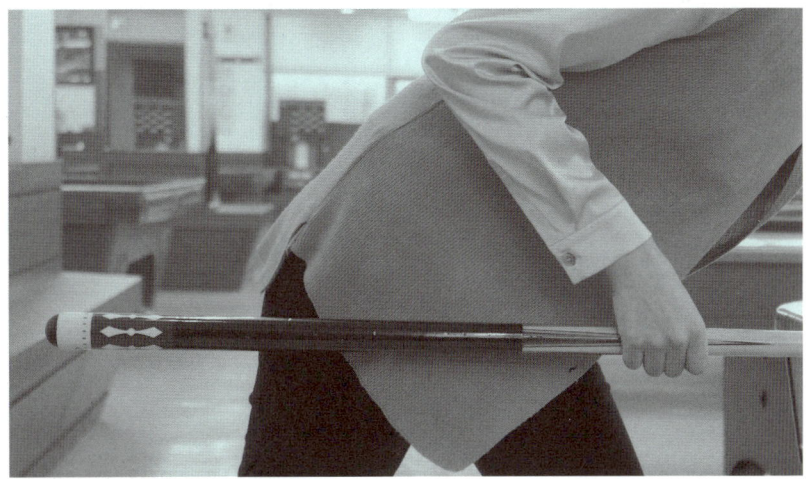

지나치게 앞쪽을 쥔 좋지 못한 예

3) 몸의 위치와 발의 위치

그립의 위치를 알게 되면 치려는 공을 향해 몸의 위치를 정한다. 바른 위치에 서지 못하면 정확한 샷을 할 수 없다. 다음에는 발의 위치를 정한다. 양발을 가지런히 하고 서거나 또는 극단적으로 벌리거나 심한 경우 오른발을 앞으로 내보내는 경우도 있다. 발의 바른 위치를 정해야만 얼굴의 중심이 큐의 바로 위에 오게 할 수 있다. 폼의 균형을 유지하는 포인트는 이 스탠스와 왼손임을 잘 기억해 두자.

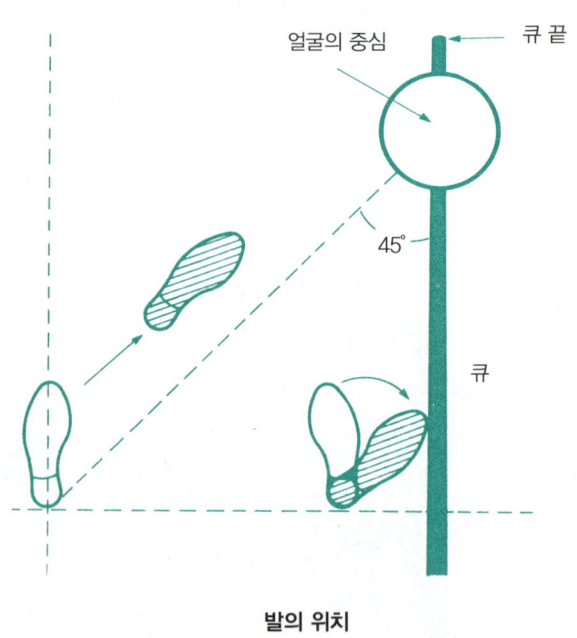

발의 위치

4) 큐를 잡는 법

큐를 잡는 법(그립)도 바른 폼을 만드는 기본 동작의 하나다. 그 잡는 방법은 사람에 따라 여러 가지로 다르다.

그립의 요령은 큐의 바로 위에서 가볍게 잡는 데에 있다. 엄지손가락, 집게손가락, 가운데손가락, 약손가락의 4개로 가볍게 쥐며 새끼손가락과 손바닥은 거의 큐에 닿을까 말까 하는 정도가 된다. 새끼손가락에 힘이 들어가면 스트로크에 미스가 생긴다. 손목을 고정시키지 않고 부드럽게 풀어두는 것도 포인트의 하나다. 단단히 쥐거나 또는 극단적으로 손을 뒤집어 잡거나 아니면 손가락 끝만으로 잡는 일이 없어야 한다.

그립의 위치는 앞에서 설명한 대로이며 이제 바른 그립의 포인트를 알았으면 왼쪽 팔꿈치는 거의 직각으로, 팔꿈치에서 손목까지가 수직의 상태가 된다. 극단적으로 뒤쪽을 잡거나 반대로 팔꿈치를 지나치게 많이 구부려 앞쪽을 잡거나 하면 정확한 샷을 할 수 없다.

팔꿈치를 중심으로 손목이 시계추처럼 흔들릴 수 있는 바른 스트로크는 이 정확한 그립을 통해서만 얻어진다.

5) 브리지를 만드는 법

큐를 지탱하기 위해 왼손으로 만드는 부분을 브리지라고 한다. 이 브리지의 형태를 보면 그 사람의 기술 정도를 알 수 있다고 한다. 브리지가 안정되지 않으면 공을 칠 때의 표적이나 공에 주는 힘의 조절 등이 모두 맞지 않게 되며, 미스 샷의 원인이 되기도 한다.

숙련자의 브리지를 잘 보도록 하자. 손가락 끝까지 단단히 테이블에 고정되어 있으며 스트로크를 하는 동안에 결코 흔들리거나 걸리지 않는다. 브리지에는 수구의 위치나 샷의 종류에 따라 여러 가지 형태가 있다. 그러나 어떤 형태의 브리지이든 단단히 고정시켜야 한다는 기본은 변함이 없다.

플레이 중의 샷 가운데 80% 가까이가 스탠다드 브리지이므로 초보자는 우선 브리지부터 충분히 마스터해야 한다. 수구에 대한 브리지의 위치는 대개 15cm 전후가 표준이다. 이것은 스트로크의 진폭과도 관계가 있다.

6) 여러 가지 브리지

수구의 어디를 치는가에 따라 브리지의 형태를 조절한다. 예컨대 통상적인 형태의 수구를 치는 상태에서도 위를 치는 경우와 한가운데나 아래를 치는 경우에는 브리지의 손가락 높이를 바꾸어야 한다. 같은 형의 브리지로 위나 아래를 치면 무리가 생겨 미스가 난다.

브리지에는 스탠다드 브리지 이외에 여러 가지 형태가 있다. 수구가 쿠션과 접하고 있는 경우 또는 수구와 적구가 접근되어 있는 경우 등 공의 위치나 샷의 종류에 따라 브리지의 형태도 달라진다. 그러나 기본이 되는 스탠다드 브리지를 완전히 마스터해 두면 응용은 간단하다.

스탠다드 브리지 이외에 흔히 사용되는 것으로는 다음과 같은 것들이 있다.

-브리지
-레일 브리지
-핑거 칩 브리지
-기타 브리지

브리지에 대하여는 뒤에 상세히 더 설명하기로 한다.

스탠다드 브리지를 만드는 방법

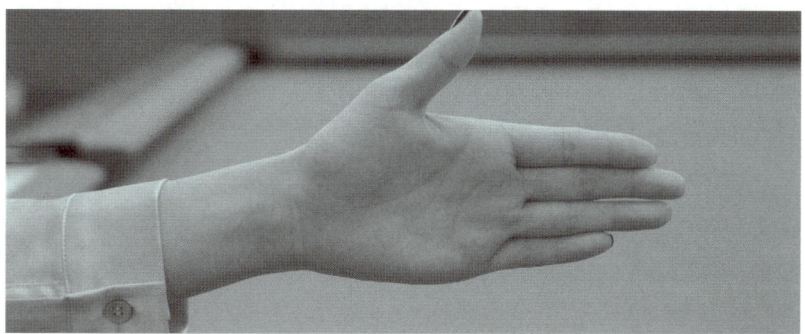

① 왼손을 펴고 모든 손가락을 편다.

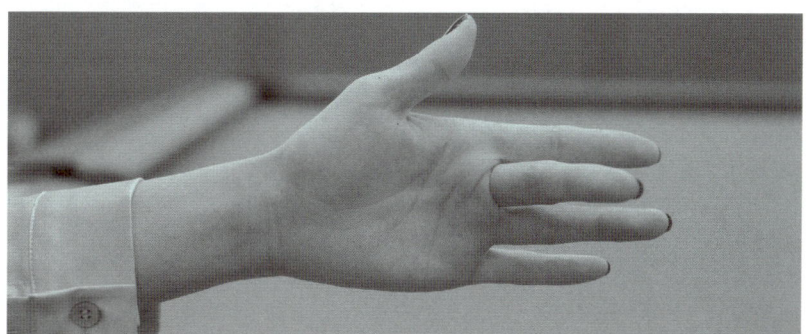

② 가운데손가락의 제1관절을 자신 쪽으로 구부린다.

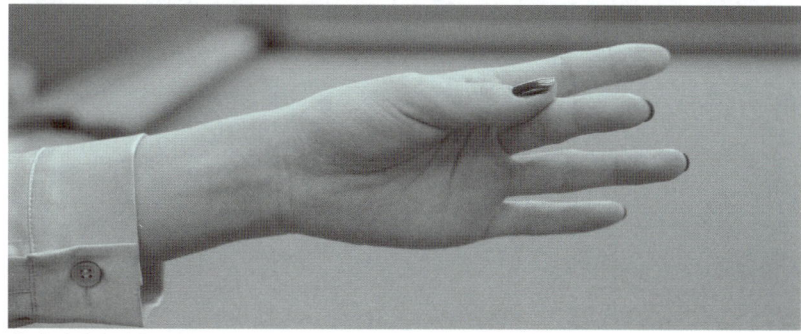

③ 손가락의 가운데 관절에 엄지손가락을 덧댄다.

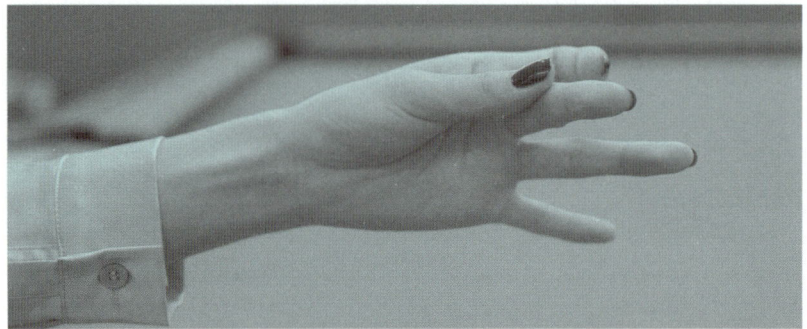

④ 집게손가락을 구부린다.

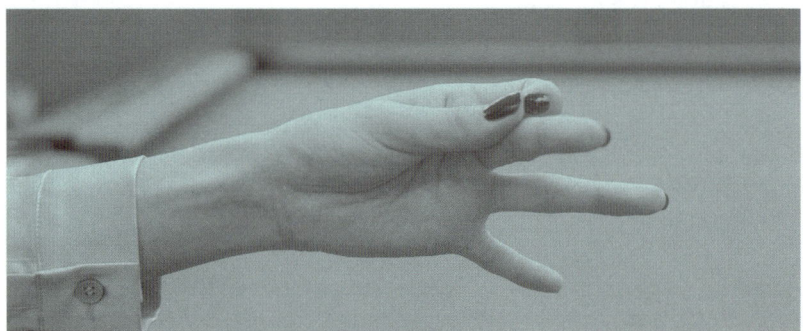

⑤ 구부린 집게손가락과 엄지손가락으로 원을 만든다.

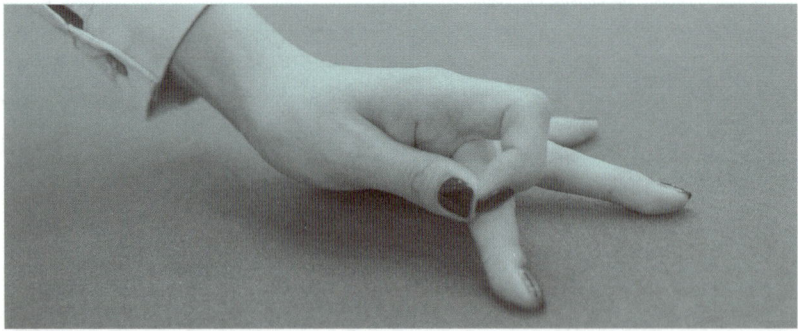

⑥ 집게손가락과 엄지손가락으로 만든 원이 무너지지 않도록 나머지 세 손가락을 편다.

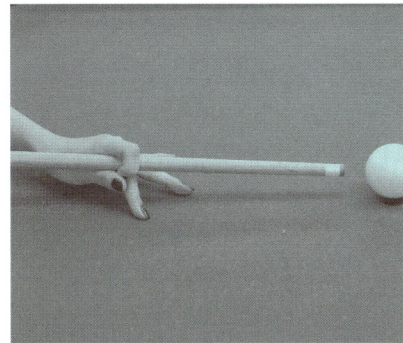 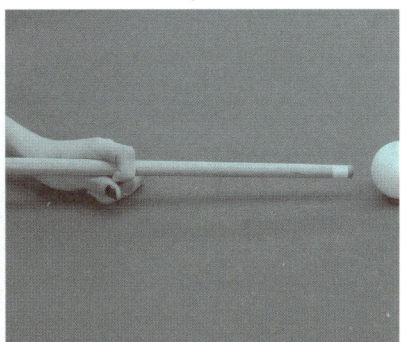

스탠다드 브리지의 변형

레일을 이용한 브리지

높은 위치에서 칠 때의 브리지

7) 스트로크

스탠스, 그립, 얼굴의 위치, 브리지 등 치기 전의 기본 동작들을 모두 마무리 짓는 것이 바로 이 스트로크다. 치려는 수구의 당점(撞点)에 큐의 앞 끝을 정확하게 맞추기 위한 준비 운동이므로 천천히, 정확하게 하기 바란다. 스트로크의 기본은 구부린 팔꿈치를 중심으로 팔을 시계의 추처럼 앞뒤로 움직이는 데 있다. 스윙을 몇 번 하느냐는 제한이 없지만 같은 속도로 앞뒤로 흔들며 완벽한 상태에 이르렀을 때 치도록 한다. 이때 어깨나 팔꿈치 또는 손목에 힘을 주지 않고 자연스러운 상태에서 흔들도록 한다. 손목만으로 비틀거나 어깨와 팔 전체를 움직이거나 또는 좌우로 흔들리는 스윙은 피해야 한다.

또 바른 샷을 했다 하더라도 치는 순간에 브리지가 흔들리거나 큐가 들어올려질 경우 샷에 미스가 생긴다. 순조로운 스트로크로 쳤을 때 큐의 앞 끝

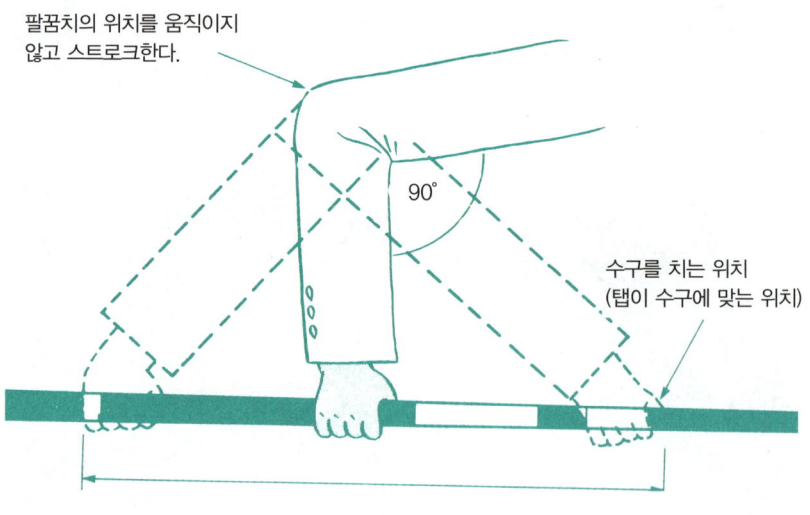

스트로크의 스윙

은 수구가 있던 위치에서부터 10cm 정도 앞까지 나가게 된다. 이것을 폴로 스루라고 한다. 이때까지 브리지를 고정시킨 채 움직이지 않는 것이 정확하게 칠 수 있는 포인트다.

지금까지 자세의 기본 동작에 대해 몇 가지 예를 들었으나 수구를 향해 자신의 이미지대로 움직이면서 목표로 삼은 적구에 정확하게 맞추기 위해서는 그러한 기본 동작을 완전히 내 것이 되도록 터득해야 한다.

초보자의 경우, 연습을 반복함으로써 터득하는 길밖에는 숙달의 지름길은 없다. 당구의 여러 가지 동작과 자세에 대하여는 뒤에 다시 상세히 설명하기로 한다.

4 사구 게임의 진행 방법

사구 게임은 가장 널리 알려진 대중적인 종목임과 동시에 쉽기도 하다. 그 룰이나 게임의 진행 방법은 다른 캐롬 당구와도 상통되는 바가 많다.

1) 게임의 방법

원칙적으로 두 사람이 하게 되어 있지만 여러 사람이 할 수도 있다. 이 경우 인원수가 짝수이면 수구가 달라지지 않지만 홀수인 경우에는 수구가 번갈아 달라진다. 요컨대 앞 사람이 친 것과 반대인 공을 치면 되는 것이다. 붉은 색깔의 공은 모두 선구(先球)로 이용하며 치는 공이 아니다. 여기에서는 두 사람의 게임을 기본으로 하여 알기 쉽게 설명하겠다.

서브(Serve)
먼저 흰 색깔의 공을 좌우 긴 쿠션의 제1포인트를 연결하는 선의 중앙에 놓고 붉은 공은 그 다음 제2포인트를 연결하는 선의 중앙에 마찬가지로 나란히 놓는다. 이로써 공은 양쪽 짧은 쿠션의 중앙에 쿠션으로부터 흰색, 붉은색 그리고 붉은색, 흰색으로 줄지어 있게 된다. 그 끝 쪽의 흰색 공이 양쪽의 수구(手球, 큐볼)가 된다. 어느 쪽이 먼저 서브할 것인가는 가위바위보로 결정한다. 그러나 공식적인 경기인 경우 또는 선수권 경기 등에서는 뱅킹이라 하여 양쪽이 짧은 쿠션을 향해 수구를 치고 그 공이 이 쪽의

캐롬 게임의 볼

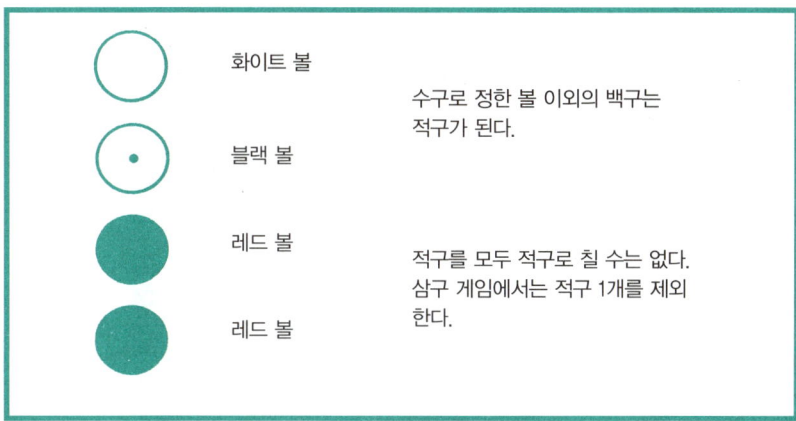

짧은 쿠션에 되도록 가까이 되돌아온 쪽이 서브할 수 있는 권리를 가지게 된다. 이 방법은 보크라인 게임이라든가 스리쿠션 게임의 경우, 우리나라에서도 채택되고 있다. 이것은 공식 방법이지만 사구 게임의 대회에서는 대개 제비뽑기로 한다. 다만 최근에는 선수의 개인적인 경기, 선수권 등에서는 사구 게임의 경우에도 P31(그 밖의 서브 위치)의 그림에서와 같은 방법으로 한다.

P31의 그림1은 보크라인, 스리쿠션, 삼구인 경우의 뱅킹 위치이고 오른쪽 그림은 사구인 경우의 뱅킹 위치다. 서브하는 사람은 수구(흰 색깔의 공) 어느 쪽을 선택해도 무방하다.

캐롬 테이블

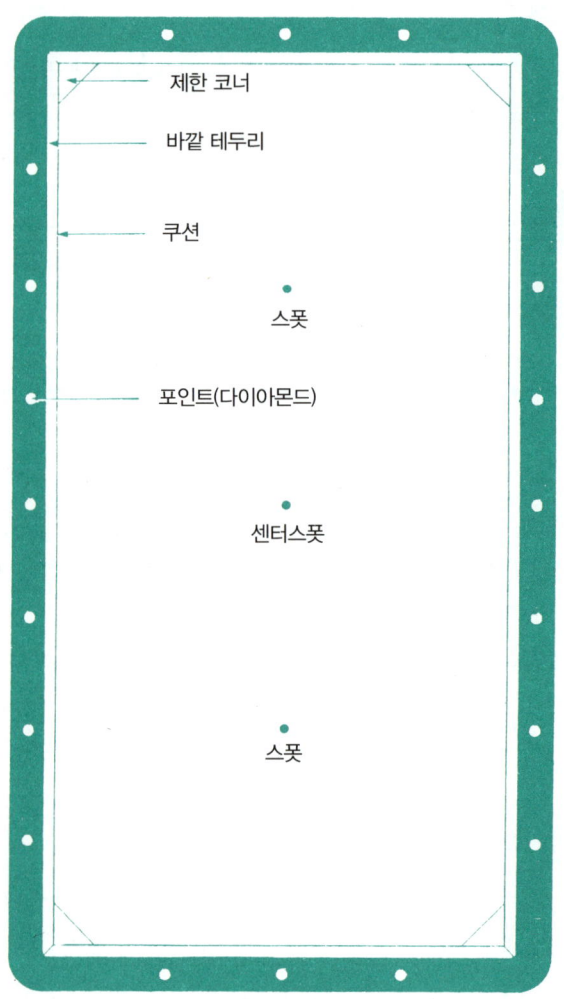

당구대는 일반적으로 쿠션의 길이가 짧은 쿠션의 2배다. 높이는 760~800mm이며 테이블 면은 완전히 수평이 유지되어야 한다. 테이블의 구조 그 자체는 어느 종류의 당구 경기에서나 별로 차이가 없다.

사구 게임의 서브 위치

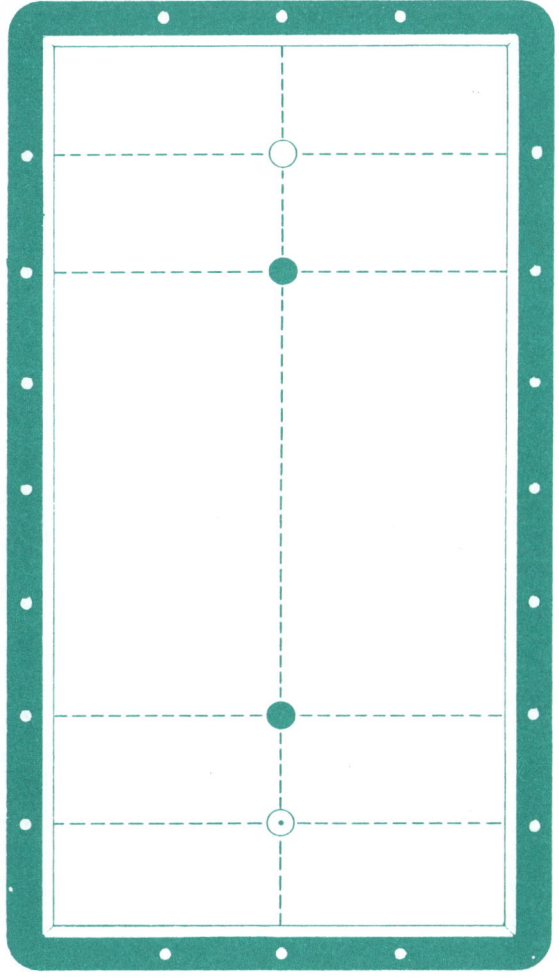

흰 색깔의 공은 짧은 쿠션의 한가운데 포인트(다이아몬드)끼리를 잇는 선과 긴 쿠션 끝 포인트끼리를 잇는 선이 교차하는 점에 두고 붉은 색깔의 공은 스폿 위에 둔 다음 서브를 한다.

사구의 서브 예

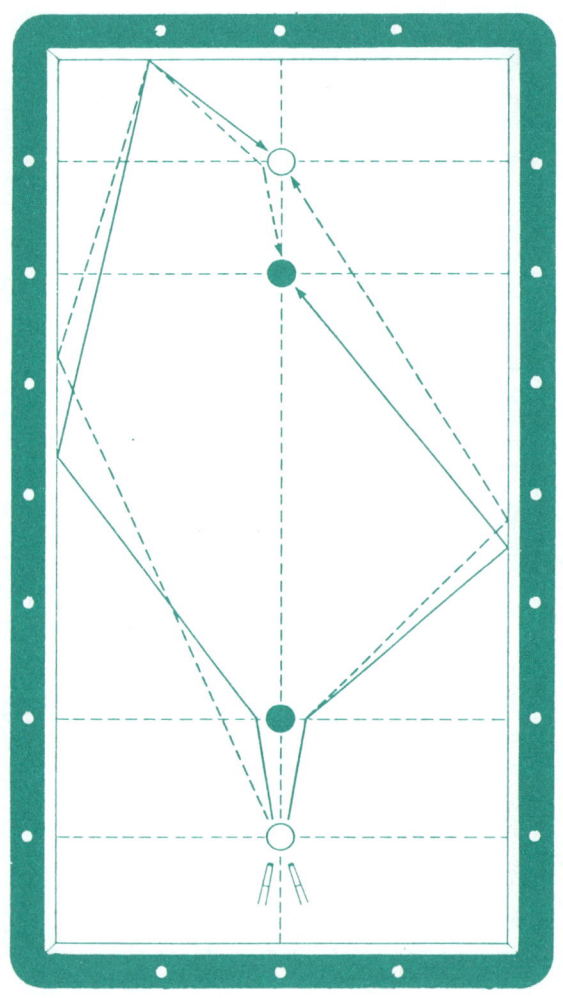

서브 위치에 놓인 공은 움직이지 않고 그 상태에서 친다. 수구를 먼저 맞히는 것은 어느 표적이든 무방하다. 그림에서는 가장 가까운 수구에 먼저 맞히는 예와 반대쪽에 있는 볼에 먼저 맞히는 방법의 예를 들고 있다. 서브에서 미스하여 득점으로 연결되지 않은 경우에는 그 상태대로 상대방 플레이어와 교대한다.

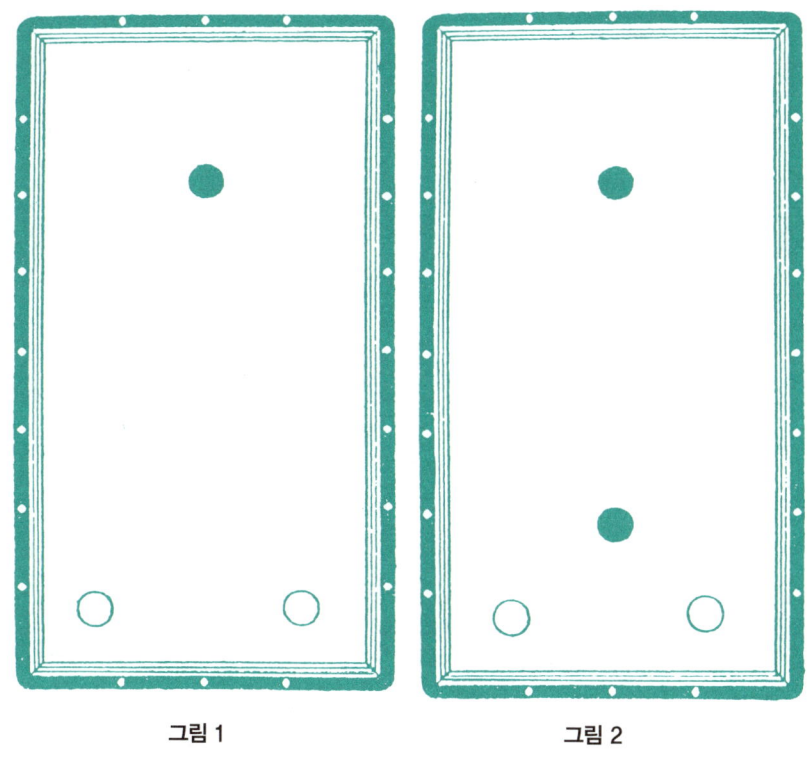

그림 1　　　　　　　　　그림 2

그 밖의 서브 위치

서브 볼을 치는 법

① 수구에 큐가 닿는 점은 중심에서 큐 끝 하나 만큼 오른쪽이다. 큐를 끊듯이 치지 말고 약간 긴 듯하게 제2~3포인트의 중간을 노리는 스트로크를 한다.

② 수구의 위치는 다르지만 제2포인트보다 약간 앞을 노린다. 수구에 큐가 닿는 점은 ①과 같다. 모두 공 쿠션으로 한다.

③ 수구의 중심보다 약간 위쪽의 오른쪽을 친다. 적구 왼쪽에 맞힌다. 이 경우 강하게 치면 커브를 돌며 벗어나기 때문에 가볍게 친다.

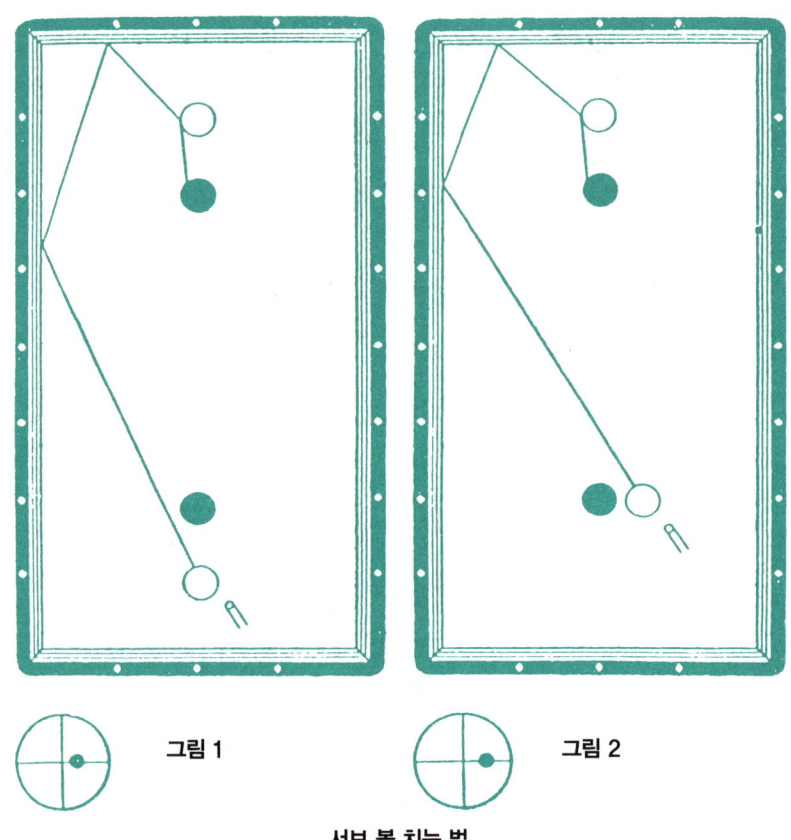

그림 1 그림 2

서브 볼 치는 법

④ 수구는 중심의 오른쪽 끝을 가볍게 친다. 이 공은 비틀기가 주어지지 않으면 맞지 않는다. ③, ④ 모두 되받아치는 공이다. 흰 색깔의 공 하나에는 구별을 위해 반드시 작은 점이 있다. 게임 도중 자신의 수구를 놓치지 않도록 쉽게 가려내기 위한 배려다. 시작할 때는 그 수구가 긴 쿠션의 제2포인트 안이라면 어느 위치로 이동시켜서 시작해도 무방하지만 대체적으로 정해진 위치부터가 아니면 득점이 어렵다. 우선 최초의 위치는 그림에서 보듯이 4가지 방법이 정석이라 할 수 있다. 최초의 적구(的球)는 반드시 흰 색깔의 공부터 해야 한다.

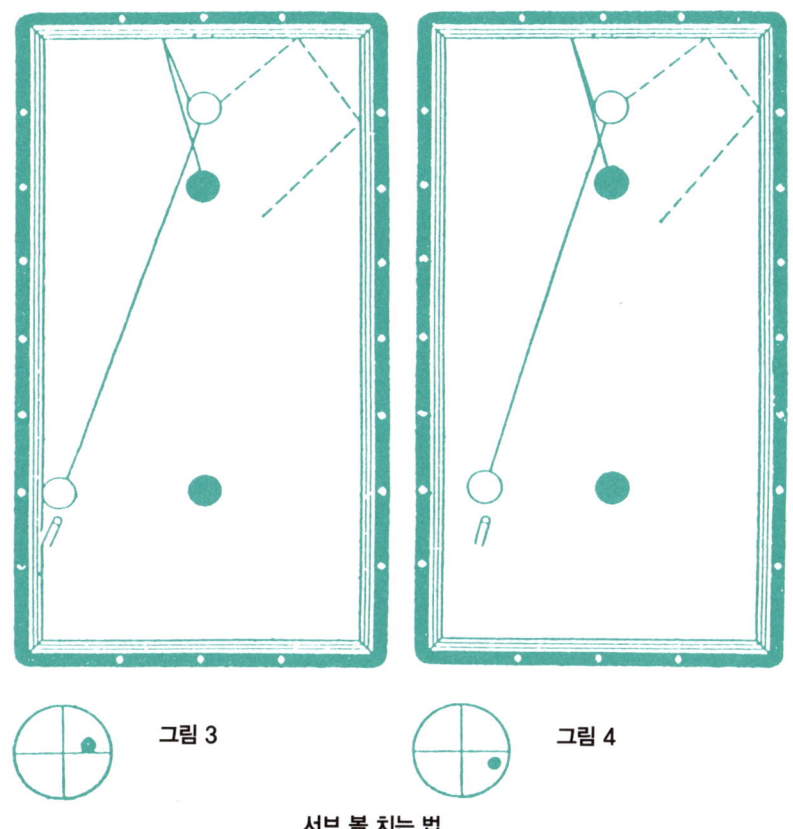

서브 볼 치는 법

무효가 되는 경우

게임 중에 무효가 되어 칠 권리를 상대방에게 양보해야 하는 수가 있으므로 참고로 설명해 둔다.

- 샷 이외에 공에 접촉한 경우
- 흔히 '리크'라고 부르는 방법으로 수구와 적구를 한 번에 2개 치거나 동시에 친 경우
- 수구를 잘못 알고 다른 공을 친 경우
- 공이 당구대에서 튀어나간 경우

- 득점을 목적으로 목표를 만들거나 또한 쿠션에 다른 물건을 두는 경우
- 양발을 바닥에서 뗀 경우

2) 채점법

당구 경기에서는 자신의 점수를 상대방보다 먼저 끝낸 사람이 승리자가 된다. 사구 게임을 두 사람이 하는 경우 흰 색깔의 공 하나는 언제나 자신이 치는 경우의 수구가 된다. 이 수구를 쳐서 노렸던 공(붉은색이든 흰색이든)과 또 하나의 공, 요컨대 자신이 친 공이 2개 이상의 공에 맞으면 득점이 되면서 연속하여 칠 수 있다. 실수한 경우에는 칠 권리를 상대방에게 양보해야 한다. 채점은 수구가 흰 색깔의 공과 붉은 색깔의 공에 맞으면 2점 또한 붉은 색깔의 공에 맞으면 3점 또는 모든 공에 맞으면 5점으로 하는 채점방법이 있고, 2개 이상의 공에 맞으면 1점이 되는 1점법도 있다. 이렇게 차례로 점수가 늘어나가다가 자신의 점수에 이르면 게임이 종료된다.

3) 점수

처음에는 15점이나 20점으로 시작하지만 다소 요령을 알게 되고 포인트를 올릴 수 있게 되면 30점, 40점으로 높인다. 15~20점의 초보자와 200~300점을 칠 수 있는 사람이 같이 게임을 할 수 있다는 데에 당구의 특징이 있다. 이 사람마다 다른 점수는 평균 5큐(5회 치는 것) 정도로 칠 수 있는 점수를 기준으로 계산한다. 10점인 사람이라면 1큐에 평균 2점, 300점인 사람이라면 60점을 득점한다는 계산이다. 이 점수에 대해 한 가지 덧붙일 사항은 무조건 이기겠다는 욕심에서 실제 점수는 100점임에도 70점 정도로 치는 사람을 볼 수 있다.(요즘의 당구장은 쌍방 부담의 시간제이므로 경우에 따라서는 패자가 그 요금을 지불하기 때문인지는 모르겠지만.) 그러나 당구는 신사의 경기다. 스포츠 정신에 따라 당당하게 자신의 점수

를 밝히고 기량을 겨루어야 한다. 채점에는 커다란 주판과 같은 계산기를 쓴다. 한 줄이 50점 단위이므로 대개 한 줄을 친다고 하면 50점 정도의 실력이라는 얘기가 된다.

4) 게임에 사용되는 용어

여기에서는 우선 필요하다고 생각되는 용어를 간략하게 설명하겠다.(자세한 용어는 부록 부분 참조.) 그 중에는 우리말도 있고 영어나 아직도 일본어가 그대로 쓰이는 경우가 적지 않다.

공
보통 백구, 적구라 하며 백구 가운데 하나에 검은 표시가 있는 것을 '구로'라고 일본어 그대로 부르기도 한다.

수구(큐 볼)
자신이 치는 공을 말하며 일본어 그대로 '모찌다마'라고 부르는 사람도 있다.

적구(的球, 제1구)
자신이 치는 수구로 최초에 겨냥하는 공을 말한다.

선구(先球, 제2구)
수구가 적구에 맞고 그 다음에 맞음으로써 득점으로 이어지는 공, 즉 적구와 함께 노리는 공이다. 제2적구라고도 한다.

제3의 선구(제3구)
수구로부터 가장 나쁜 위치에 있는 공. 만일 적구와 제2구에 맞아 득점한 뒤 수구가 이를 또 맞히면 5점을 얻는 수도 있다.

후구(後球)
상대방이 잘못 쳐서, 즉 미스하여 남게 된 공의 위치.

모음 공
흩어져 있는 공을 코너 등으로 끌어 모아 치기 쉽고 연속 득점을 가능하게 하는 공, 일본어 그대로 '요세다마' 라고도 한다.

마중나오기 공
수구와 적구 또는 선구가 어느 것이든 회전 중에 서로 만나 득점한 경우. 일본어 그대로 '대아이다마' 라고 하는 사람도 있다.

플루크(Fluke)
목표로 하지 않았던 공으로 우연히 득점한 경우.

찬스
플루크는 말하자면 행운의 공이지만 이것은 선구 하나를 노려 친 수구가 빗나가 다른 선구에 맞아 득점한 경우를 말한다.

공 쿠션
공이 쿠션에 밀착되어 있는 것을 이용하여 여기에 수구를 맞혀서 튕기게 하고 다시 선구에 맞아 목적을 이룬 경우, 즉 공을 쿠션 대신으로 한 경우다.

프로즌
'터치' 라고도 하며 공과 공이 접촉되어 있는 것을 말한다.

하이 런
1게임 중에 친 최고 득점수. 공이 중간에 흩어져 있는 경우의 자세.

당구의 기초 테크닉

기초 지식 — Part 1

초보자를 위한 테크닉 — Part 3

고급 테크닉 — Part 4

숙련자를 위한 실험 테크닉 — Part 5

사구게임의 경기법과 점수계산법 — Part 6

부록 — Part 7

1 공은 어떻게

공을 치기 위해서는 우선 수구와 적구 그리고 선구를 정하고 '저 공과 이 공을 맞힌다.'라고 하는 계획을 세우고 나서 적구 및 선구를 겨냥하게 된다. 이때 정확한 자세와 브리지(큐를 받치는 왼손)를 만들어야 한다. 지나치게 수구의 가장자리를 칠 경우 미스하는 수가 많으므로 처음에는 중심이거나 그 주위가 되도록 중심에 가까운 곳을 치도록 유의해야 한다.

또한 주의해야 하는 점은 공과 시각의 관계를 잘 이해하지 않으면 정확하게 쳤다고 쳐도 엉뚱한 곳을 치게 되는 경우가 흔히 나온다. 공이 언제나 눈보다 아래쪽에 있으며 또 공의 위치에 따라 눈으로 보는 중심점이 달라지는 경우가 많기 때문이다.

공은 위와 아래 또는 오른쪽과 왼쪽 등 약간의 차이만 있어도 그 친 점과 힘의 상태 등에 따라 미묘하게 변화하며 또한 공을 친 부분의 두껍고 얇은 정도, 쿠션에 맞은 각도에 따라 수없이 많은 형태로 회전을 한다. 이것이 당구의 포인트이므로 그것을 잘 익혀 둘 필요가 있다. 이제 공의 어디를 치면 어떤 운동을 하는가에 대해 설명하기로 한다.

1) 중심을 친 경우

공의 한가운데를 치면 그 공은 주어진 방향으로 회전하지 않고 미끄러지지만 얼마 뒤 바탕천인 나사지의 마찰에 의해 전진 회전으로 바뀐다. 이 미끄러짐의 정도는 나사지에 따라서도 다르고 또한 힘의 상태나 큐의 내밀기에 따라서도 달라진다.

2) 상부를 친 경우

일반적으로 수구는 중심점보다 약간 위를 치는 것이 상식으로 되어 있다. 그러나 칠 수 있는 범위에서 가장 윗부분을 치면 공은 즉시 자전 진행을 한다. 시험 삼아 이 당점을 점차 낮추어 보자. 어느 점에 이르면 자전하지 않고 중심을 친 경우와 마찬가지로 미끄러진 뒤에 자전을 시작한다는 것을 알 수 있다. 따라서 대략 공을 치는 점은 중심점으로부터 반지름의 5분의 2 이상을 표준으로 생각하면 될 것이다.

3) 하부를 친 경우

하부를 친 경우에는 상부를 친 경우의 반대가 된다고 생각하면 큰 잘못이다. 물론 하부라 하더라도 중심에서 약간 아래인 경우와 칠 수 있는 한의 극단적인 하부와는 그 상태가 달라진다.
최하부를 친 공은 이론적으로는 역회전하여 진행하는데 사실은 나사지의 마찰 등으로 인해 처음에는 미끄러지고 쿠션 또는 공을 맞아 여기에 약간의 힘이 주어지면 역회전(백스핀)이 걸리며 후진한다.
그러나 역회전은 항상 나사지의 마찰에 의해 방해를 당하기 때문에 쿠션이나 다른 공이 없을 때 어느 점에 이르면 효과를 상실하며 타성적으로 전진하게 된다. 따라서 중심점을 친 경우와 마찬가지로 자전 전진하게 된다.

4) 옆을 친 경우

이것은 수구에 비틀기를 주는 방법이며 공의 중심에서 오른쪽이나 또는 왼쪽을 침으로써 적구 또는 쿠션을 맞춘 뒤에 그 운동을 시작한다.

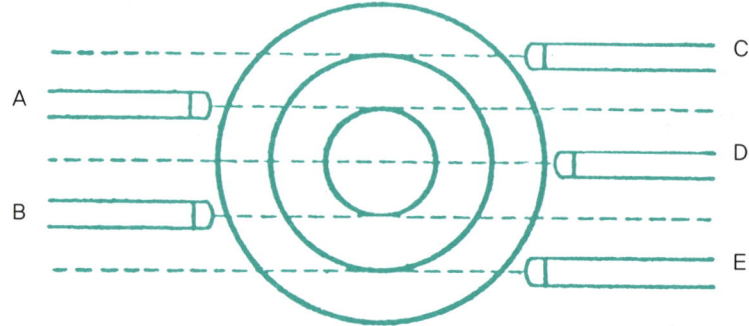

수구의 당점

그림은 옆면에서 본 수구의 당점이다. 이 당점의 차이에 의해 수구는 각각 변화한다.
A : 보편적인 당점
B : 죽여끌어치기의 당점
C : 밀어치기의 당점
D : 죽여치기의 당점
E : 끌어치기의 당점

2 수구와 적구

적구를 맞힌 수구는 어떤 회전을 하는가 또한 수구에 맞은 적구는 어떠한 진로를 취하게 되는가에 대해 설명해 보자.

수구는 적구에 맞았을 때, 두 공의 중심을 잇는 선의 방향으로 진행한다. 적구가 수구에 맞는 부분은 중심의 한 점이기 때문에 그 한 점을 친 것과 같은 이치가 된다. 따라서 그 회전 진로는 중심을 맞은 수구의 진로와 같다.

그러나 수구가 적구에 맞는 경우, 수구의 당점에 대한 차이에 따라서도 변화하기 때문에 공은 당점과 적구에 의해 맞는 상태에 따라 변화한다. 수구의 한가운데 중심을 치고 그것이 정확하게 적구의 한가운데 정면에 맞았다면 수구는 그 운동력의 전부를 적구에 넘겨주고 그 자리에서 정지한다. 다만 수구가 활주 범위를 넘어 자전하기 시작하고 나서 맞은 경우에는 수구의 상부를 친 경우와 동일하게 된다.

또한 처음부터 수구의 상부를 쳐서 전진 회전하다가 적구의 중심에 맞았을 경우에는 적구는 동일 방향으로 진행되며 수구는 자전력에 의해 적구에 뒤이어 전진한다.

또한 적구의 정면이 아닌 다른 부위에 맞은 경우에는 약간 곡선을 그리게 된다. 얇게 맞은 경우에는 그 분리 각도가 큐의 방향에 대해 점차 감소된다. 또한 같은 두께일 경우에는 강하게 친 쪽이 분리 각도가 커진다. 또한 좌우로 그 당점이 다른 경우에는 반대쪽을 친 쪽의 역시 분리 각도가 감소된다.

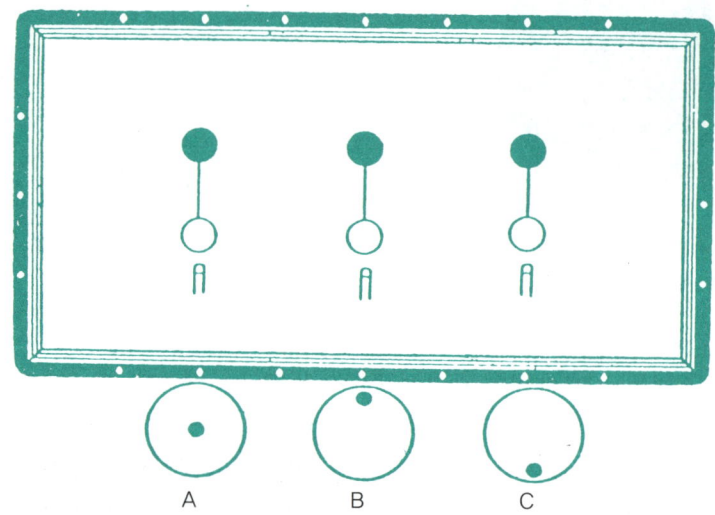

3가지 당점에 따른 수구의 움직임

A : 수구의 중심을 치고 그것이 적구의 한가운데에 맞으면 수구의 힘이 적구로 옮겨 정지된다.
B : 수구의 중심 위를 치고 그것이 적구의 한가운데에 맞으면 수구는 전진 회전하는 상태로 밀어치기 공이 되며 적구와 함께 진행한다.
C : 수구의 중심의 하부를 치고 그것이 적구의 한가운데에 맞으면 후진 회전이 되며 수구는 뒤로 돌아온다. 이것이 끌어치기다.

앞에서와는 반대로 수구의 하부를 쳤을 경우에는 다음과 같은 상태가 된다. 즉 공이 미끄러지며 아직 후진 회전력이 남아있는 동안에 적구 중심에 맞은 경우에는 적구 역시 수구의 운동력을 받아 동일 방향으로 진행하지만 수구는 적구와 정반대의 방향으로 역행한다. 이것을 끌어치기라고 한다. 또한 정면 이외의 부분에 맞은 경우에는 적구가 진행하는 선에 대해 둔각을 이루며 분리되며, 이때 수구는 완만한 곡선을 그린다. 또한 수구가 적구에 얇게 맞으면 그 분리 각도는 점차 감소되며, 같은 두께로 맞았다 하더라도 강하게 친 공은 약하게 친 공보다 분리 각도가 커진다.

또한 수구에 비틀기가 있을 때, 같은 쪽을 친 경우보다 반대쪽을 친 경우에

분리 각도는 감소된다.
따라서 끌어치기의 경우, 같은 적구에 대해 수구를 강하고 얇게 맞히는 것과 약하고 두껍게 맞히는 것은 같은 결과가 나온다. 요컨대 '수구가 적구의 정면 이외의 부분에 맞은 경우, 중심을 쳤을 때는 적구의 진로와 직각으로 하부를 친 경우에는 적구의 진로와 둔각으로 분리된다. 앞의 그림은 치기 쉬운 삼각구의 겨냥을 보여주는 것이다. 이를 참고로 연구하기 바란다.

1) 경사치기의 중심점

수구를 치는 경우, 주의해야 하는 것은 공의 지름의 10분의 6 이내를 언제나 당점으로 해야 한다는 점이다. 또한 선구가 방해가 되거나 쿠션 관계로 큐의 배트를 얼마간 든 상태에서 중심치기를 하는 경우 그 중심 당점은 큐의 경사각도에 따라 달라진다.
따라서 그 정도가 늘어날 때마다 중심 당점을 높여야 한다. 즉 공의 2분의 1은 중심이지만 경사치기를 하는 경우에는 그것이 각도와 함께 높아지게 되는 것이다.

2) 공의 회전과 속력

친 공의 회전이 빠르기 때문에 그 속력도 빠르리라 판단하는 것은 잘못이며 회전의 속도는 전혀 별개의 것이다. 이러한 착각은 흔히 일어난다. 숙련자가 마세를 했을 때 공은 완만하게 커브를 이루며 일단 쿠션 또는 제1구에 맞은 다음부터 갑자기 속도가 증가된다. 이것은 쿠션 또는 공에 맞기까지는 힘차게 회전하고 있던 회전력이 전진력으로 바뀌기 때문이다.
따라서 회전수에 따라서도 수구가 제1구에 맞은 뒤의 관계가 달라진다. 수구의 속도는 제1구에 두껍게 맞을수록 감소된다. 즉 수구의 회전속도가 커질수록 제1구에 맞은 뒤의 속도는 증가되는 것이다.

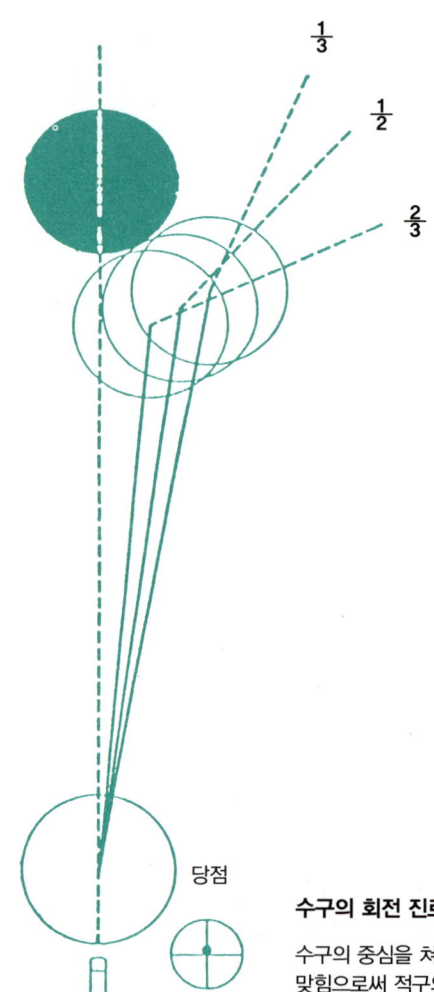

수구의 회전 진로

수구의 중심을 쳐서 적구에 맞힘으로써 적구의 3분의 1, 2분의 1, 3분의 2처럼 맞히는 상태에 따라 각각 각도가 다른 진로를 취하게 된다. 이를 응용하여 적절하게 선구를 겨냥한다.

3 쿠션과 공의

공의 당점과 그 공의 회전 진로에 대해 지금까지 대략 설명했다. 공은 당구대의 면 위를 큐로 친 기세에 따라 종횡으로 회전하기 때문에 주위의 쿠션에 접촉하는 것이 당연하며, 이 쿠션에는 탄력성이 있는 고무가 사용되므로 공이 여기에 맞으면 튕겨져 나온다.

이 공의 입사각도와 반사각도 또한 그 속도, 쿠션의 탄력의 강약 또는 공의 크기 등에 따라 서로 미묘한 관계를 유지한다.

탄력이 약한 경우에는 반사각도는 입사각도에 비해 감소되며 공의 속도도 약해진다. 이런 경우 입사각도와 반사각도가 동일한 각도를 이루게 하려면 공을 칠 때 힘을 증가시키면 된다. 알기 쉽게 말하면 큐로 탄력의 약함을 보충하는 셈이 된다.

큐로 친 공이 직접 쿠션에 접촉하든가 또는 적구를 맞히든가 그 수구는 똑바로 정면이 아닌 한 입사각도로부터 반사각도로 튕겨 나오리라는 것은 이론적으로 볼 때 당연하다. 그러나 공과 쿠션의 관계는 미묘하기 때문에 그 당점과 힘의 조절에 따라 입사각도와 반사각도가 얼마든지 달라질 수 있다.

공과 쿠션의 관계는 기술이 숙달됨에 따라 매우 중요한 역할을 하게 되며 숙련자들이 몇백 혹은 몇천 점 등의 거의 마술적인 득점을 할 수 있는 것도 공의 비틀기와 이 쿠션의 관계를 잘 이용하기 때문이다.

대개의 경우, 쿠션에 닿은 공의 회전 진로에는 세 가지가 있다. 수구의 힘이

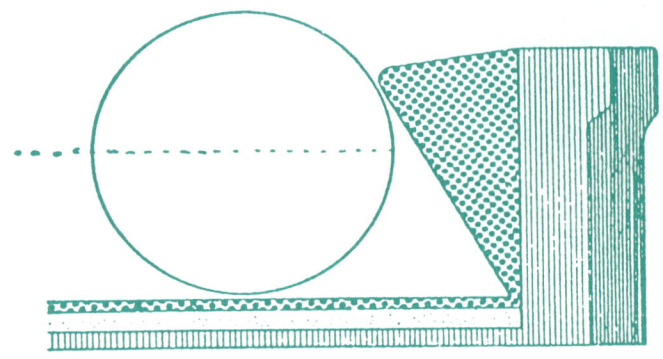

쿠션과 공

다른 경우와 수구의 상하 당점의 차이, 수구에 비틀기가 주어진 경우 등이다. 이러한 상태에 따라 쿠션을 맞고 난 뒤 공의 운동도 달라진다.

1) 각도의 겨냥

쿠션을 맞출 때의 겨냥점은 입사각도와 반사각도의 차이를 이용해서 잡는다. 수구로 적구에 대해 쿠션을 치는 경우에는 그 반사각도를 이루는 선에 적구가 있다고 가정하면 되겠지만 실제로는 반사각도가 감소되므로 다소의 오차가 생긴다. 이론적으로 말하면 오차는 생기지 않아야 하겠지만 아무래도 반사각도는 입사각도보다 커진다. 또한 공이 쿠션에 맞고 나서 떨어지기까지 마찰을 일으켜 각도가 커지는 수도 있다. 그러나 이론적으로 오차가 다소 있을 뿐 게임에는 큰 관계가 없으므로 쿠션치도 역시 연습에 기대하는 수밖에 없다. 연습 시에는 여러 번 반복하여 힘의 상태나 당점, 적구에 맞는 상태 등을 터득하도록 하자.

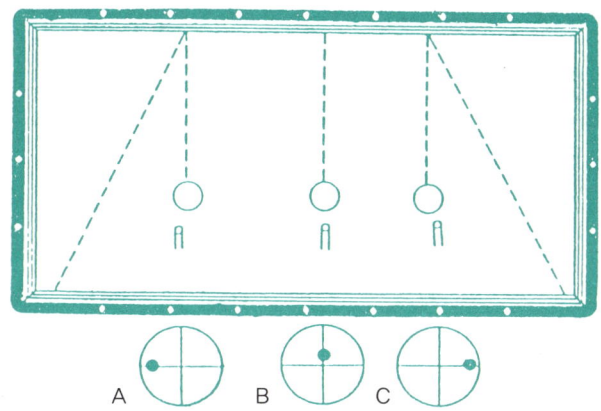

당점과 쿠션과의 관계

A : 수구의 중심 왼쪽을 치면 쿠션을 맞고 나서 왼쪽으로 회전 진로를 취한다.
B : 수구의 중심을 친 경우에는 똑바로 되돌아온다.
C : 수구의 중심 오른쪽을 치면 A의 경우와는 반대로 오른쪽으로 회전 진로를 취한다.
이상은 모두 큐를 수평으로 스트로크한 경우다. 만일 큐를 세운다면 공은 커브를 이루며 진로는 스스로 달라진다.

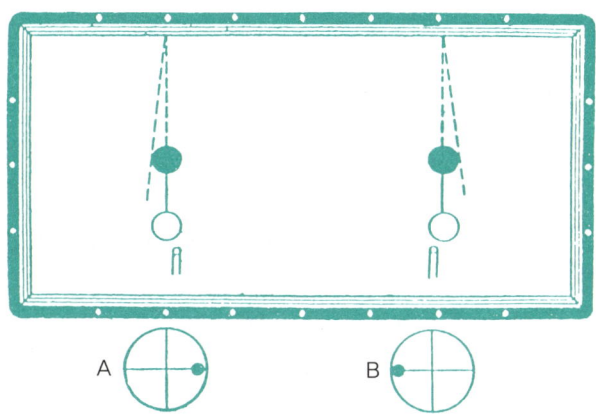

적구의 움직임

A : 수구의 중심 오른쪽을 쳐서 적구의 중심에 맞은 경우, 적구는 왼쪽으로 회전하게 때문에 쿠션을 맞고 나서 왼쪽으로 돌아온다.
B : 수구의 중심 왼쪽을 쳐서 적구의 중심에 맞으면 적구는 오른쪽으로 회전하고 쿠션을 맞고 나서 오른쪽으로 돌아온다. 이것은 숙달됨에 따라 여러 가지 패턴의 공으로 이용할 수가 있다.

4 중요한 자세

당구 게임에서 주의해야 하는 것 가운데 하나가 우선 바른 자세(폼)다. 게임에 이기기만 하면 되지, 자세 같은 것은 아무래도 상관없다며 오히려 어렵고 무리가 있는 당구를 치는 사람이 있다. 이런 상태로는 결코 숙달될 수가 없다. 무슨 일이나 처음이 중요하다. 나쁜 습관을 갖게 되지 않도록 그 기본을 머릿속에 담아 두고 익히기 바란다.

1) 바른 스탠스

우선 두 발을 가지런히 하고 큐를 치려는 방향의 선보다 약 2인치 정도 왼쪽에 세운다. 다음에 수구와의 거리를 결정하기 위해 손을 허리에 대고 그 손으로 큐의 균형을 잡는다. 이때 큐의 앞 끝이 수구의 위 끝에 닿는다면 바른 거리의 측정이 된 셈이다. 이번에는 왼발을 반 보 정도 큐를 치는 방향(스트로크 방향)으로 내디딘다.

그리고 나서 오른 발꿈치를 받침점으로 하여 몸을 약간 오른쪽으로 돌리면 샷의 위치가 잡힌 셈이다. 다음에는 오른발에 몸의 무게 중심을 주고 어깨에서 팔꿈치의 선이 큐에 대해 40° 각도를 이루게 한다. 만일 스탠스가 바르게 잡혔다면 팔꿈치에서 아래쪽 팔이 큐에 대해 거의 수직이 될 것이다. 샷에 있어서는 팔꿈치는 축 또는 받침점 역할을 하는 것이므로 고정되어 있어야 한다. 키가 180cm 정도라면 팔도 길기 때문에 정확하게 샷 할 수 있지만 만일 키가 160~170cm 정도라면 좁은 공밖에 치지 못한다.
따라서 키가 작은 사람일수록 큐를 몸에서 떼고 손목을 들어 스트로크한다. 스냅만으로 칠 수 있었다고 흔히 말하지만 이것은 특수한 공을 치는 경우에만 해당되는 이야기다.
공이 먼 경우에는 큐 끝을 다소 길게 잡고 몸을 구부린다. 공이 중간 지역에 흩어져 있는 경우에는 몸의 자세가 약간 높아져야 하며 큐의 방향을 잘 보고 친다. 공이 접근되어 있는 경우에는 자세를 보다 높여서 위에서 내려다보면서 큐 끝을 작게 스트로크하여 친다. 어쨌든 확실한 자세가 만들어지지 않으면 숙달도 어렵다. 그저 육감으로만 치면 어제는 잘 맞았지만 오늘은 잘 맞지 않는 등 상태가 고르지 못하다.

바른 자세

몸을 이 정도로 구부리면(눕히면) 큐의 방향이 잘 보인다.

접근한 공을 치는 자세와 큐를 잡는 위치

공이 모두 접근되어 있는 경우에는 큐 끝을 짧게 하고 큐를 내려다보며 작은 스트로크로 친다. 이러한 공은 자세가 중요하다.

2) 나쁜 자세

극단적으로 구부린 자세
당구대로부터 지나치게 떨어져 있기 때문에 몸과 겨냥이 서로 분리되어 정확하고 효과적인 스트로크를 하지 못한다. 이러한 자세는 그 만큼 불리한 핸디캡이 처음부터 존재한다고 하겠다.

지나치게 낮은 자세
이런 자세를 흔히 본다. 접근해 있는 공을 칠 때 큐를 어느 정도 내보내야 하는지 그 힘을 조절하지 못한다. 그러나 조금만 주의하면 이내 고칠 수 있다. 자세가 낮으면 팔이 자연히 높아지기 때문에 근육이 경직되어 잘 칠 수가 없다.

나쁜 자세 1
사진에서처럼 발을 가지런히 하고 치는 사람이 있다. 그렇게 되면 몸이 흔들리며 피로가 빨리 온다.

나쁜 자세 2
발의 버팀이 모자라며 지나치게 큐의 뒤쪽을 잡고 있다. 이런 자세에서는 쉽게 실수가 나온다.

오른쪽으로 지나치게 돌리는 자세

이것은 오른 발꿈치 때문이 아니라 몸이 옆으로 돌아가 있기 때문이다. 이렇게 되면 큐의 방향을 제대로 판단할 수가 없다.

3) 큐에 익숙해지자

큐는 직접 공과 접촉하는 중요한 무기다. 당구장이나 클럽에는 비치된 것이 있으므로 손으로 들어보고 맞는 것을 사용하면 된다. 숙달됨에 따라 자신에게 적합한 무게도 자연히 알게 된다. 당구장이나 클럽에 특별한 큐(자신이 구입한 것)를 두고 쓰는 사람도 있는데 요컨대 익숙한 것이어야 한다는 이야기다. 익숙한 것이 아니면 힘의 상태를 잘 조절할 수가 없기 때문이다.

큐 끝의 굵기도 조금씩 다르다. 요즘에는 약간 좁은 듯한 쪽이 치기가 쉽다는 이유에서 대중화되고 있다. 앞에서도 설명했듯이 큐의 생명은 무엇보

큐를 잡는 위치

다도 큐의 끝에 있다. 공과 직접 접촉되는 부분을 탭이라 하며 표준은 1.2~1.3cm 정도다.

미국의 경우, 큰 당구장에는 반드시 탭을 조사하는 전문가가 있다. 만일 탭이 반들거리며 초크가 묻지 않는 상태이면 아주 가는 샌드페이퍼로 힘을 주지 말고 가볍게 누르며 비비면 초크가 잘 묻게 되고 미스도 없다.

큐를 바르게 잡는다

큐에 익숙해지는 것도 물론 중요하지만 큐를 바르게 잡는 것도 또한 중요하다. 이것은 당구 게임의 기본 가운데 하나이며 일반적으로 초보자는 공을 맞히려는 데에만 집착하여 중요한 점을 간과하고 만다. 큐를 다룸에 있어서는 우선 손목, 관절 등을 부드럽고 자유롭게 해야 하는 것이 첫째 조건이다.

보통 오른손으로 치지만 공은 당구대 위의 여러 가지 위치에 정지하므로 왼손으로도 칠 수 있도록 연습할 필요가 있다. 큐는 너무 꽉 잡지 말고 엄지손가락, 집게손가락, 가운데손가락으로 가볍게 지탱하듯이 쥔다.

또한 큐를 잡는 부분은 큐의 밸런스 포인트, 즉 무게 중심에서 1인치 정도 뒤쪽을 잡는 것이 바람직하다. 그러나 여기에는 예외가 다소 있다.

힘차게 치려는 때에는 더 뒤쪽을 쥐며 큐 끝도 길게 하지만 이 역시 한계가 있다. 아무리 강한 샷을 한다 하더라도 밸런스 포인트보다 5~6인치나 떨어지는 경우는 주의해야 한다.

아무리 키가 큰 사람이라도 맨 뒤쪽을 쥐는 일은 피해야 한다. 흔히 뒤쪽을 쥐고 치는 사람을 보지만 그런 방법으로는 정확한 겨냥도 할 수 없고 샷을 할 때 흔들리기 때문에 완전하게 공을 칠 수가 없다.

큐를 바르게 잡기
손가락은 큐에 모두 걸치되 힘을 주지 않도록 가운데손가락, 집게손가락, 엄지손가락의 세 손가락으로 힘을 조절한다.

기초 지식 Part 1

당구의 기초 테크닉 Part 2

초보자를 위한 테크닉  Part 3

고급 테크닉 Part 4

숙련자를 위한 실험 테크닉 Part 5

사구게임의 경기법과 점수계산법 Part 6

부록 Part 7

1 브리지

왼쪽 손가락으로 큐를 지탱하는 동작을 브리지라고 한다. 우선 팔을 뻗은 상태에서 손목을 약간 오른쪽으로 구부린 다음 집게손가락으로 큐를 둥글게 원을 그려 잡는다. 이때 큐가 엄지손가락과 집게손가락 사이에서 충분히 움직여질 수 있어야 한다. 그러나 간격이 너무 넓으면 큐가 흔들린다.

여기에서 주의해야 하는 점은 브리지의 왼손에 어느 정도의 힘을 넣어 둘 필요가 있다는 사실이다. 다리의 위치를 정하고 바른 자세를 취한 다음 브리지나 큐를 바르게 잡고 어떤 샷을 할 것인지 구상이 되었으면 그것으로 공을 칠 준비는 다 된 셈이다. 그러나 중요한 것은 어느 공에서 어느 공으로 칠 것인가를 잘 측량하여 힘의 상태를 조절하고 치기 전에 4~5회 스트로크를 해야 한다는 점이다. 물론 브리지에 어떤 일정한 형태가 정해져 있는 것은 아니다. 공의 위치에 따라 브리지도 달라지고 큐의 스트로크도 달라진다. 따라서 쿠션을 접촉한 공, 짧은 공, 크게 벌어진 공 또는 먼 데 있는 공 등 여러 가지 경우에 따라 다르기는 하지만 그래도 브리지의 기본을 마스터해 두어야 바른 당구를 칠 수 있다.

처음에는 큐가 브리지 안에서 좌우로 흔들리기도 하고 큐 끝이 아래위로 움직이기도 한다. 브리지를 고정하는 데 1주일 정도가 걸리며 이때는 승패에 구애받지 말고 큐를 똑바로 스트로크할 수만 있도록 연습하면 오히려 숙달이 빨라진다.

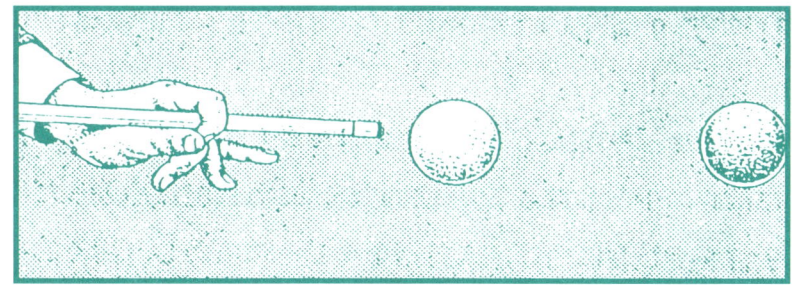

그림 1.

그림 2.

1) 브리지

이렇게 해야 한다는 규칙은 없지만 집게손가락으로 원을 만들고 엄지손가락으로 가운데손가락의 관절을 눌러서 틈이 생기지 않을 정도면 된다(그림 1). 브리지를 당구대의 면 위에서 만들 수 없는 경우에는 쿠션 위에서 가운데손가락과 집게손가락으로 힘을 주지 말고 틈이 생기지 않도록 누른다(그림 2).

끌어치기의 브리지

특히 아래쪽을 치는 경우, 가운데손가락을 구부려 브리지가 낮아지게 한다(그림 3, 4).

그림 3.

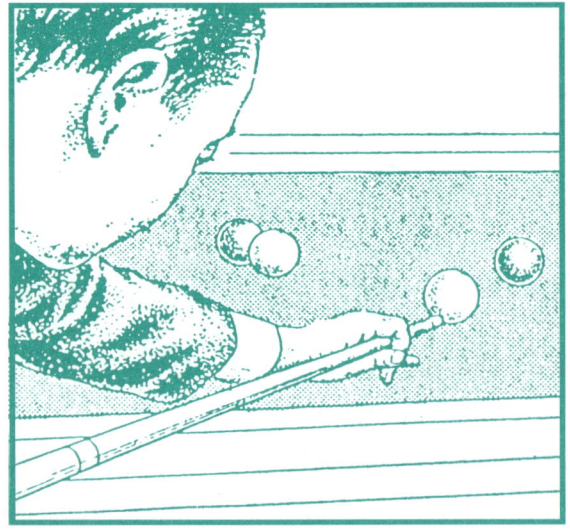

그림 4.

쿠션에 댄 브리지 1

수구가 쿠션에 밀착되고 정면에서 쳐야 하는 경우 보통 브리지와는 달리 그림에서처럼 가운데손가락과 집게손가락을 구부린 다음 큐를 쿠션에 대고 치면 흔들리지 않는다(그림 5).

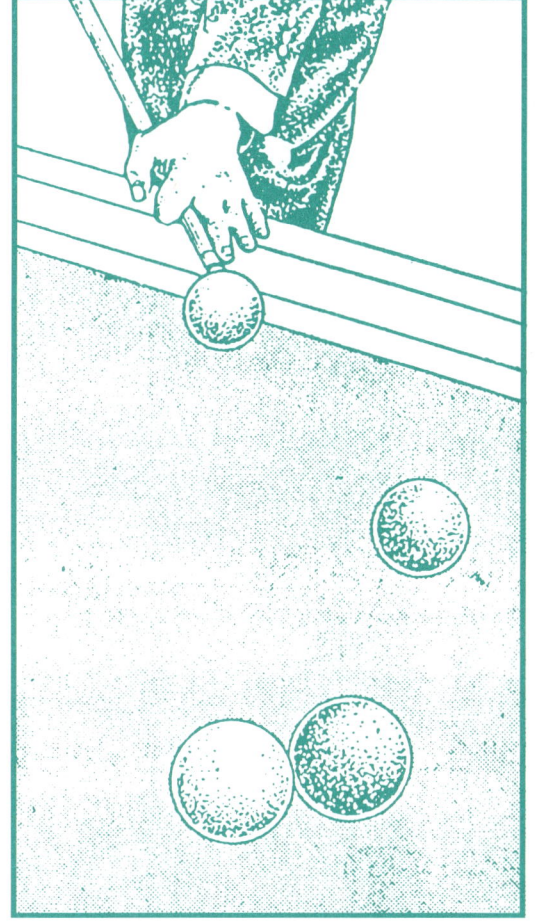

그림 5.

쿠션에 댄 브리지 2

이 역시 쿠션에 댄 브리지이지만 쿠션을 따라 치는 경우 약손가락과 가운데손가락을 당구대의 면 위에 대고 새끼손가락으로 쿠션을 눌러 안정시키면 미스가 생기지 않는다(그림 6).

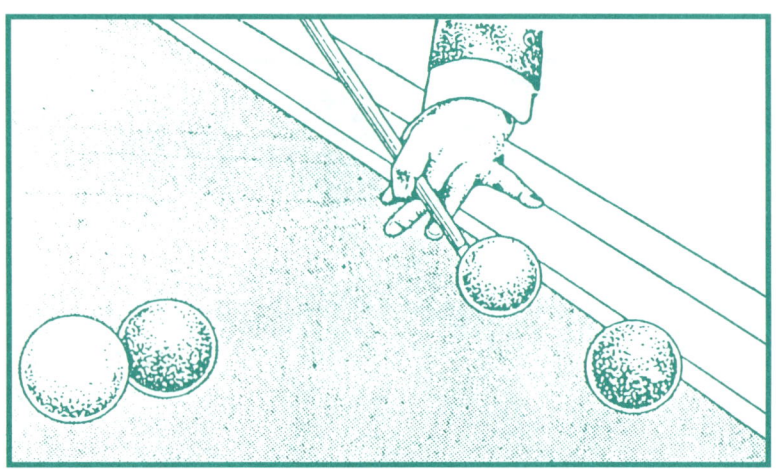

그림 6.

쿠션에 댄 브리지 3

공의 위치는 앞에서와 거의 동일하다. 이 브리지는 집게손가락으로 쿠션 아래쪽을 누른다. 수구의 당점에 대한 차이에 따라 여러 가지로 변화된다 (그림 7, 8).

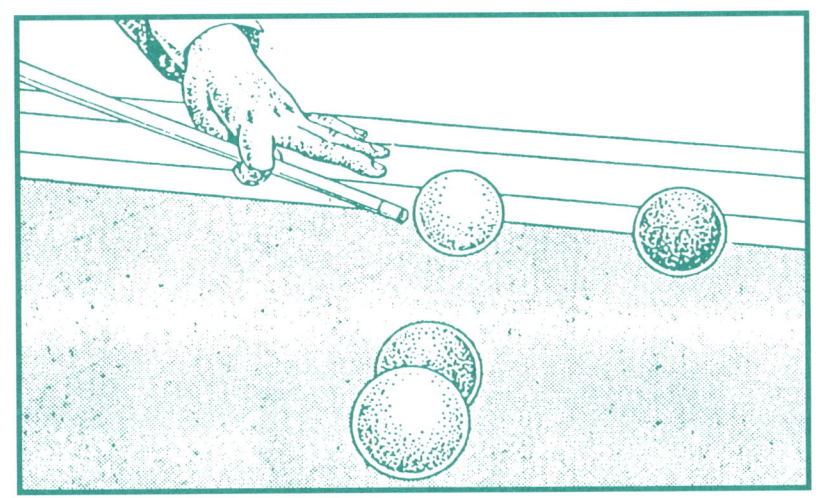

그림 7.

그림 8. 정면에서 본 브리지.

커브를 만드는 브리지 1

비틀기 공으로 들어갈 수 없는 위치에서 큐를 절반쯤 세워 커브를 만들기 위한 브리지다. 가운데손가락에서 아래에 있는 세 손가락을 그림에서처럼 마치 새 다리처럼 세우는 형태다(그림 9).

그림 9.

커브를 만드는 브리지 2

이 역시 비틀어치기만으로는 적구를 맞힐 수 없는 경우, 큐를 약간 세워서 치는 브리지다. 그림 9에서와 거의 같은 순서다(그림 10).

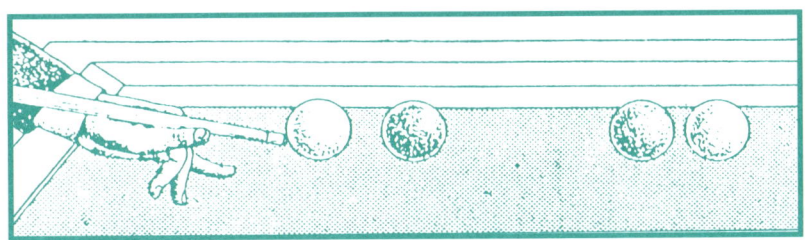

그림 10.

커브를 만드는 브리지 3

반쯤 세워서는 제대로 돌아가지 않는다. 이런 경우 적구에 얇게 대고 큐를 50° 정도 세운 다음 작은 스트로크의 마세로 친다(그림 11).

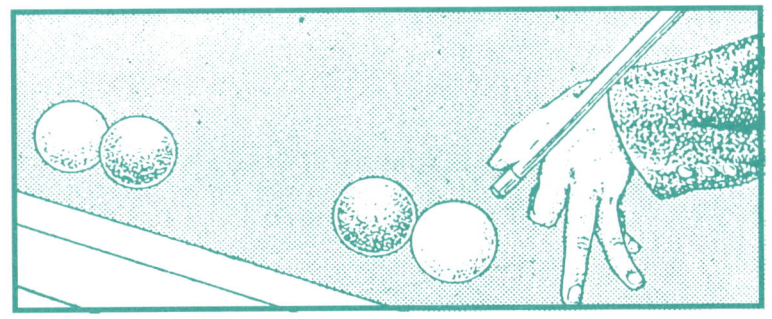

그림 11.

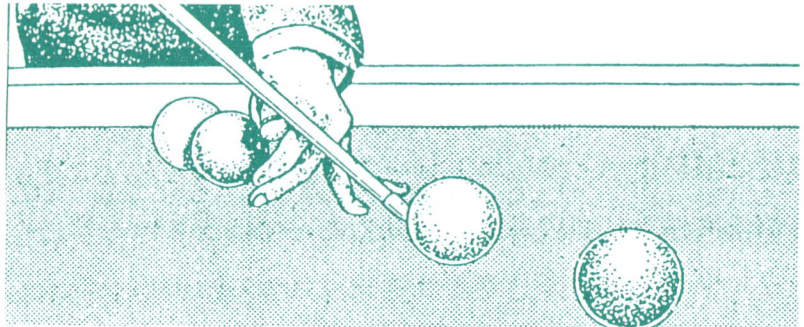

그림 12. 제2구가 방해가 되어 치기 힘든 끌어치기의 브리지.

2 샷

바른 자세나 브리지, 또 큐를 잡는 방법 등을 잘 알게 되면 이번에는 샷의 문제가 남는다. 이 샷(큐의 내지르기)을 하기 전에는 우선 큐를 가볍게 4~5회 스트로크해 보아야 한다. 일종의 준비 운동인데 힘든 샷이라면 모르지만 대개는 4~5회로 충분하다. 또 이 준비 운동의 큐는 자유롭고 가볍게 그리고 리드미컬하게 움직이는 것이 중요하며 어색한 움직임은 금물이다.

또한 마지막에 큐를 당겨 들이는 움직임이 중요하다. 샷의 성공 여부는 바로 그 점에 있음을 잊지 말자. 대부분의 초보자들이 서둘러 큐를 당겨 들이는데 그렇게 되면 큐가 지나치게 끌려와 스트로크를 제대로 할 수가 없다. 큐는 조용히 당기는 것이 중요하다.

또 스트로크가 강하면 강할수록 속도는 증가된다. 다만 스트로크의 속도가 달라져도 큐는 항상 가볍고 리드미컬하게 움직여야 한다는 점에는 변함이 없다. 야구나 골프와 마찬가지로 당구에서도 폴로 스루가 중요하다.

이론적으로 본다면 당구의 샷에서는 공을 치는 동작이 말하자면 큐 끝이 공에 맞는 1~2인치 앞에서 일어나며, 이때 큐에 가해진 힘의 관성에 의해 큐는 몇 인치 정도 전진하여 공을 치게 된다. 이것이 즉 폴로 스루다.

폴로 스루의 방향은 겨냥한 방향과 일치되며 일직선이어야 한다. 큐가 좌우로 흔들리거나 스트로크 시에 큐 끝이 아래위로 움직이는 것은 금물이다. 주의하여 처음부터 끝까지 큐가 하나의 직선을 이루며 움직이도록 하자.

결점은 스스로 발견하여 교정해야 하지만 숙련자의 큐 놀림을 잘 보고 자신의 결점을 파악하는 것도 하나의 방법이다.

어디를 보고 치는가
'적구(제1구)를 보고 치는가, 아니면 수구를 보고 치는가?' 라고 하는 질문을 했을 때 어느 쪽을 보고 치는지 얼른 대답을 하지 못하는 사람이 많다. 숙련자의 경우에도 적구라는 사람이 있는가 하면 수구라고 하는 사람도 있다.
이 문제는 어느 쪽이 좋다든가 나쁘다고 단정할 수가 없다. 자신이 좋아하는 쪽, 맞다고 믿는 쪽을 치면 된다. 단 초보자는 우선 적구를 보는 편이 현명하다고나 할까.

수구는 어디를 쳐야 할까
뱅크 샷(Bank Shot, 공 쿠션. 적구에 맞기 전에 수구가 쿠션에 맞는 샷)에서는 수구의 한가운데나 또는 그 약간 아래를 친다. 그러나 뱅크 샷에는 거의 모든 경우 가벼운 러닝 잉글리시(수구가 쿠션에 맞아 바운드하는 방향에 주는 잉글리시)를 준다.
한가운데를 치게 되면 공이 쿠션에 바르게 바운드하지 않기 때문이다. 보크 라인이나 스리쿠션의 샷은 거의가 이렇게 한다고 해도 지나친 말이 아니다.

샷의 계산
마지막으로 잊지 말아야 할 것은 샷을 하기 전에 도대체 '이 위치의 공을 어떻게 칠 것인가?'에 대해 다시 한번 생각해 보는 일이다. 무턱대고 아무 생각도 없이 샷 자세를 취한 다음에야 어떤 샷을 칠지 망설이는 사람이 많은데 이것은 미스 샷의 원인이 된다.
샷 자세에 들어가기 전에 계산을 해야 한다. 그리고 나서 일단 결심하면 그대로 친다. 미리 계산하여 내린 판단은 샷 직전에 떠오르는 생각보다 훨씬 정확하기 때문이다. 망설여지는 경우에는 일단 당구대에서 떠나 다시 생각하고 신중하게 판단해야 한다.

샷의 속도

샷에 있어서 또 한 가지 잊어서는 안 되는 일은 힘을 주는 정도다. 미리 머릿속에 그려 볼 때부터 일정한 스피드를 예상해 본다. 그보다 속도가 빠르거나 늦을 경우 공은 계산했던 것처럼 움직이지 않는다. 샷이 강하면 강할수록 적구는 멀리 흩어진다. 또한 수구가 쿠션에 바운드할 때의 각도도 예리해진다. 이에 더하여 샷이 강해지면 그만큼 공에 스루나 폴로가 따르게 마련이다. 특히 스루 샷에서는 바른 힘의 조절이 중요하며 이 경우 수구는 1개의 적구로부터 다른 적구로 똑바로 움직여가지 않으며, 스루에 이르기 전에 얼마간은 폴로 비슷하게 움직인다는 사실을 잊어서는 안 된다.

스피드가 적절하지 않으면 샷의 자세가 바르지 못하거나 큐를 잘못 잡았을 때와 마찬가지로 뜻밖의 실수가 나온다.

지금까지의 내용을 정리하여 요점을 들어보면 다음과 같다.

① 폴로 스루가 직선을 그리며 바르게 움직이고 있는지를 확인한다.
② 처음에 큐를 지른 방향으로 폴로 스루도 끝나도록 한다.
③ 원활하고 매끄럽게 공을 친다.
④ 샷 시에는 자세를 취하기 전에 잘 생각하여 신경을 집중시킨다.
⑤ 수구나 또는 최초의 적구 가운데 자신에게 가장 적절하다고 생각되는 공에 시선을 집중시킨다.
⑥ 스트로크를 할 때 큐가 좌우로 흔들리지 않도록 조심한다.
⑦ 힘이 들어간 어색한 스트로크를 피한다. 그러한 큐의 놀림은 스트로크의 효과를 감소시킨다.
⑧ 샷을 하기 전에 큐를 당길 때는 앞 끝이 브리지에 걸릴 만큼 충분히 당겨 들인다.
⑨ 이때 큐를 황급하게 끌어당기면 안 된다. 천천히 원활하게 끌어당긴다. 서두르는 것은 실패의 원인이다. 그런 사소한 점에서 의외로 미스가 생긴다.
⑩ 샷을 하기 전에 이제 무엇을 하려 하는지를 분명히 확인한다. 그 점을 잊어버리기 때문에 미스 샷이 나온다. 샷 직전에 생각이 달라지면 일단 당

구대에서 떨어져 처음부터 다시 생각해 볼 필요도 있다.
⑪ 샷에 앞서 어느 정도의 스피드가 적절한가를 계산해 본다. 그것이 끝나면 이번에는 실제로 스피드가 잘못 되지 않도록 공에 옮겨주어야 한다. 그렇지 않으면 계산이 완전히 빗나가고 만다.

겨냥은 정확하게

수구의 중심을 치면 그 공은 회전하지 않지만 친 힘에 의해 당구대의 면을 활주한다. 곧이어 공의 무게와 나사지의 마찰에 의해 추진 회전으로 바뀐다. 결국 공의 위쪽을 쳤을 때와 같은 결과가 된다.

수구의 중심을 쳐서 적구의 중심에 맞혔다면 수구는 그 자리에 정지하며 적구는 수구의 힘을 받아 회전한다. 이것은 앞에서도 설명한 바가 있다. 그러나 이 중심을 친다는 것은 매우 어려운 작업이다.

중심점을 쳤다 하더라도 큐를 스트로크할 때 아무래도 큐의 뒤끝이 올라가기 때문이다. 큐를 수평으로 그리고 정확하게 내보내면 이론적으로는 옳으며 공도 그 이론대로 움직여야 하는데 사실은 겨냥이 정확했다 하더라도 샷 시 큐 끝이 흔들리게 된다.

수구는 그 공의 배치에 의해 위와 아래 또는 오른쪽 옆, 왼쪽 옆 등 여러 가지 당점이 있기 때문에 어느 공이든 정확하게 쳐야 한다. 즉 큐의 스트로크를 정확하게 하고 당점, 말하자면 겨냥점을 정확하며 신중하게 선택해야 한다는 의미도 된다.

3 삼각구

공은 당구대의 위에서 여러 가지 형태를 그리며 정지한다. 그 공의 형태에 따라 치기 쉬운 공도 있고 또한 치기 힘든 공도 있다. 그러나 초보자라도 겨냥에 잘못만 없으면 가장 치기 쉬운 것이 삼각구다. 즉 수구에 대해 적구와 선구가 맞은편에 2개 나란히 있는 경우가 적절할수록 치기도 쉽다.

우선 삼각구에 대한 겨냥과 당점에 대해 설명해 보자. 그럼으로써 수구의 당점과 그 공이 적구에 맞고 나서의 회전 운동을 알게 되기 때문이다. 이는 당구 기술의 첫걸음이며 또한 삼각구 이외의 다른 공에도 응용될 수 있으므로 우선 초보 지식으로써 이를 파악해야 한다.

삼각구의 5개의 당점

p70의 그림은 수구에서부터 적구, 선구에 이르는 다섯 가지 위치에 대한 당점을 그린 그림이다. A를 택하는 경우 수구의 중심 위를 향해 적구의 오른쪽 끝을 큐의 방향에 맞추어 치면 수구의 절반 면이 맞는다. B는 수구의 중심 치기 그리고 차례로 수구의 아래를 치게 된다. C부터는 큐를 작게 스트로크하며 끌어치기에서처럼 갑자기 스치듯 쳐야 한다.

아주 쉬운 삼각구

공은 회전 운동을 일으키며 당구대의 위에서 여러 가지 형태를 이루며 정지한다. 그 공의 형태를 쉽게 만들 수 있는 것이 삼각구다. 이 삼각구만 정확하게 만들 수 있어도 50점 이상은 놓을 수 있다.

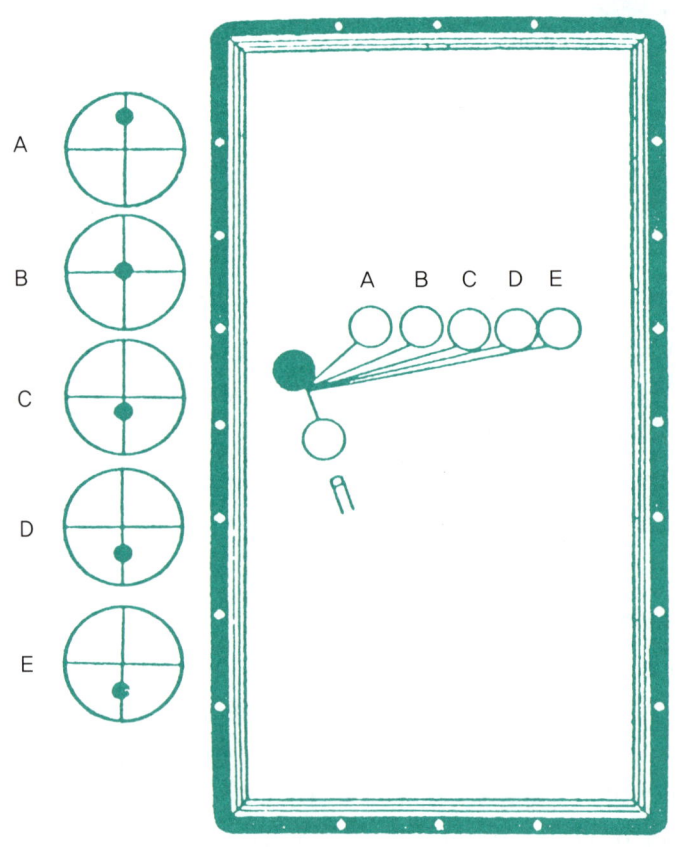

삼각구의 겨냥 1

그림 1.

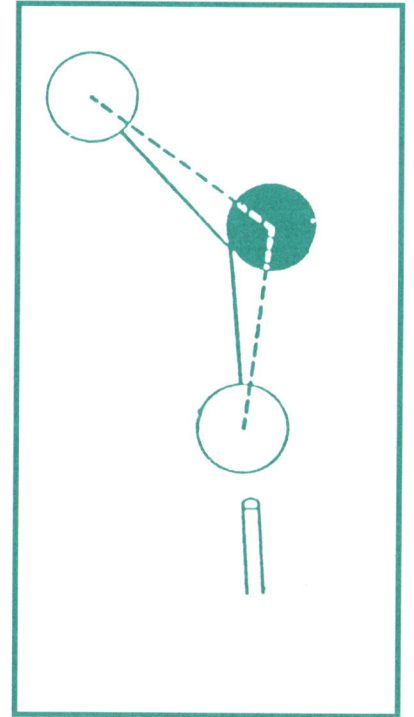

당점은 수구의 중심.

그림 2.

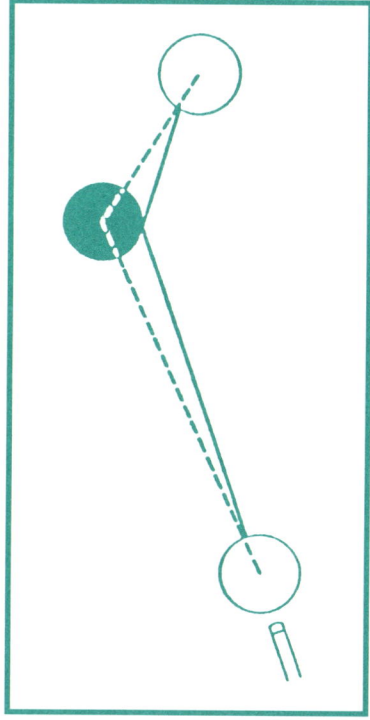

당점은 수구의 중심에서 약간 위.

삼각구의 겨냥 2

그림 3.

그림 4.

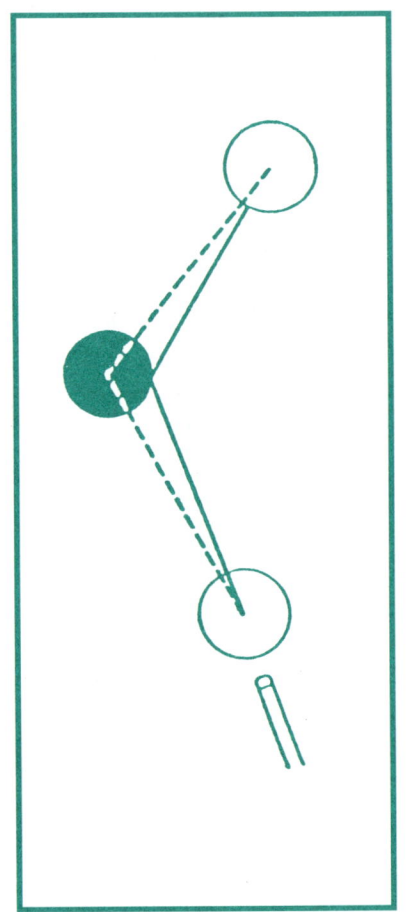

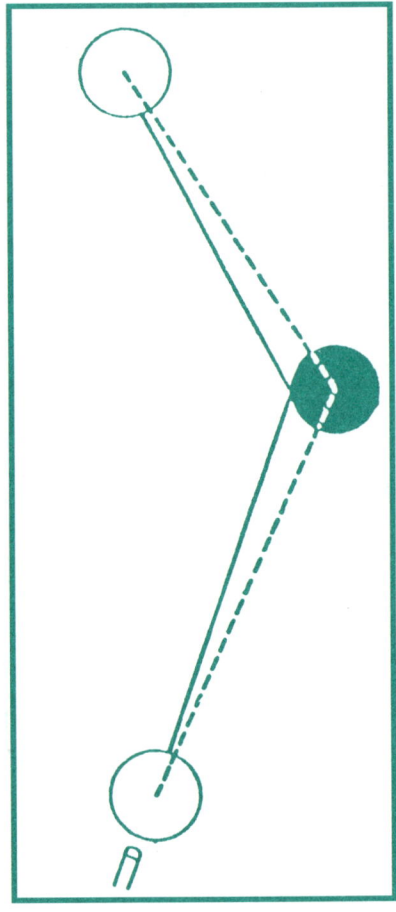

당점은 수구의 중심.

당점은 수구의 중심.

삼각구의 겨냥 3

그림 5.

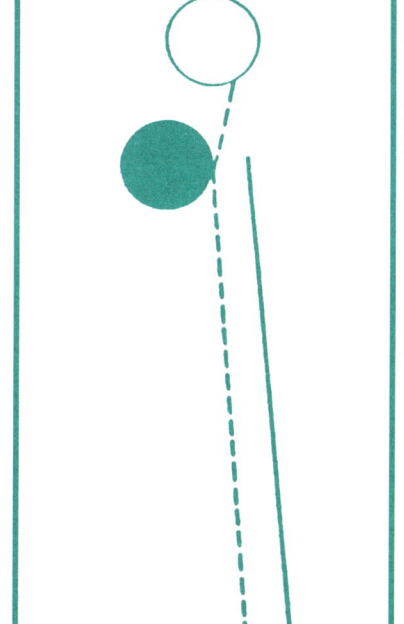

그림 6.

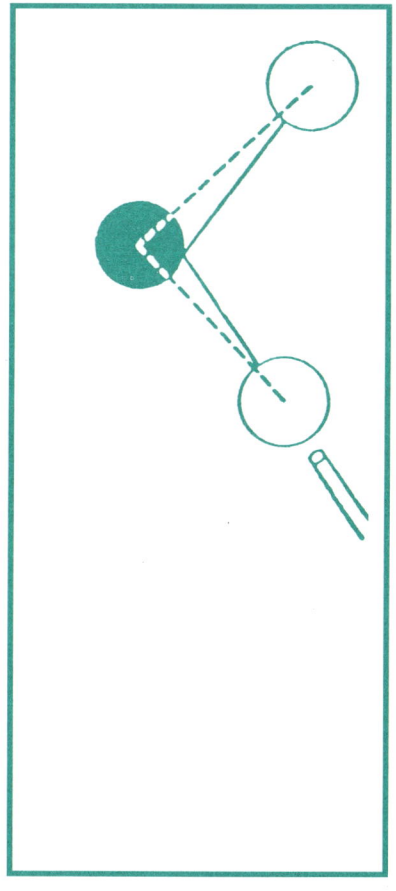

당점은 수구의 중심 아래.

당점은 수구의 중심에서 약간 아래,
다소 끌어치기처럼 되어 있다.

삼각구 1

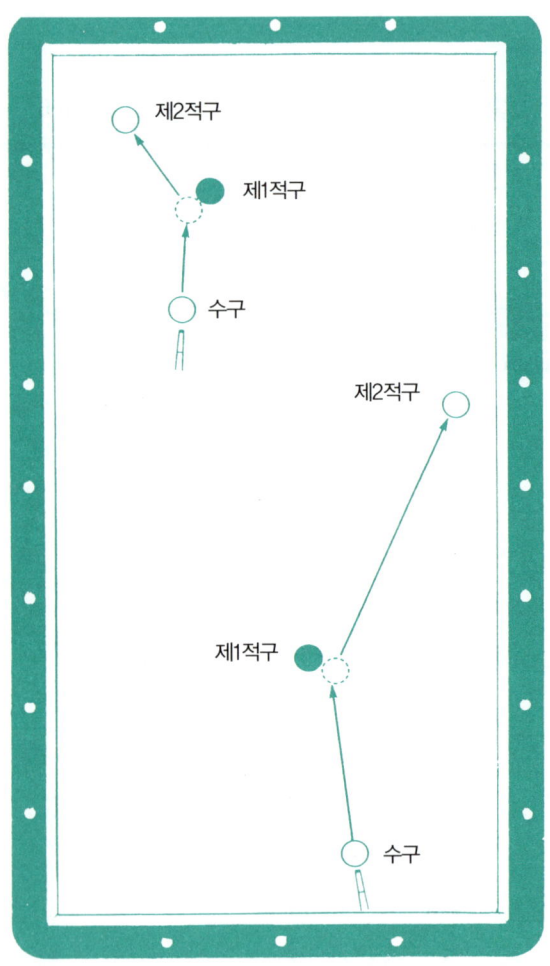

삼각구는 사구 게임의 가장 기본적인 기술이다. 그림의 화살표와 같은 선을 머릿 속에 그리며 친다. 처음에는 3개의 볼을 가까이에 배치시켜 놓고 연습하다가 서서히 거리를 두고 연습하는 것이 바람직하다. 거리가 길면 힘들 것처럼 보이지만 원리는 완전히 동일하다.

수구의 중심에서 약간 위를 친다

큐의 방향을 적구의 오른쪽 끝을 향해 치면 수구의 절반 면이 적구에 맞는다. 이것이 삼각구의 겨냥이다. 다만 자세를 낮추어 큐의 방향을 잘 겨냥해야 한다.

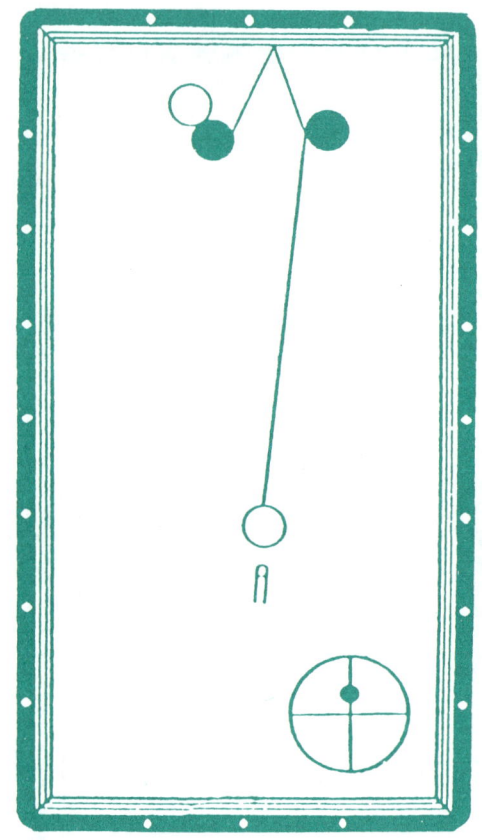

원 쿠션의 경우

당점도 적구가 맞는 부분도 마찬가지지만 적구와 선구의 중심점에 있는 쿠션을 맞힌다. 다만 공이 멀리 있기 때문에 그만큼 자세를 낮추어야 한다. 아무리 쉬어도 자세를 바르게 하고 큐의 방향을 잘 보며 친다. 쉽다고 하여 방심하면 미스가 나온다.

4 밀어치기

수구와 적구 그리고 선구가 얼마간 일직선을 이루고 있으며 얇게 치기도 불가능한 경우다. 큐의 방향에 3개의 공이 겹쳐있을 때 수구로 적구를 밀어 내고 그 다음 선구에 맞히는 방법을 밀어치기라고 한다.

수구의 위쪽을 치며 적구의 2분의 1 이상 두껍게 맞게 되는데 이 3개가 나란히 있는 공을 모두 취할 수 있는 것은 아니다. 직선상에 겹쳐 있는 경우에는 적구가 선구에 맞기 때문에 목적을 이룰 수 없다. 따라서 밀어내어 맞힐 수 있는가, 맞힐 수 없는가를 잘 판단해야 한다.

밀어치기에도 한계가 있다. 또한 멀리 있는 공을 밀어 치는 경우 반드시 수구의 위쪽을 치지 않아도 즉 아래쪽을 쳐도 맞힐 수 있다. 공은 어느 정도의 거리를 가면 전진 회전으로 바뀌기 때문에 밀어치기와 같은 법칙이 적용되는 것이다.

여기에서 필요한 사항은 수평치기에서 큐의 스트로크를 반드시 평행으로 쳐야 한다는 점이다. 많은 득점을 올릴 수 있고 또한 당구의 묘미인 모아치기 등을 할 때 끌어치기와 함께 이 밀어치기는 필수적인 기술이 된다. 공이 흩어져 있는 경우에는 '연결'을 위해서도 흔히 이 밀어치기를 응용한다.

수구의 중심 위쪽을 치면 앞에서 설명했듯이 반드시 밀어치기가 되는 것은 아니지만 당점이 위쪽으로 갈수록 공은 큐의 힘을 받아 회전 속도가 증가된다. 자세히 설명하자면 중심점의 약간 위쪽을 친 경우에는 공이 얼마간 활주 상태를 계속하다가 곧 전진 회전으로 바뀐다. 또 그보다 더 위쪽을 치면 활주 상태는 감소되고 전진 회전의 속도가 증가된다.

다시 더 위쪽, 즉 수구의 10분의 8 이상 위쪽을 치면 공 자신은 1회전하고 진행한다. 적구와 선구가 직선상에 놓여 있다든가 아주 조금밖에 나와 있지 않은 경우라도 그 공과의 평행선을 당점으로 하면 그 각도를 따라 이를 밀어빼어치기로 할 수가 있다.

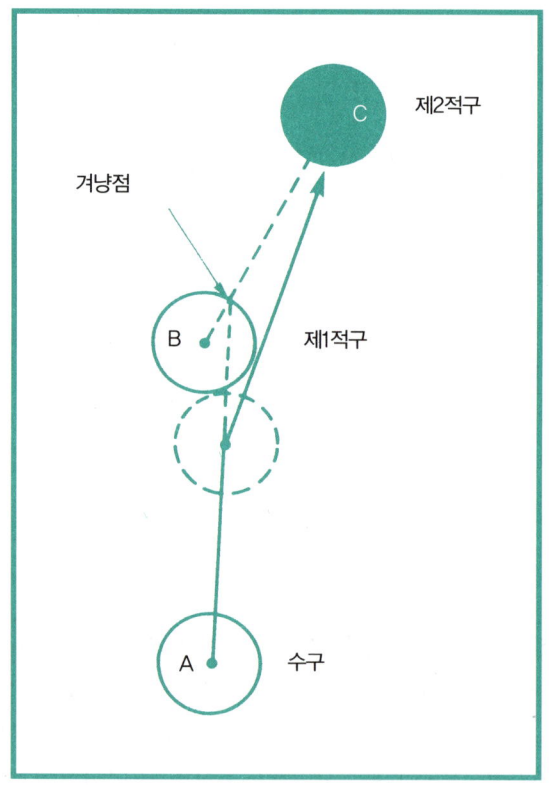

밀어치기의 기본적인 방법

① 제1적구와 제2적구의 중심 B,C를 연결하는 선을 긋는다.
② ①의 선이 제1적구의 바깥쪽 가장자리와 교차하는 점이 겨냥점이다.
③ 수구는 중심의 위쪽을 칠 것.

밀어치기

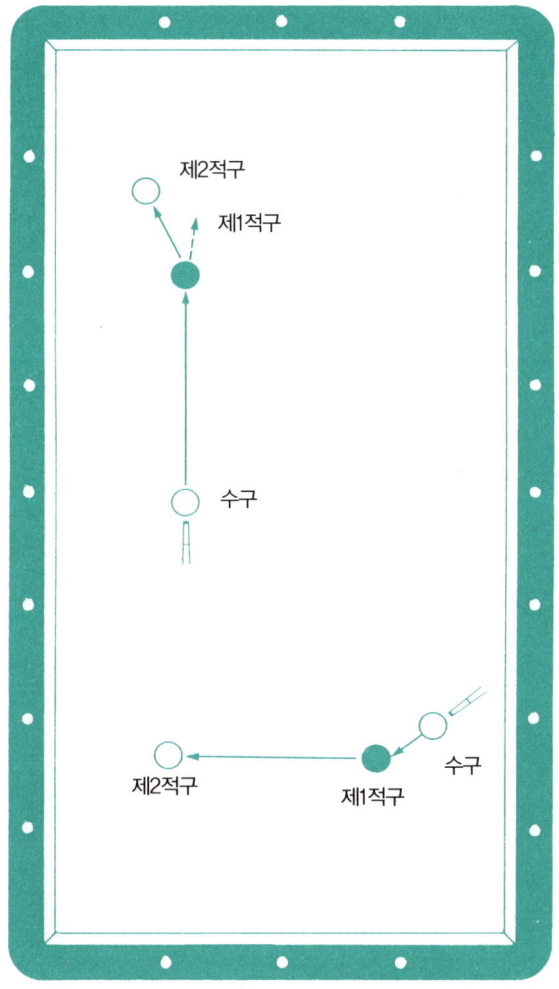

제1적구를 밀어내며 다시 수구를 전진시켜야 하기 때문에 당점은 중심에서 위가 된다. 초보자라면 적구끼리 부딪히기 쉽기 때문에 공에 어느 정도의 각도를 주며 연습하는 것이 바람직하다. 또한 수구와 제1적구가 지나치게 접근하고 있으면 두 번 치기가 되기 쉬우므로 주의해야 한다.

밀어빼어치기

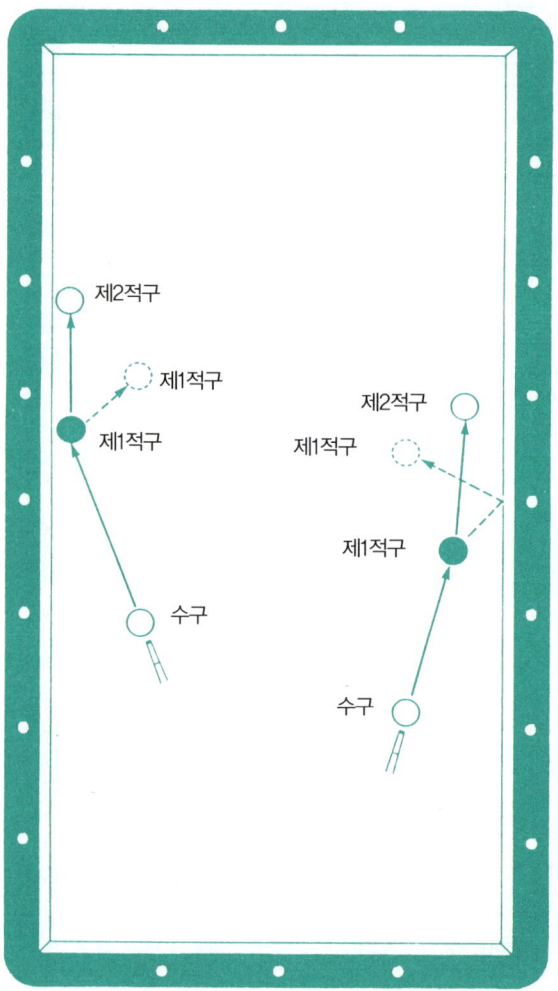

밀어빼어치기 역시 밀어치기의 원리를 응용한 테크닉이며 적구가 쿠션 가까이에 있을 때 사용한다. 그림에서처럼 제1적구를 쿠션에 가서 맞고 튕겨 나오게 한 다음 수구가 제2적구로 전진하게 하는 기법이다. 실제 게임에서도 흔히 볼 수 있다.

밀어치기의 세 가지

수구의 중심과 적구의 중심을 연결하는 뒤쪽 선과 적구와 제1구를 연결하는 같은 쪽을 이등분한 중심이 겨냥점이다. 수구의 중심 위쪽을 친다(그림 1).

그림 1.

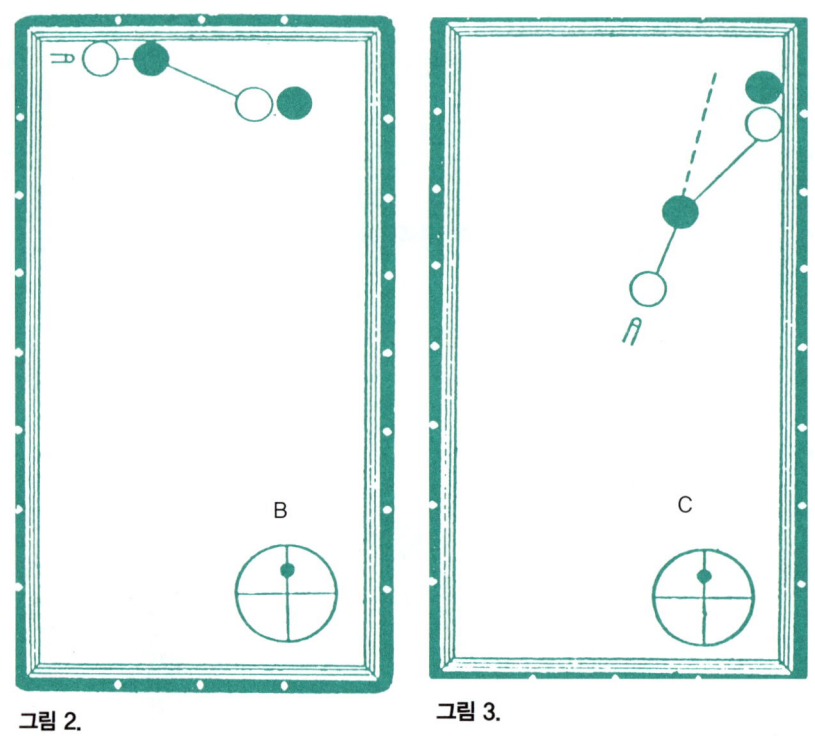

그림 2.   그림 3.

그 외에는 공의 위치가 다르다 하더라도 치는 요령은 같다(그림 2, 3).

밀어치기의 겨냥

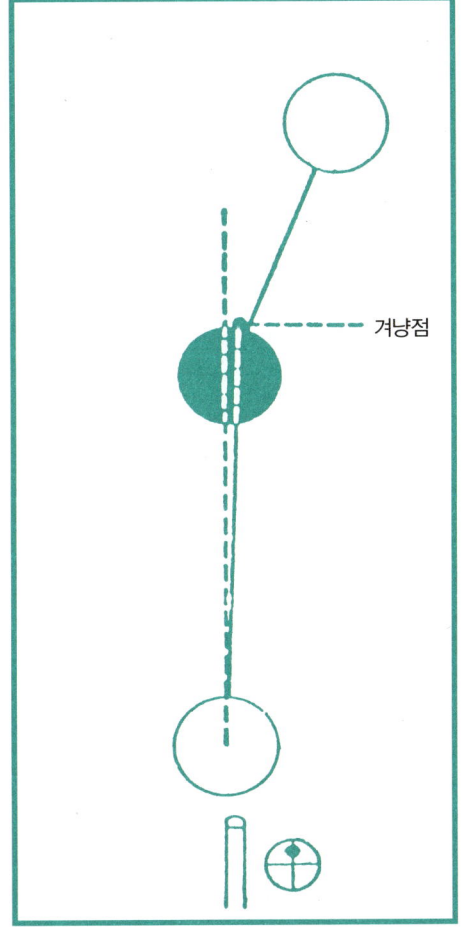

당점은 수구의 중심 위쪽.

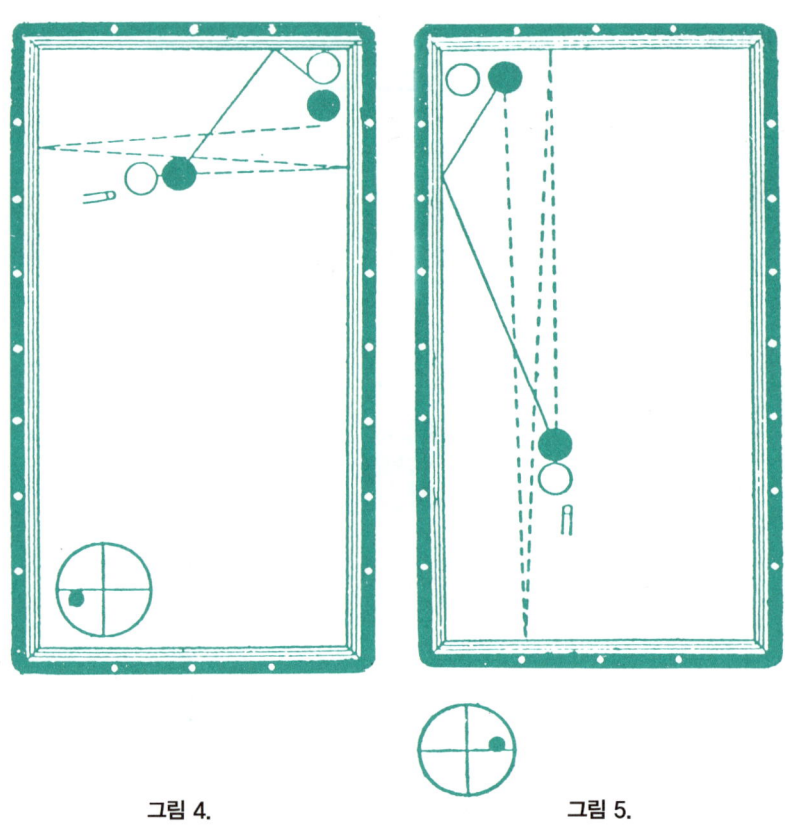

그림 4.   그림 5.

찔러밀어치기의 두 가지

그림 4의 경우는 마세로도 칠 수 있지만 그림에서처럼 찔러밀어치기로 치면 적구가 쿠션을 두 번 오간 뒤 모아치기 형태가 된다. 당점은 수구의 오른쪽 끝의 중심 약간 위를 쳐서 적구의 중심을 보통 밀어치기보다 약간 두껍게 그리고 날카롭게 찌르듯 친다.

그림 5의 경우는 앞에서의 짧은 쿠션에 대해 긴 쿠션이지만 수구의 당점이나 치는 요령은 동일하다.

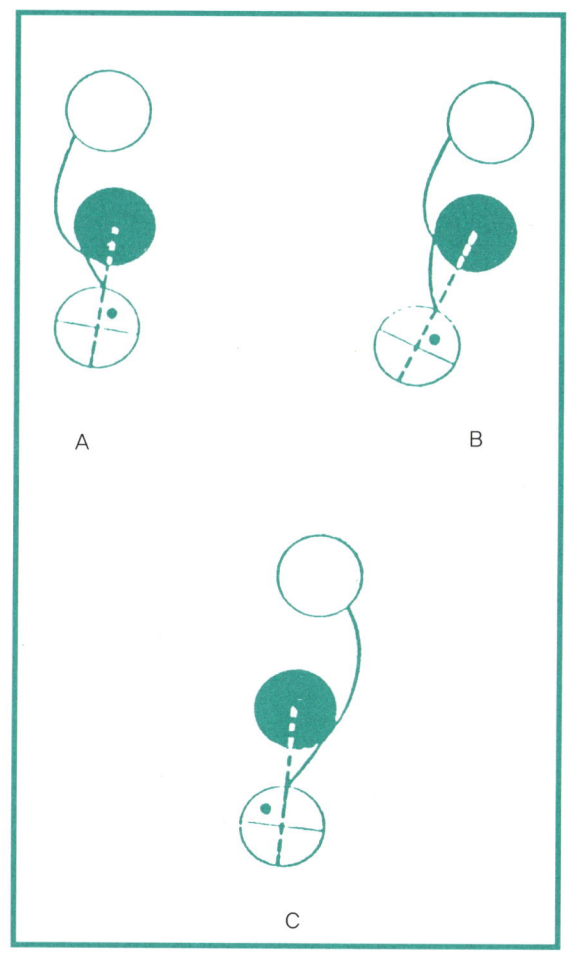

A : 큐를 지나치게 세우지 말고 붉은 색깔 공의 적구에 얇게 맞히는 작은 스트로크로 친다.
B : A그림보다 수구와 적구가 약간 떨어져 있다. 이 경우 큐를 그림 A보다 덜 세우고 스트로크는 작게 그리고 빠르게 내려치듯 한다.
C : 그림 B보다 적구와 선구가 떨어져 있으며 같은 선상에 있다. 겨냥은 적구에 얇게 맞히듯 하며 그림 B의 공보다 커브가 필요하기 때문에 빠른 스트로크로 내려친다.

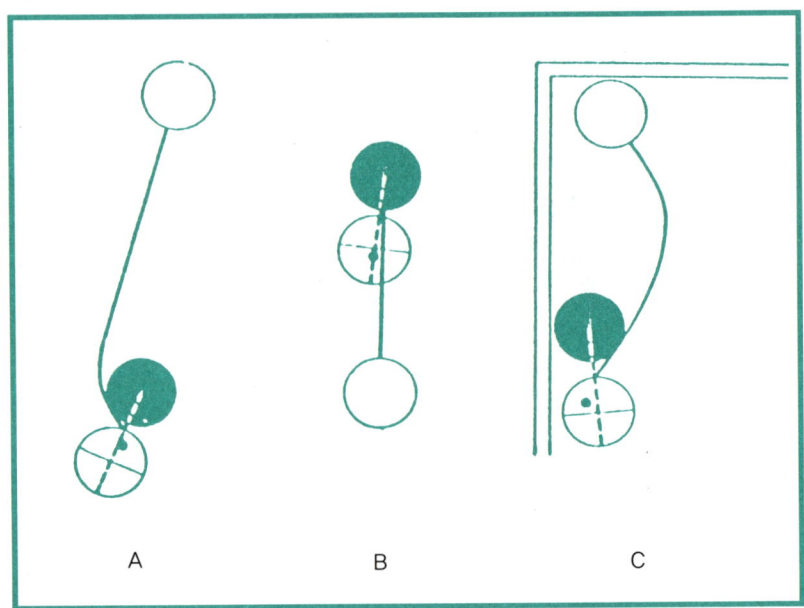

A : 선구가 떨어져 있는 경우, 당점은 수구 오른쪽의 약간 앞쪽이다. 적구 왼쪽을 큐를 그다지 세우지 말고, 아주 얇게 맞히도록 작은 스트로크로 가볍게 친다. 큐를 세워 큰 동작으로 치면 커다란 커브가 나와 실패하고 만다.

B : 수구와 적구가 접근해 있을 때는 큐를 거의 수직으로 세우고 수구의 중심에서 약간 몸쪽을 친다. 적구의 중심 약간 오른쪽을 맞히도록 하며 작은 스트로크로 가볍게 두드리는 듯한 느낌으로 친다.

C : 적구에 얇게 맞힌다. 당점은 수구의 왼쪽, 작은 스트로크로 재빨리 내려친다. 적구에 두껍게 맞히면 수구의 진로를 방해한다.

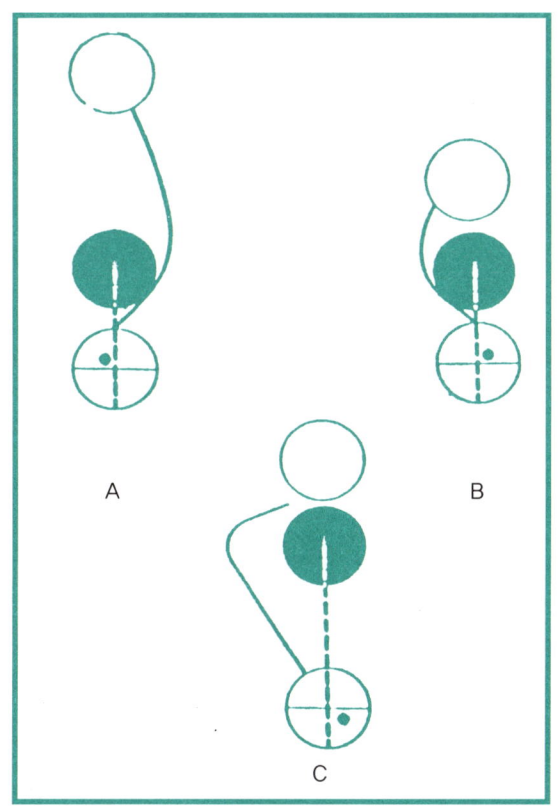

A : 3개의 공이 직선을 그리고 있는 경우의 세 가지 방법-지금까지의 그림에 나왔던 마세와는 당점이 다르다-을 보자. 적구에 얇게 맞히며 큐를 80° 정도 세우고 수구의 중심에서 약간 왼쪽을 작은 스트로크로 빨리 친다.

B : 당점은 수구의 중심에서 약간 오른쪽, 그림 A보다 큐를 약간 더 세우지만 스트로크는 동일하다.

C : 당점은 수구의 중심에서 약간 오른쪽. 적구부터 맞히면 키스할 우려가 있으므로 그림의 선에서처럼 커브를 취한다. 약간 큰 스트로크로 친다.

마세치기

적구에 대해 얇게 작은 스트로크로 친다. 큐를 큰 동작으로 치면 공이 앞으로 나가기 때문에 겨냥한 대로 맞지 않는다(그림 6-A).

수구의 왼쪽을 치며 적구의 중심에서 약간 왼쪽을 작고 빠른 스트로크로 친다. 이 경우 왼쪽을 치면 비틀기로 쿠션을 따라가게 된다(그림 6-B).

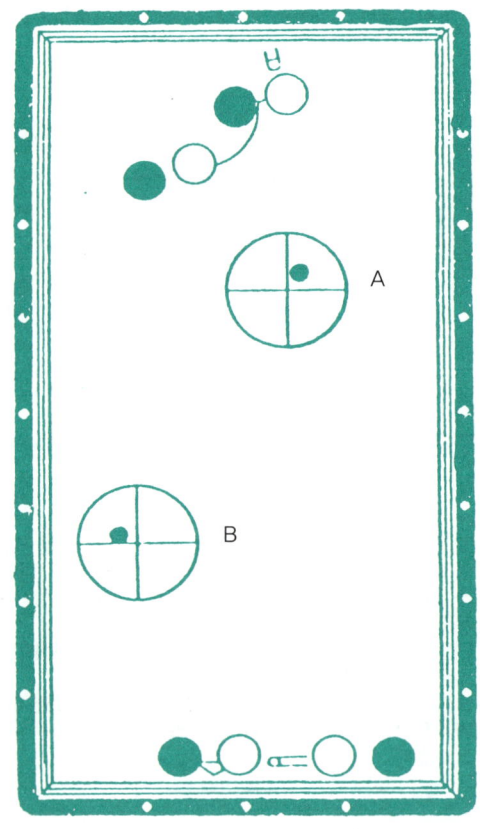

그림 6.

큐를 거의 수직으로 세우고 수구의 중심에서 약간 몸쪽을 당점으로 하며, 적구의 중심을 겨냥한다. 작은 스트로크로 가볍게 친다. 적구가 움직이지 않을 정도의 힘이 아니면 오히려 역효과가 나는 수가 있으므로 주의해야 한다(그림 7-A).

당점은 수구의 중심에서 약간 오른쪽이다. 적구의 오른쪽에 얇게 맞히고 나서 선구에 맞힌다. 빠른 스트로크로 가볍게 친다(그림 7-B).

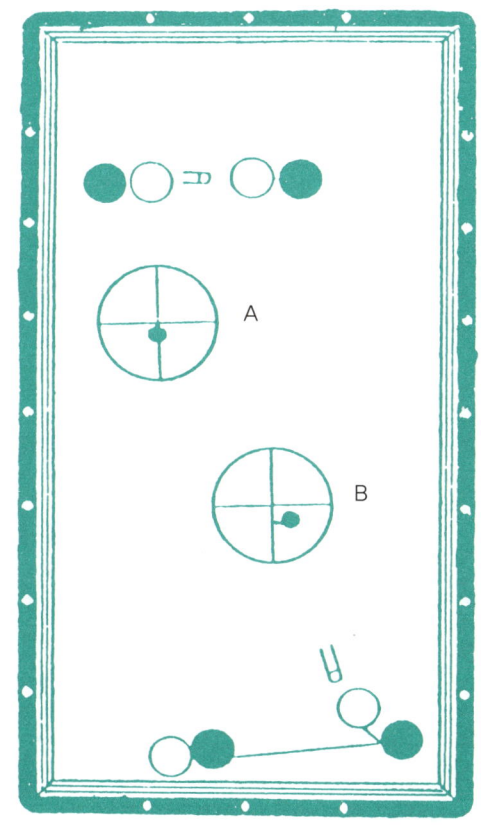

그림 7.

수구의 왼쪽을 치며 적구에 얇게 맞히고 작은 스트로크로 친다(그림 8-A). 당점이 앞에서와는 반대가 되며 적구에 두껍게 맞힌다. 큐를 너무 세우지 말고 작은 스트로크로 친다(그림 8-B).

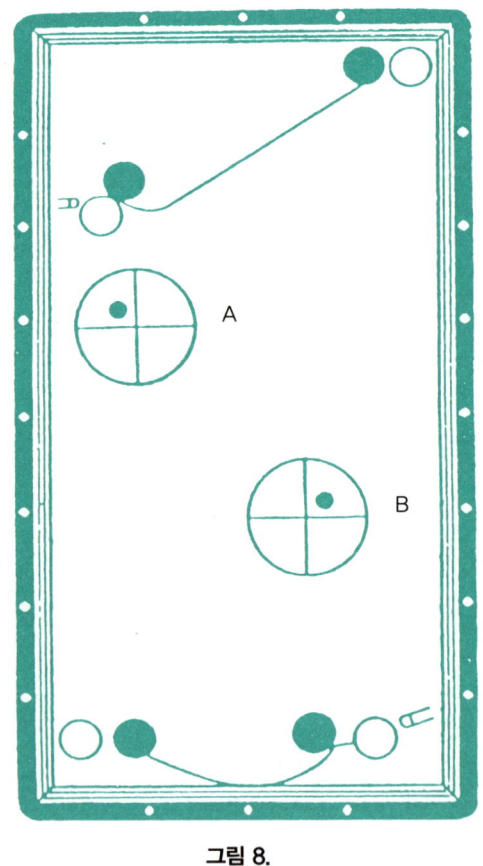

그림 8.

마세치기의 모아치기

당점은 오른쪽의 약간 몸쪽으로 치우치는 부분이 당점이다. 적구의 중심에서 약간 왼쪽을 겨냥하며 큐를 너무 세우지 말고 작은 스트로크로 치면 코너의 선구에 맞고 적구가 원 쿠션으로 돌아오며 모아치기 형태가 된다(그림 9).

그림 9.

밀어치기 마세의 모아치기

보통 마세보다 적구에 두꺼운 듯하게 맞힌다. 큐는 역시 보통 때보다 더 세우며 작은 스트로크로 친다. 어느 경우에나 당점에 주의한다.

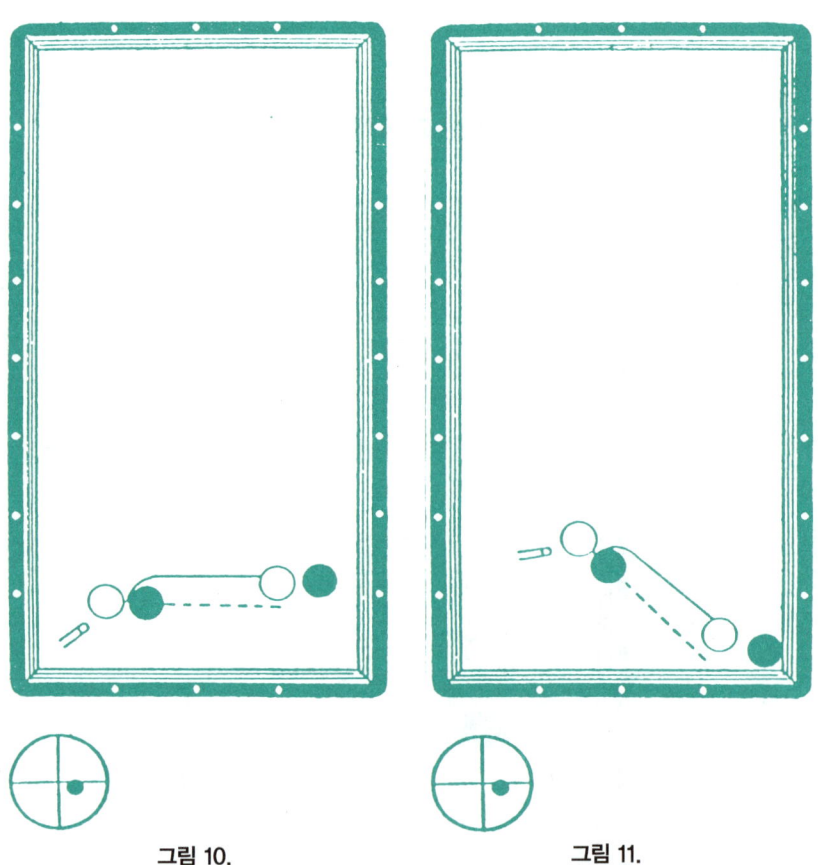

그림 10.   그림 11.

그림 12.

밀어치기 더블 쿠션

수구 위쪽의 오른쪽 가장자리를 치며 적구 더블 쿠션을 취하면 모아치기의 형태가 된다. 힘의 조절이 가장 중요하다(그림 13).

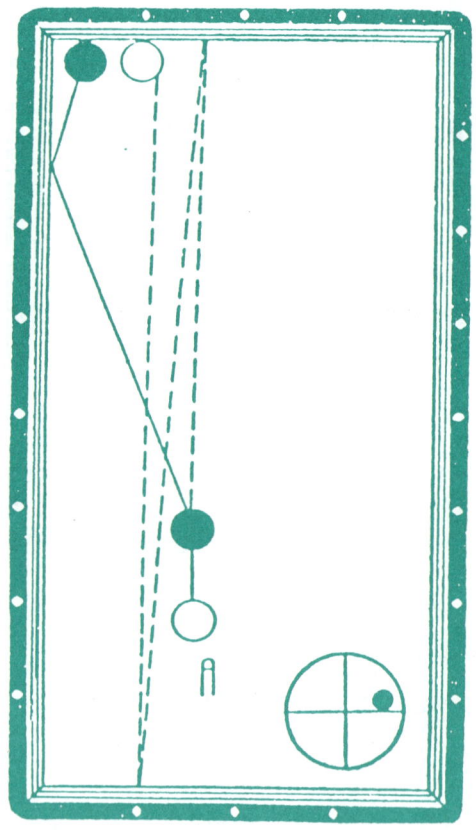

그림 13.

밀어빼어치기 커브

수구의 왼쪽 위를 치며 적구의 중심에서 약간 왼쪽을 맞히도록 한다. 커다란 스트로크로 날카롭게 찌르듯 친다. 수구는 커브를 그리며 쿠션을 따라 돌고 적구는 쿠션을 크게 돌아 모아치기 형태를 이룬다(그림 14).

그림 14.

5 끌어치기

밀어치기는 해 보면 의외로 쉽지만 끌어치기는 그렇지 않다. 밀어치기보다 어려운 것이 끌어치기다. 그러나 이 끌어치기는 게임을 하다 보면 자주 나온다. 또한 모아치기에서도 필요한 기술이므로 충분한 연구와 연습을 해야 한다.

끌어치기를 뜻대로 할 수 있게 되면 당구의 묘미도 깊어진다. 끌어치기란 수구가 적구에 맞은 다음 되돌아오게 하는 방법이다. 즉 수구의 아래쪽을 쳐서 백스핀시키는 기술이다. 당점은 수구의 중심, 적구의 중심, 선구의 중심을 이은 선을 이등분하고 그 선이 적구와 교차하는 점을 겨냥한다.

쉬운 끌어치기의 자세

끌어치기의 원리

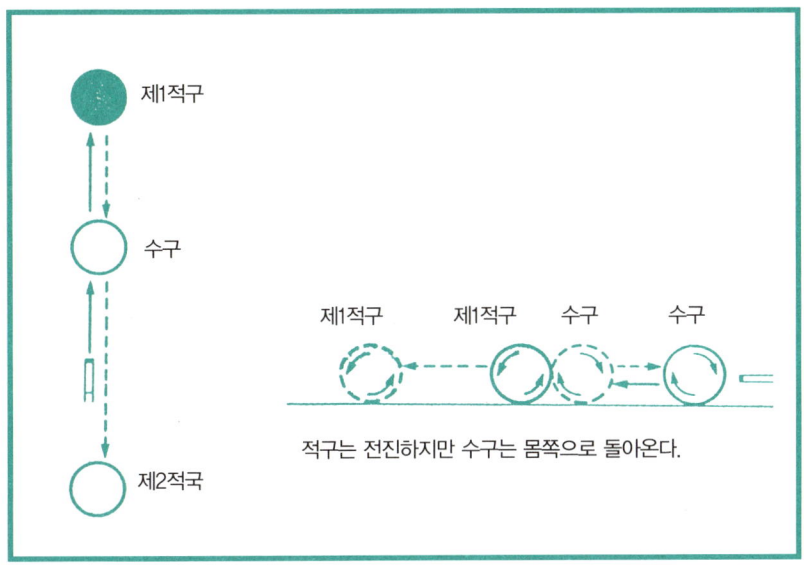

적구는 전진하지만 수구는 몸쪽으로 돌아온다.

그림을 보면 잘 알겠지만 브리지를 낮게 잡고 큐를 신속하게 내보낸다. 처음에는 큐를 내보냄과 동시에 다시 끌어들이는 사람이 많다. 이것은 끌어들인다는 느낌 때문에 저절로 나타나는 동작일 뿐 끌어들이는 목적과는 아무런 관계도 없으며 낭비일 뿐이다.

밀어치기의 스트로크와 같은 기분으로 스냅을 살리면 수구가 충분히 활주하여 적구에 맞고 백스핀을 하면서 선구에 맞는다. 한마디로 부드럽게 치는 편이 더 효과가 있다.

겨냥을 할 때에도 시각적 관계로 수구의 아래쪽을 쳤다고 생각하지만 그렇지 않은 경우가 많다. 또한 끌어치기는 지나치게 아래쪽을 치면 공을 밀어서 치켜 올리는 결과가 되기도 하므로 주의해야 한다.

떨어져 있는 공을 끌어들이는 경우라도 그 요령만 알면 의외로 쉽게 할 수

끌어치기의 겨냥

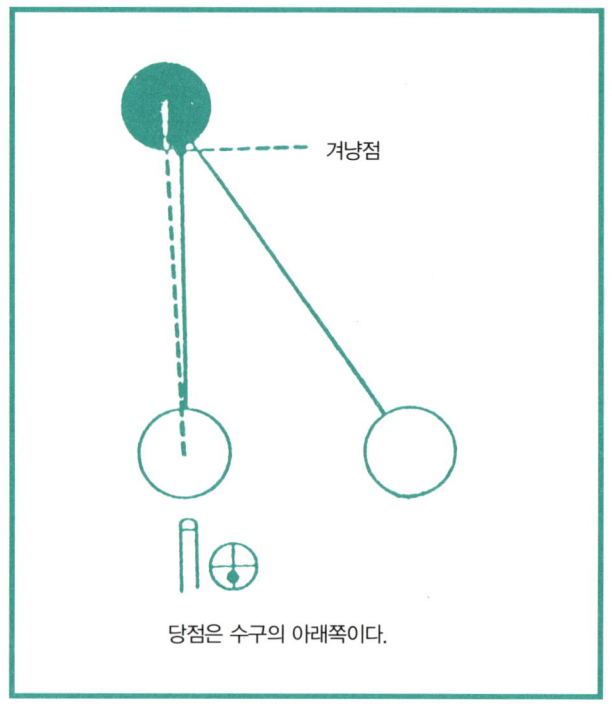

당점은 수구의 아래쪽이다.

있다. 그러나 공이 흩어져 있기 때문에 겨냥이 빗나갈 공산도 크다. 이때는 브리지를 평소보다 낮게 하며 수구의 아래쪽을 치고 약간 공을 꿰뚫는 듯한 기분으로 치면 성공한다. 그러나 앞에서도 설명했듯이 미스할 확률이 높으므로 지나치게 아래쪽을 치지 말도록 하며 끌어들일 때 힘의 조절이 중요하다.

끌어치기에서는 특히 부드러운 리스트, 확실한 브리지 그리고 매끄러우면서도 신속한 스트로크의 3가지를 중요시해야 한다.

끌어치기의 기본적인 겨냥

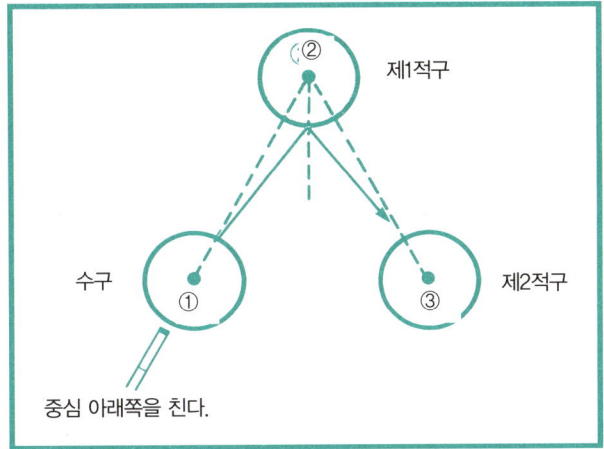

3개의 볼의 중심점(①, ②, ③)을 연결한 각도를 2등분한 선이 제1적구의 바깥 가장자리와 접하는 점을 겨냥점으로 한다. 당점은 중심 아래쪽이다.

두께에 따른 수구의 반사각

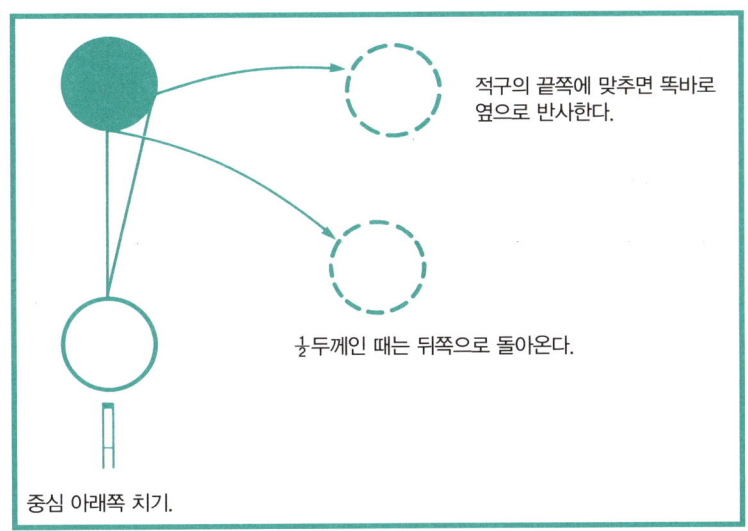

끌어치기의 기술

수구의 중심 아래를 당점으로 하되 다만 첫 번째 선구의 선과 수구 및 적구의 선이 교차하는 중심을 겨냥하며 스트로크는 신속하고 찌르듯이 가볍게 한다.

수구의 아래쪽을 당점으로 하기 때문에 브리지가 단단하지 않으면 미스가 생길 수 있으므로 주의해야 한다(그림 1).

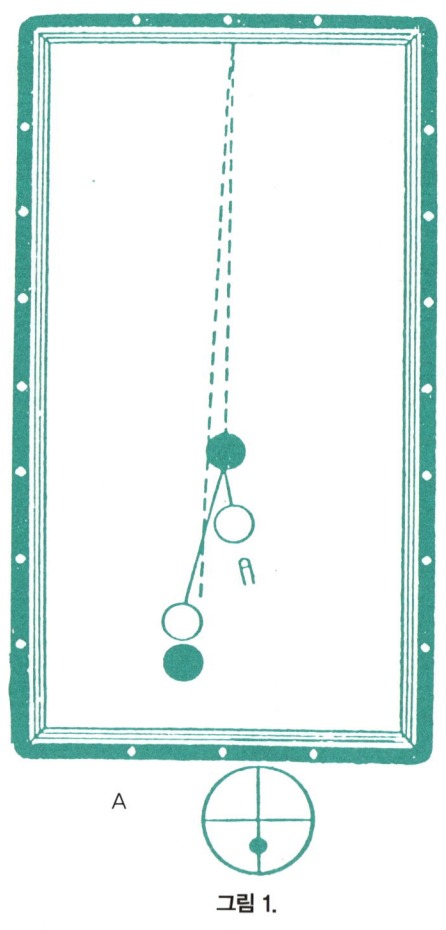

그림 1.

끌어치기 원 쿠션의 모아치기인데 수구와 적구를 연결하는 쿠션에 첫 번째 선구가 있다고 가정하고 수구 오른쪽 아래를 치며 약간 큰 스트로크로(적구를 모아들이기 위해) 치도록 한다. 이로써 적구는 스리쿠션으로 모아진다(그림 2).

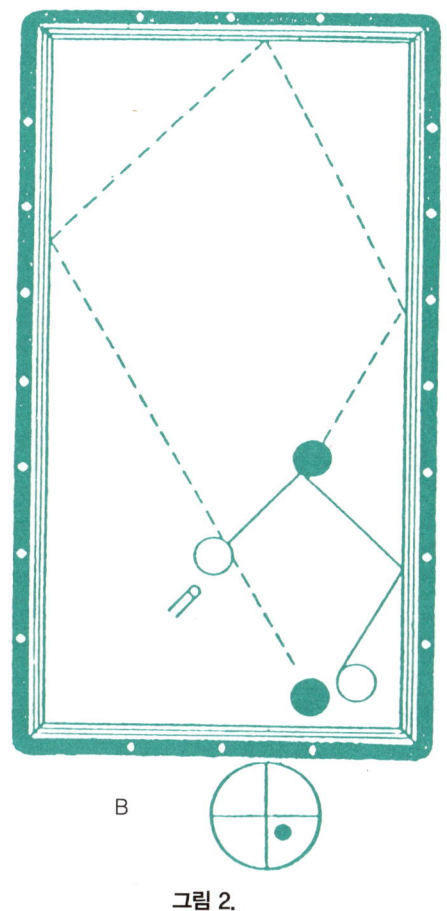

그림 2.

당점은 수구의 중심 아래쪽이고 적구가 원 쿠션으로 모아진다(그림 3).

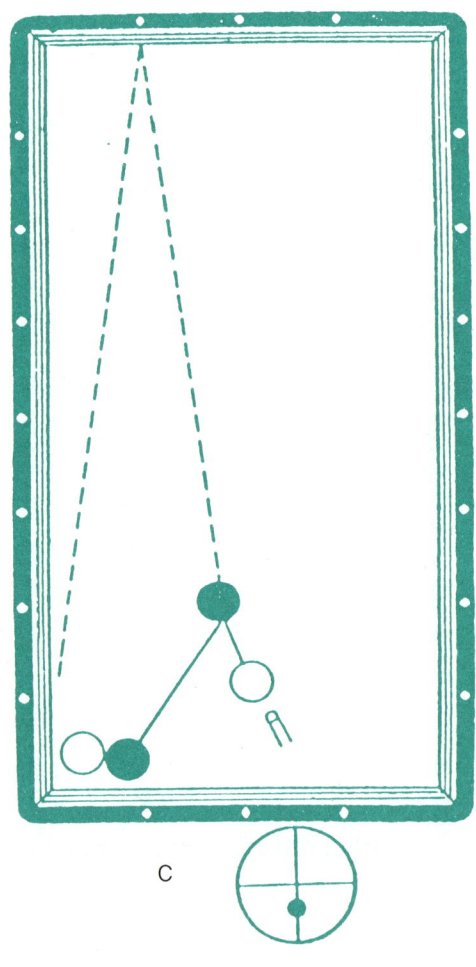

그림 3.

적구 쿠션의 끌어치기다. 수구의 당점은 왼쪽 중심에서 약간 아래쪽이다 (그림 4).

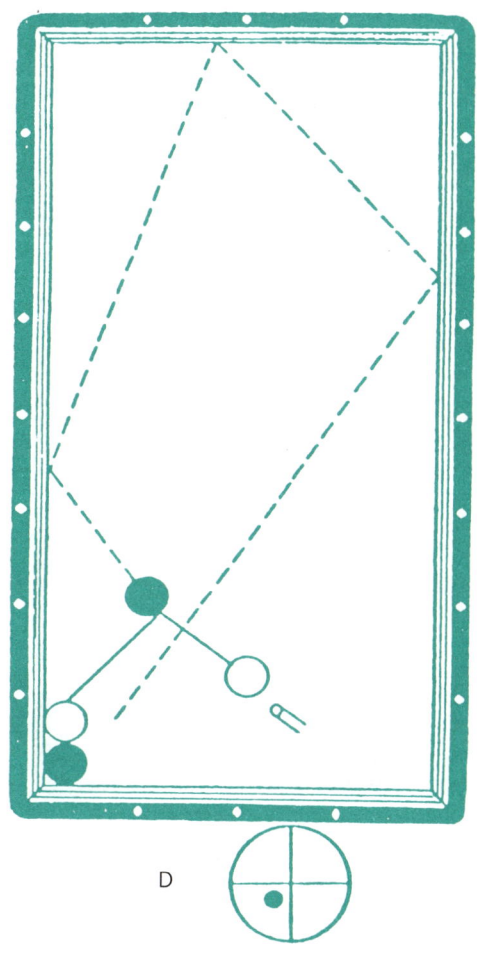

그림 4.

수구의 오른쪽 아래를 치며 적구의 오른쪽에 얇게 맞히도록 한다. 작은 스트로크로 가볍게 끌어치면 좋은 모아치기의 형태가 된다(그림 5).

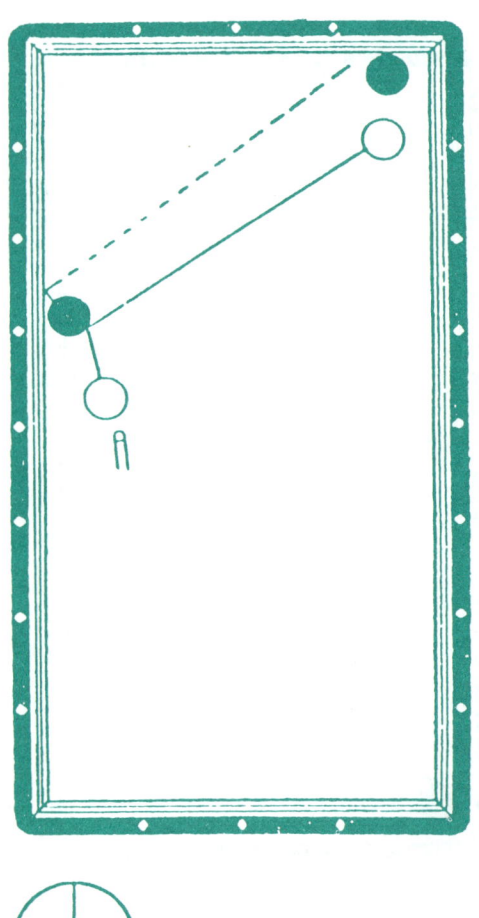

그림 5.

쉬운 끌어치기의 자세

쿠션에 가까운 끌어치기
이 경우 아래쪽을 치기 때문에 큐를 세우며 브리지를 높게 한다.

가로 끌어치기에 의한 모아치기

당점은 수구의 오른쪽 아래다. 이런 공은 되도록 비틀기를 주면 쉽게 맞는다. 수구 원 쿠션, 적구 스리 쿠션으로 모이게 된다. 이런 공은 오히려 끌어치기가 아니라 비틀어치기 하는 편이 더 정확하다(그림 6).

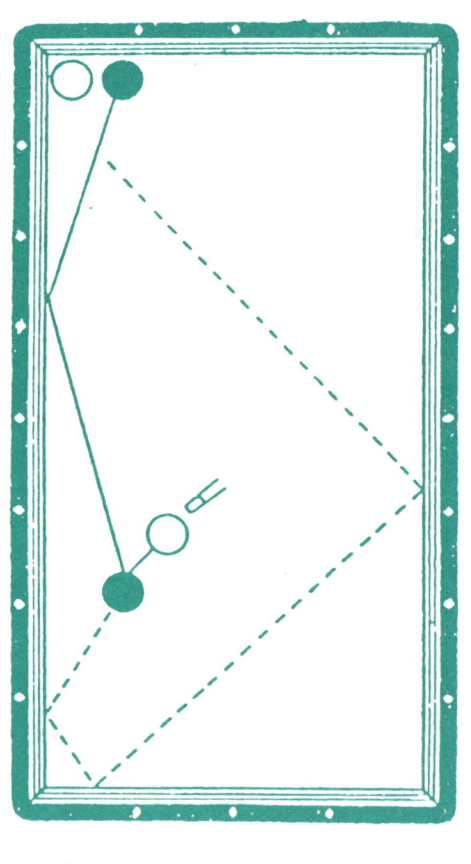

그림 6.

긴 끌어치기

큐 끝을 길게 잡고 어깨에 힘이 들어가 않도록 크게 스트로크하여 친다. 당점은 수구의 오른쪽 아래다. 적구는 투 쿠션으로 모아치기의 형태가 된다 (그림 7).

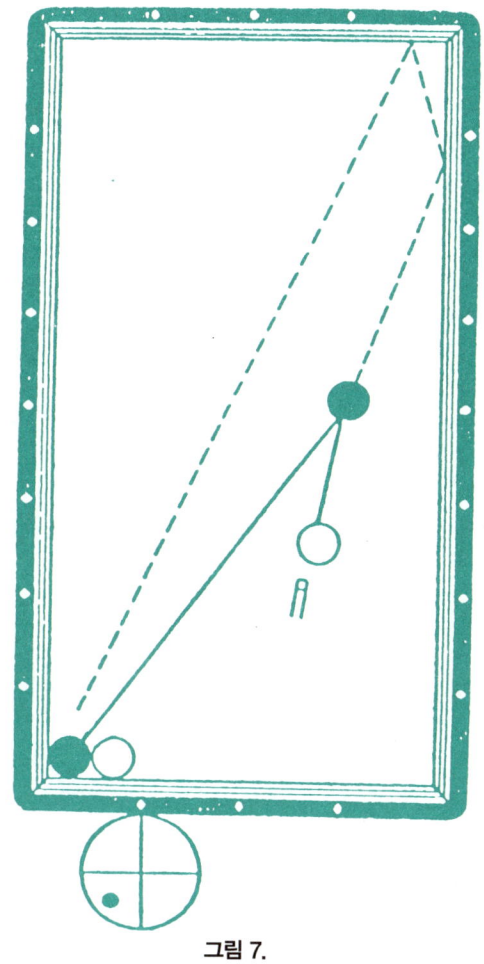

그림 7.

원 쿠션 끌어치기

그림과 같은 경우, 대개 직접 맞히지만 수구의 왼쪽 아래를 쳐서 적구의 오른쪽으로 두껍고 가볍게 끌어당겨 원 쿠션을 취하면 모아치기 형태가 되며 후구가 좋아진다(그림 8).

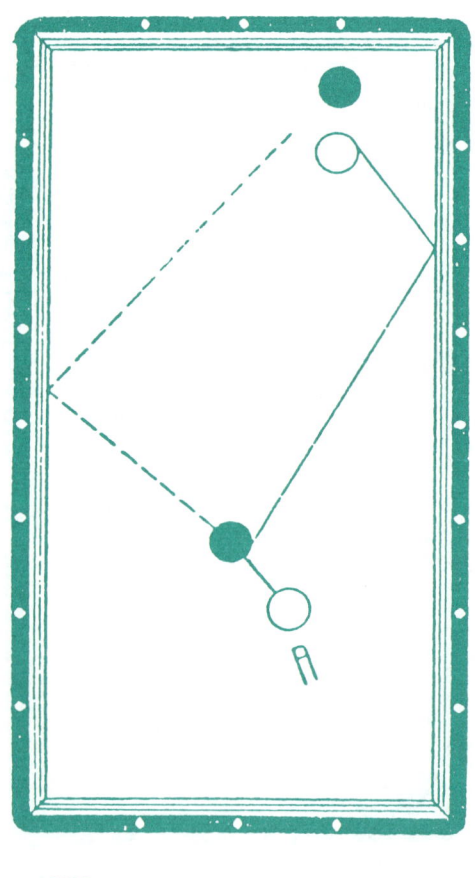

그림 8.

원 쿠션 모아치기

수구의 오른쪽 아래 가장자리를 당점으로 하며 빠른 스트로크로 적구 오른쪽을 약간 두껍게 맞힌다. 커다란 커브가 나와 원 쿠션으로 선구에 맞으며 적구는 스리 쿠션으로 모아치기 형태가 된다(그림 9).

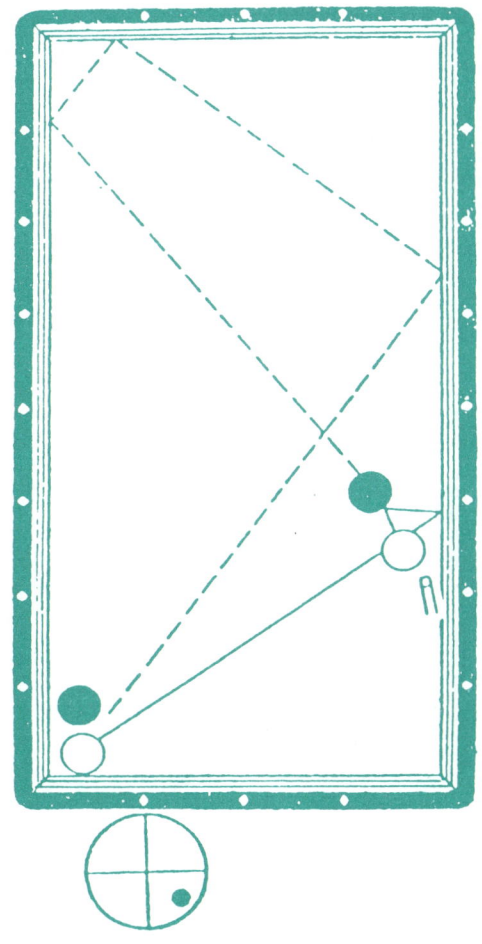

그림 9.

먼 끌어치기의 모아치기

수구의 오른쪽 아래를 치며 적구의 오른쪽에 두껍게 맞힌다. 끌어치기이지만 적구는 스리 쿠션의 되돌아오기로 모여든다. 이때 스트로크를 크게 하여 빨리 칠 필요가 있다(그림 10).

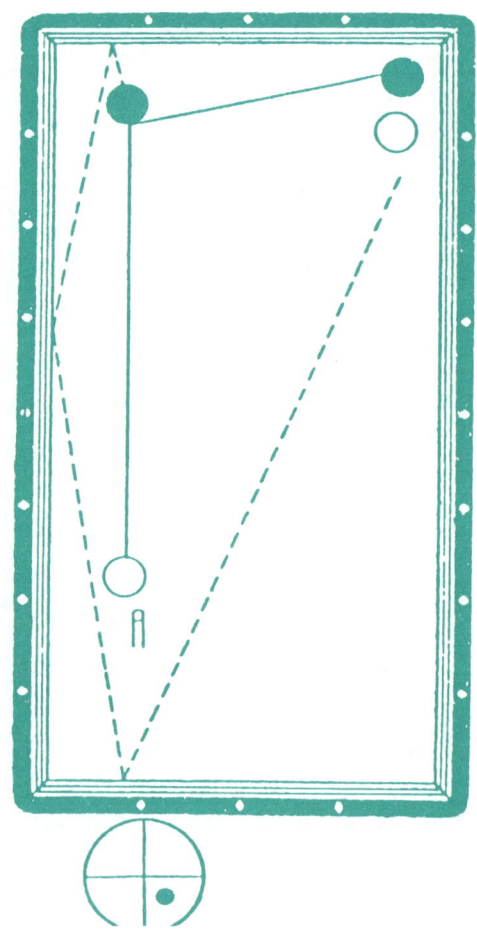

그림 10.

투 쿠션의 모아치기

수구 오른쪽 아래를 당점으로 하고 작은 스트로크로 적구의 왼쪽에 수구의 약 절반을 맞힌다. 적구는 원 쿠션, 수구는 투 쿠션으로 모여든다(그림 11).

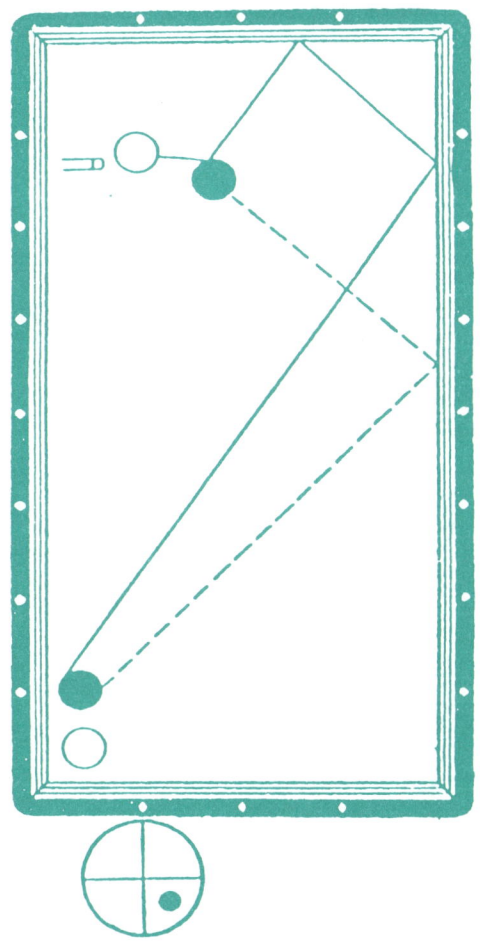

그림 11.

수구의 중심 아래쪽을 치며 적구의 오른쪽에 두껍게 맞히고 직접 끌어당긴다. 적구는 투 쿠션으로 선구 방향으로 나아간다. 작은 스트로크로 친다 (그림 12).

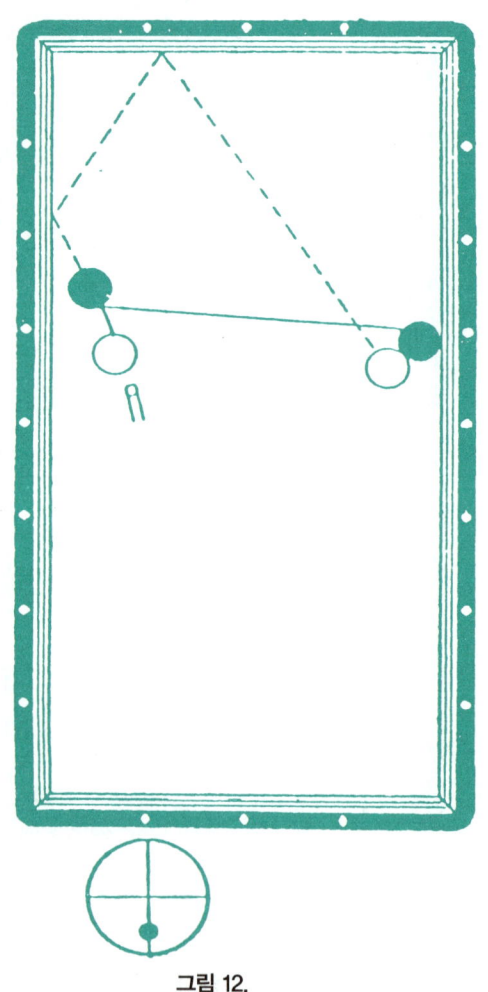

그림 12.

끌어치기 투 쿠션 모아치기

이런 위치의 공은 얇게치기로도 불가능하며 보편적인 밀어치기를 하면 선구가 흩어진다(그림 13).

그림 13.

이 경우 적구의 중심 약간 오른쪽을 겨냥하여 끌어치기의 투 쿠션을 취하면 수구의 기세가 감소되며 적구도 투 쿠션이 되고 따라서 모아치기 형태가 된다.

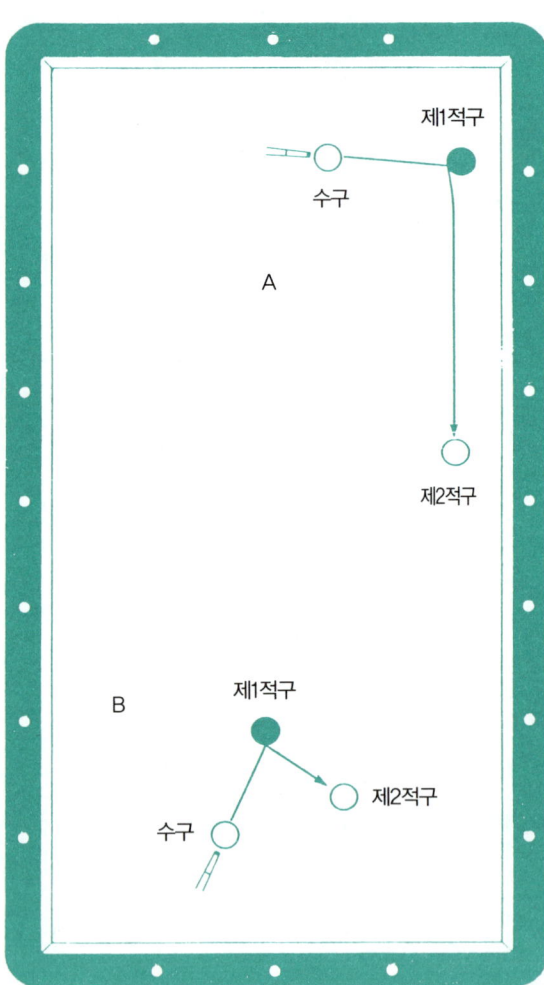

끌어치기

그림의 A처럼 제2적구가 먼 위치에 있는 경우에는 당점을 중심에서 아래쪽, 두께를 2분의 1로 잡아 치면 수구는 처음에는 약간 커브를 그리고 90°각도로 제2적구를 향해 간다. 힘의 조절은 강하게 할 필요가 있다. 또한 중심 아래쪽뿐 아니라 익숙해지면 왼쪽 아래, 오른쪽 아래 등을 쳐서 비틀기를 주는 연습도 한다.

6 비틀기(가로회전)

밀어치기, 끌어치기를 일단 할 수 있게 되면 다음에는 비틀기와 쿠션의 관계를 익히도록 한다. 그래야만 기술이 진보된다. 우선 가로치기에 의해 공에 비틀기를 주는 기술부터 살펴보기로 한다.

얇은 공으로 목적을 이룰 수 있을까 또한 밀어치기를 하면 어떨까 망설이게 되는 경우 적구와 선구가 거리가 멀어 힘들거나 아니면 선구가 멀기 때문에 밀어치기도 할 수 없는 경우에 이 비틀기를 이용한다.

비틀기의 효과를 내려면 밀어치기에서처럼 큐를 수평으로 잡고 조용히 치는 것이 첫째 조건이다. 당점은 수구의 중심 똑바로 옆이며 큐 뒤끝을 다소 세우면 효과가 있다.

수구의 오른쪽이나 왼쪽을 쳐서 가로 회전을 만드는 것이 비틀기다. 여기에는 오른쪽치기와 왼쪽치기가 있다. 적구의 뒤편 오른쪽에 선구가 있을 때 오른쪽을 치면 오른쪽치기, 왼쪽을 치면 왼쪽치기가 된다. 그 각도는 당점과 적구에 맞는 상태에 따라 각각 조절하게 된다.

그 이유는 가로치기에 의해 맞은 공은 그 힘에 의해 공 스스로의 전진력과 큐에 의해 주어진 활주력에 의해 직선에 가까운 곡선을 그리며 진행된다. 가로 회전하며 진행하는 공이 적구 또는 선구와 접촉한 경우, 접촉과 동시에 접촉된 공은 수구의 회전과 반대로 회전한다. 이로써 접촉한 두 공의 회전 운동은 정반대가 된다.

원 쿠션의 비틀기

이런 공인 경우, 비틀기를 주지 않고 수구 아래쪽을 치는 사람이 많지만 비틀기를 많이 주면 비교적 쉽게 해결되는 공이다(그림 1).

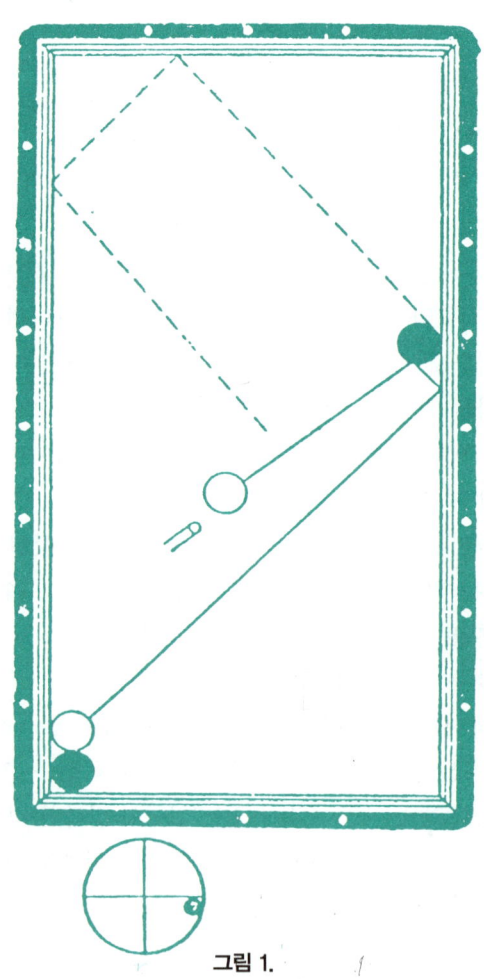

그림 1.

절반 세우기의 비틀기

수구의 왼쪽 중심 약간 위를 치며 적구의 오른쪽에 얇게 맞힌다. 큐 뒤끝을 약간 세우고 작은 동작으로 친다(그림 2).

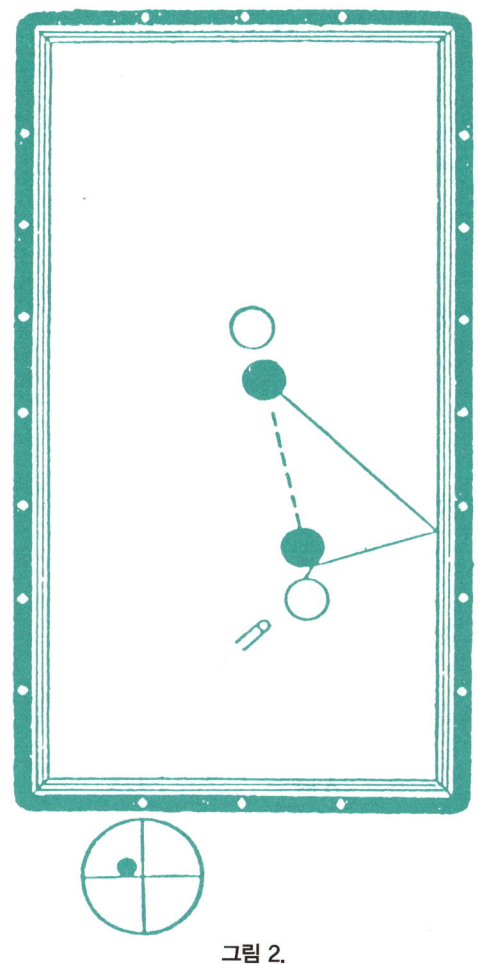

그림 2.

비틀기의 강약

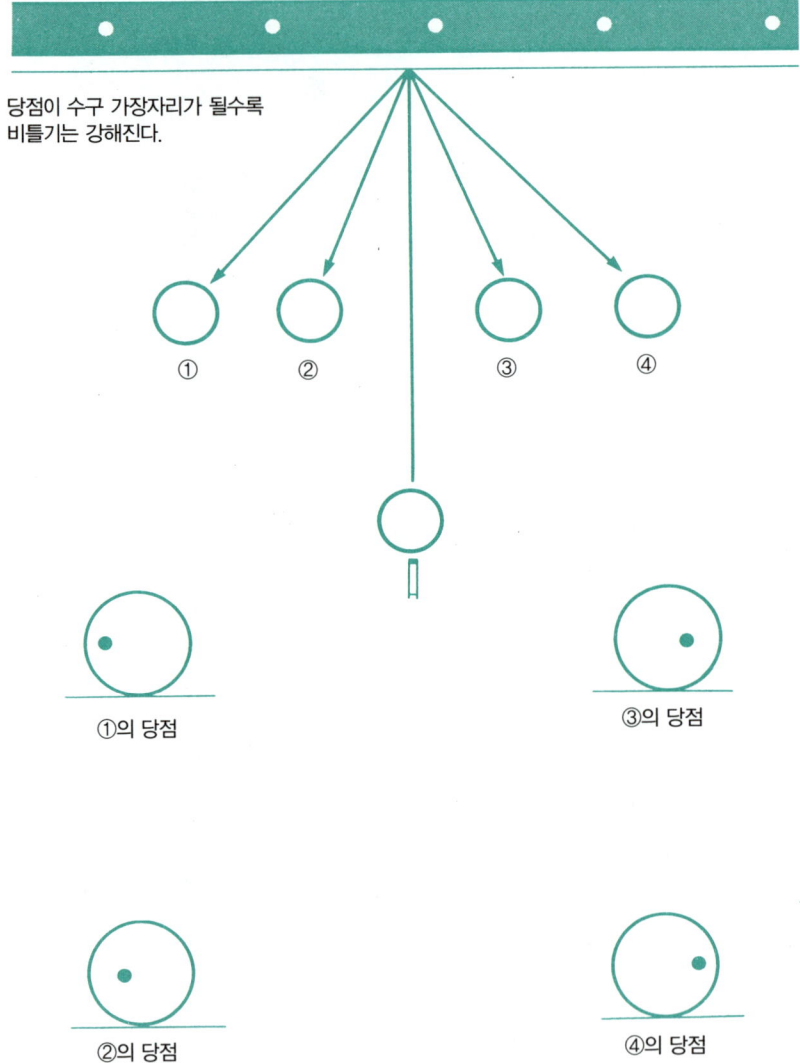

당점이 수구 가장자리가 될수록 비틀기는 강해진다.

①의 당점

③의 당점

②의 당점

④의 당점

당구입문서

비틀기

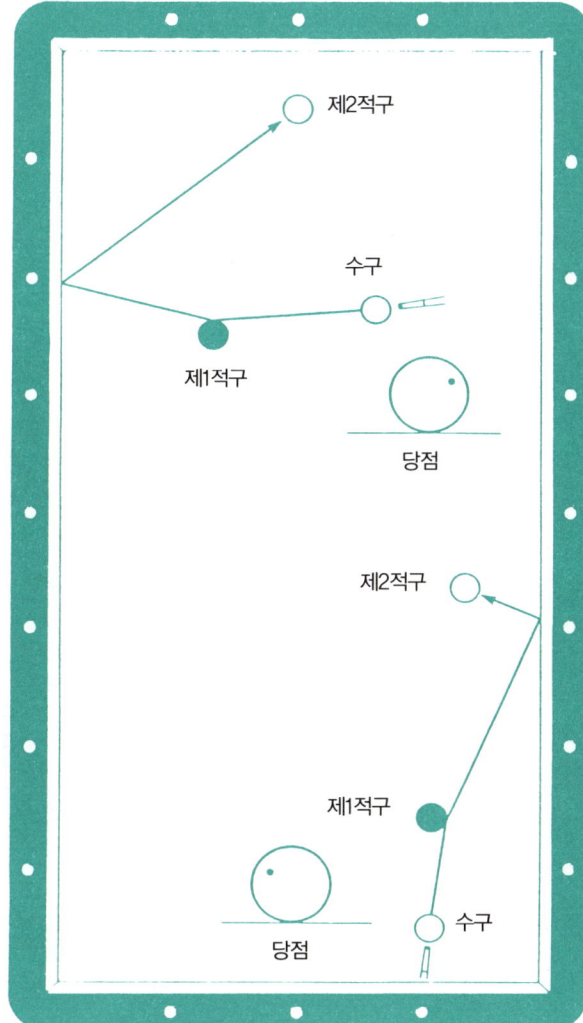

그림의 예는 어느 쪽이나 모두 비틀기를 응용한 방법이다. 비틀기를 이용하면 보통 방법으로는 어려운 공이라도 쉽게 맞힐 수가 있다. 그러나 비틀기의 정도로 판단하는 것은 쉬운 일이 아니며 비틀기가 지나치게 적거나 또는 지나치게 많아지는 경우가 흔히 있다.

7 공 쿠션

적구와 선구가 직선 상태일 경우와 같이 수구에서 적구를 직접 겨냥할 수 없을 때는 먼저 수구를 쿠션에 넣은 뒤 적구와 선구에 맞혀서 목적을 이루는 방법이 공 쿠션이다. 이 방법은 처음부터 공을 노리는 것이 아니라 쿠션을 노리기 때문에 수구와 쿠션 그리고 적구 및 선구의 위치를 충분히 측정해야 한다.

수구의 당점은 먼저 쿠션에 넣기 때문에 반사각도에 변화가 일어나게 된다. 당점은 중심을 보는 것이 무난하다. 중심치기는 수구가 회전하지 않고 활주 상태로 진행하기 때문이다.

따라서 일단 쿠션에 들어가고 나서도 그 반사각도가 겨냥점에서 빗나가지 않으며 적구로의 진로도 달라지지 않게 된다. 이 경우에도 예외로써 수구에 비틀기를 주는 수가 있다. 요컨대 수구의 당점과 쿠션의 반사각도만 정확하면 이 공 쿠션도 쉽게 칠 수 있다. 공 쿠션은 입사각과 반사각이 거의 동일하다는 원리를 응용한 것이다.

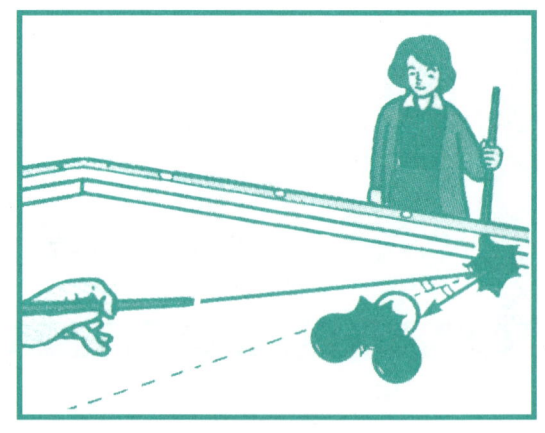

공 쿠션의 기본적인 겨냥

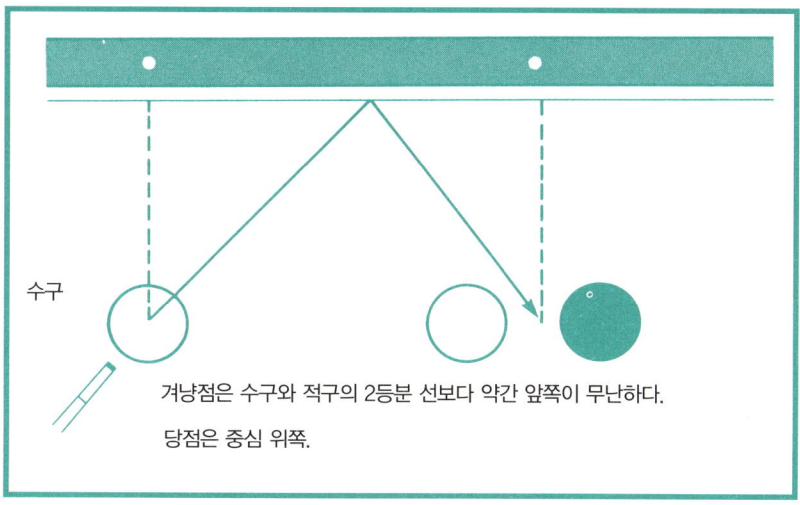

겨냥점은 수구와 적구의 2등분 선보다 약간 앞쪽이 무난하다.
당점은 중심 위쪽.

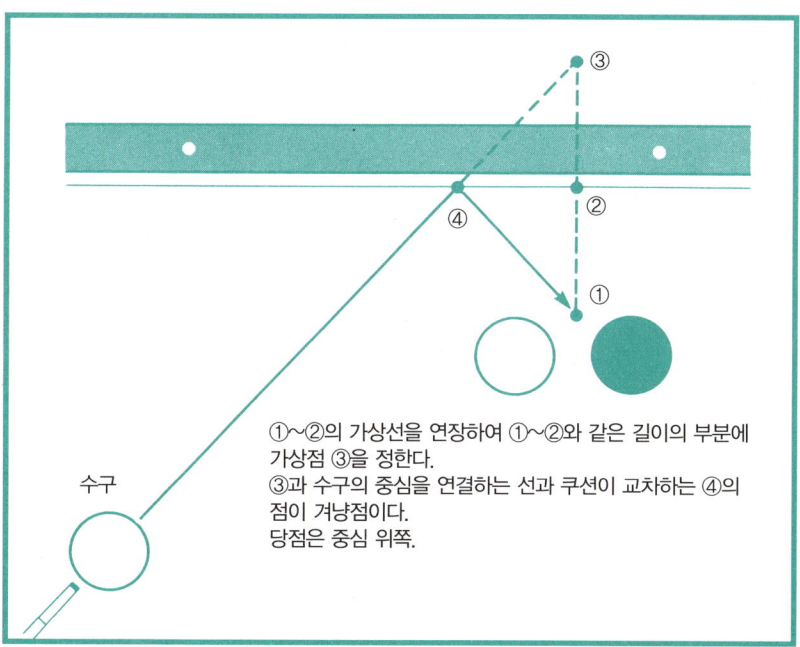

①~②의 가상선을 연장하여 ①~②와 같은 길이의 부분에 가상점 ③을 정한다.
③과 수구의 중심을 연결하는 선과 쿠션이 교차하는 ④의 점이 겨냥점이다.
당점은 중심 위쪽.

공 쿠션

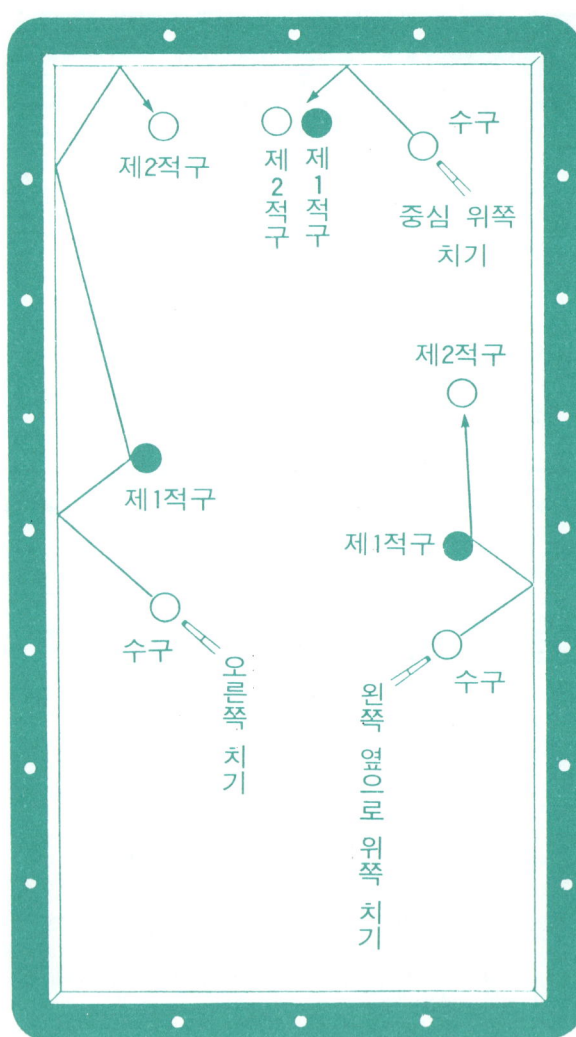

입사각과 반사각이 거의 동일한 원리를 응용하는 기법이기 때문에 원칙적으로는 수구의 중심을 치지만 그림에서의 예처럼 비틀기를 주는 수도 있다. 어쨌든 일단 쿠션에 들어간 수구는 제1적구에 맞힌 뒤 통상적인 상태에서 적구를 맞혔을 때와는 반대 작용을 하기 때문에 주의해야 한다.

공 스리 쿠션 치기

그림과 같은 경우 수구의 오른쪽에서 약간 위를 당점으로 하여 공 쿠션의 스리 쿠션을 친다. 적구는 투 쿠션이 되어 돌아온다. 큐는 크게 스트로크하며 빨리 내보낸다.

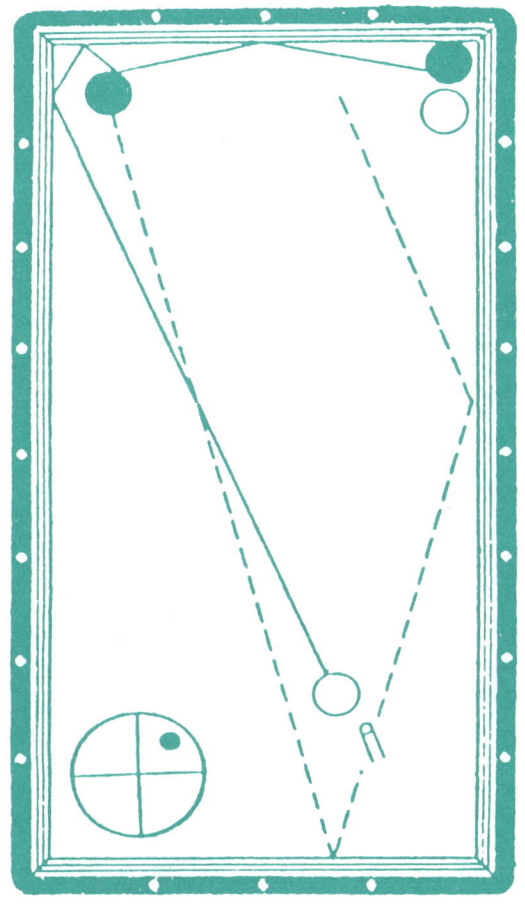

공 쿠션 치기

우선 치는 방향을 향해, 수구와 적구를 나눈 중심점을 정한다. 공의 입사각도와 반사각도를 측정하고 그 점에 적구가 있다고 가정하면 된다. 수구의 위쪽에서 약간 오른쪽으로 큐를 가볍게 내지른다(그림 1).

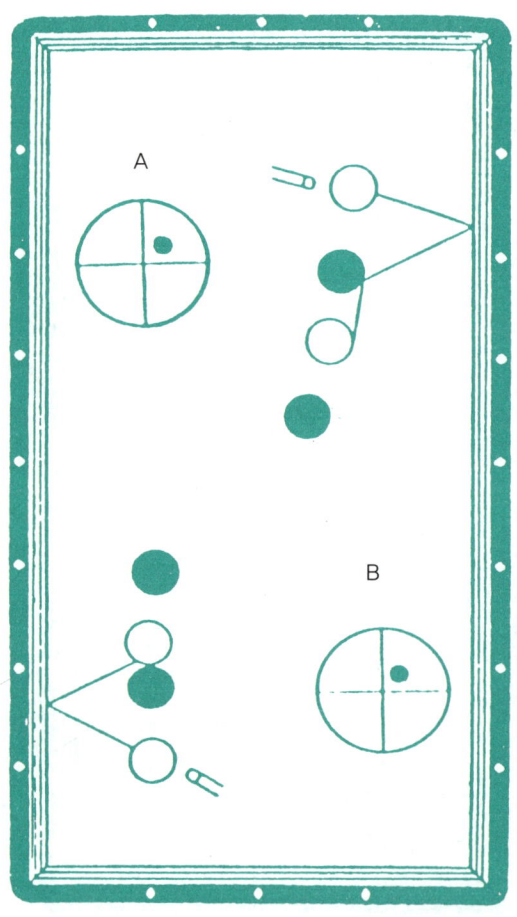

그림 1.

밀어치기로도 불가능한 경우, 수구의 중심 왼쪽을 당점으로 하여 적구와 쿠션의 간격 만큼 거리를 측정하고 그 쿠션을 겨냥하여 가볍게 친다(그림 2-A).
이 역시 마찬가지로 공 쿠션 치기이지만 적구가 원 쿠션이 되어 모여든다. 당점은 왼쪽 옆이다(그림 2-B).

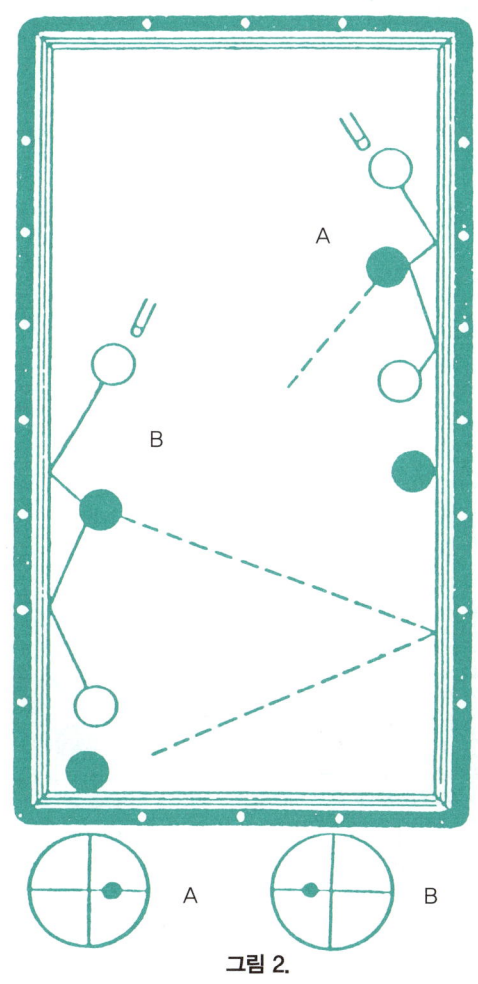

그림 2.

보통은 원 쿠션으로 치지만 이를 투 쿠션으로 치면 적중률이 높다. 당점은 수구의 중심이다(그림 3).

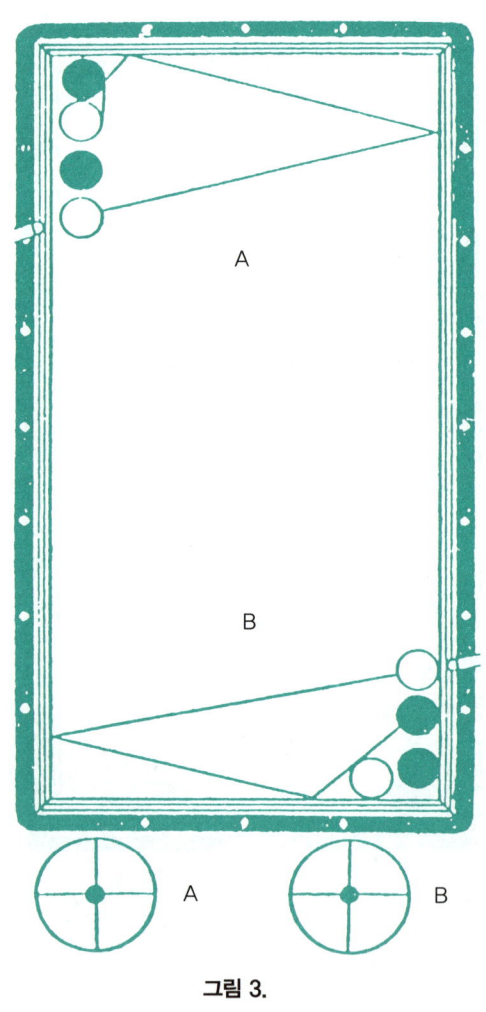

그림 3.

치는 요령은 앞에서와 같지만 수구가 스리 쿠션, 적구가 원 쿠션이고 선구가 있는 곳으로 모여든다. 당점은 수구의 오른쪽 중심이고 비틀기를 준다 (그림 4-A).
수구의 오른쪽 끝에서 약간 아래쪽을 치며 공 쿠션이고 이 역시 수구 스리 쿠션, 적구 원 쿠션에 의해 모여든다(그림 4-B).

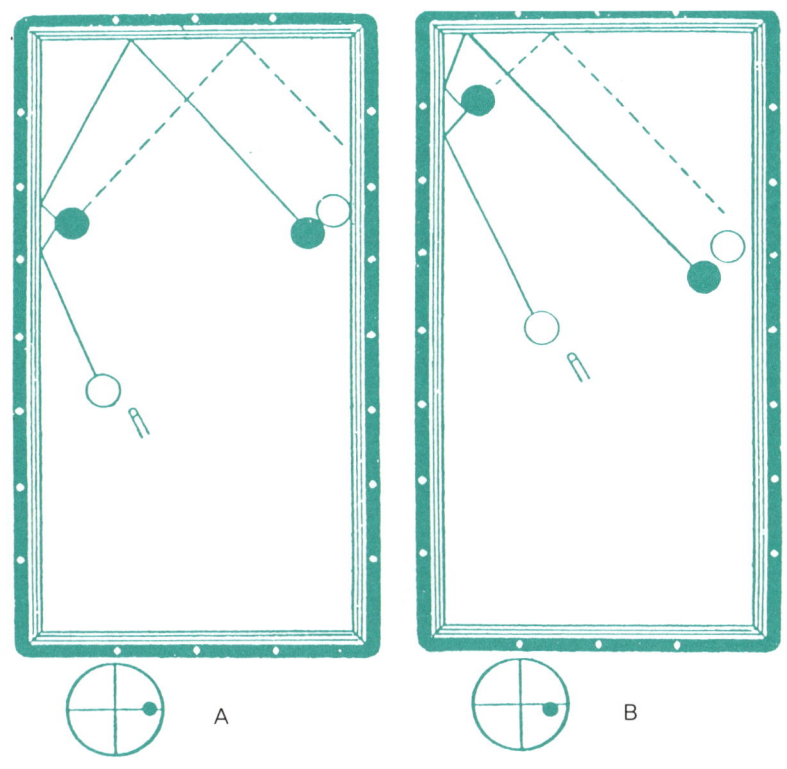

그림 4.

8 얇은 공

삼각구로는 다소 중복되어 있을 경우, 밀어치기로도 가능하지만 밀게 되면 공이 흩어지기 때문에 되도록 얇은 공으로 친다. 수구의 중심 아래쪽을 당점으로 하고 큐의 방향을 잘 보고 쳐야 한다. 얇은 공의 겨냥은 다른 항에도 있으므로 참조하기 바란다(그림 1).

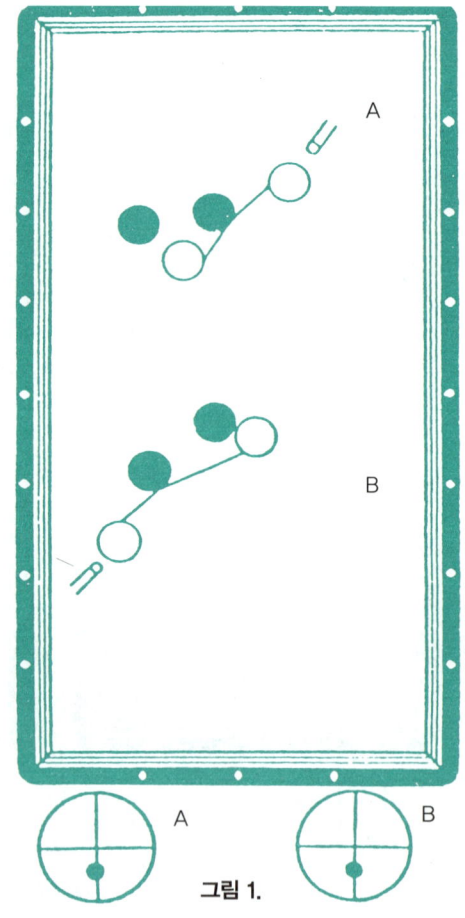

그림 1.

거리가 먼 경우에는 자세를 낮추어 큐의 방향을 잘 보고 나서 친다. 당점은 중심 아래쪽이다. 큐를 자르듯 하지 말고 가볍게 치지 않으면 실패하기 쉽다(그림 2).

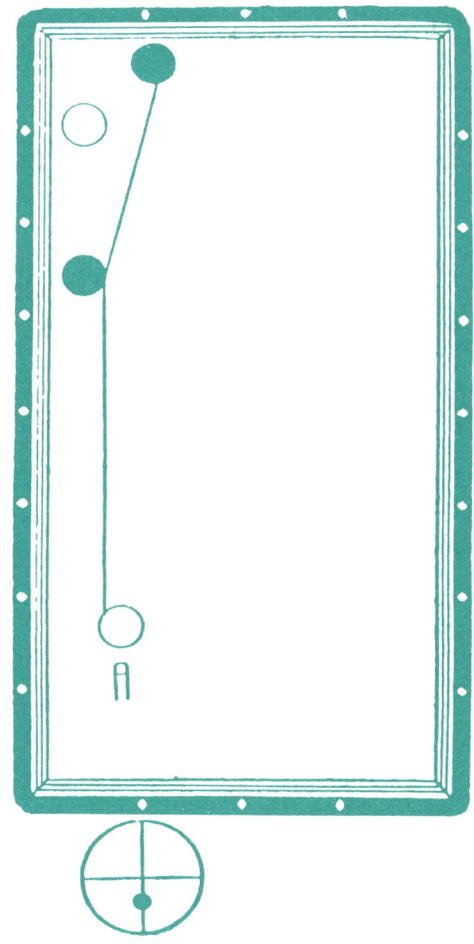

그림 2.

얇은 공

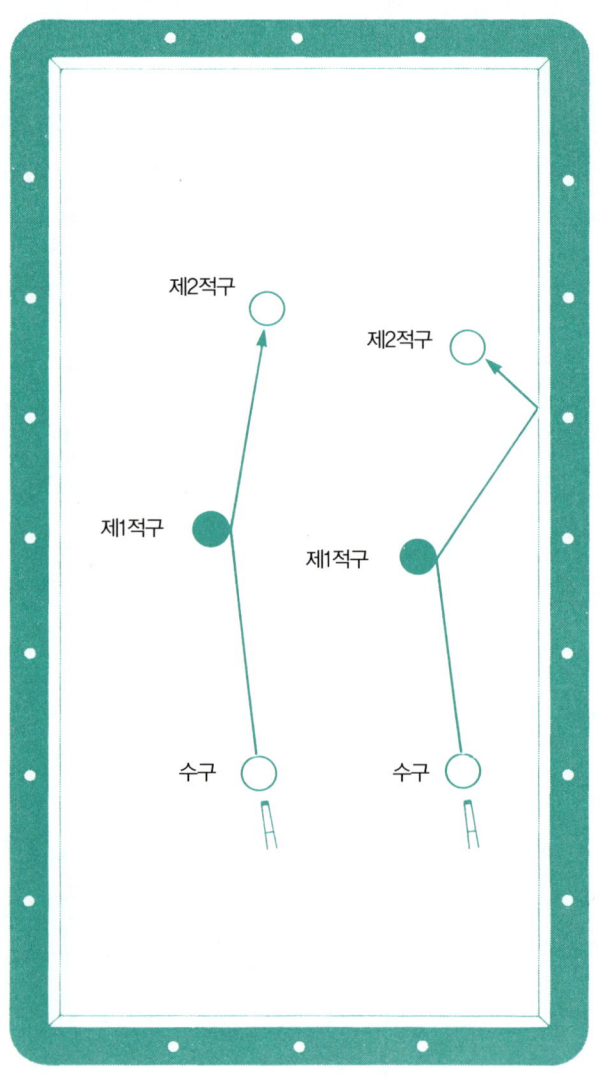

얇은 공의 기본적인 겨냥

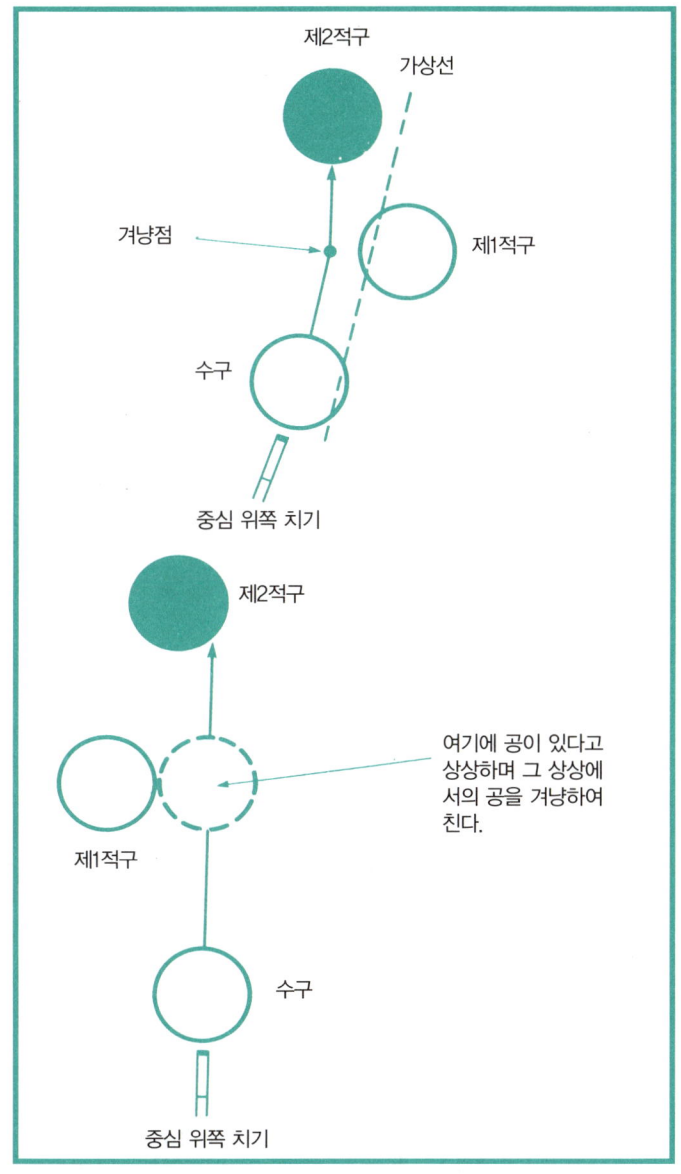

9 쿠션치기

그림 1의 A의 경우를 보면 수구의 중심 위를 치며 적구의 오른쪽으로 두꺼운 듯하게 맞힌다. 큐를 가볍게 내보낸다. 그림 1의 B는 수구의 중심 위쪽을 치며 적구의 왼쪽에 얇게 맞힌다. 이 경우에도 큐를 가볍게 내보낸다. 모두 쿠션치기다.

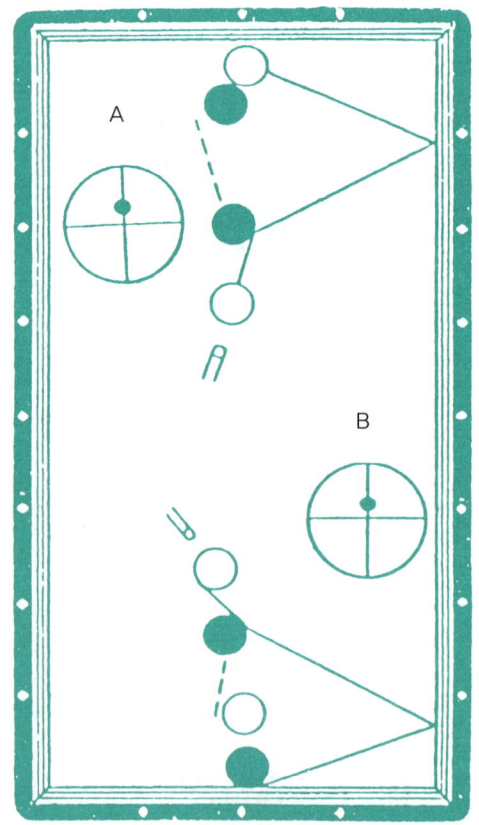

그림 1.

그림 2의 A는 수구의 왼쪽 위를 치며 적구의 오른쪽으로 두꺼운 듯하게 맞힌다. 수구 원 쿠션으로 친다. 그림 2의 B는 수구의 중심 왼쪽을 당점으로 삼는다. 적구의 오른쪽에 얇은 듯하게 큐를 가볍게 내보낸다.

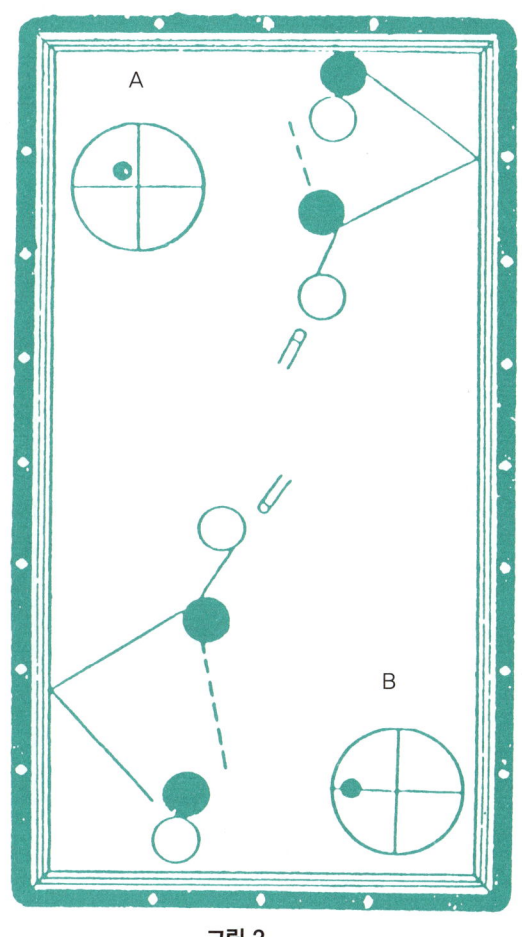

그림 2.

그림 3의 경우는 앞의 경우와 치는 요령은 거의 같다. 수구의 오른쪽 중심을 치며 적구의 왼쪽에 맞추고 스리 쿠션으로 친다. 적구는 원 쿠션에 모여든다.

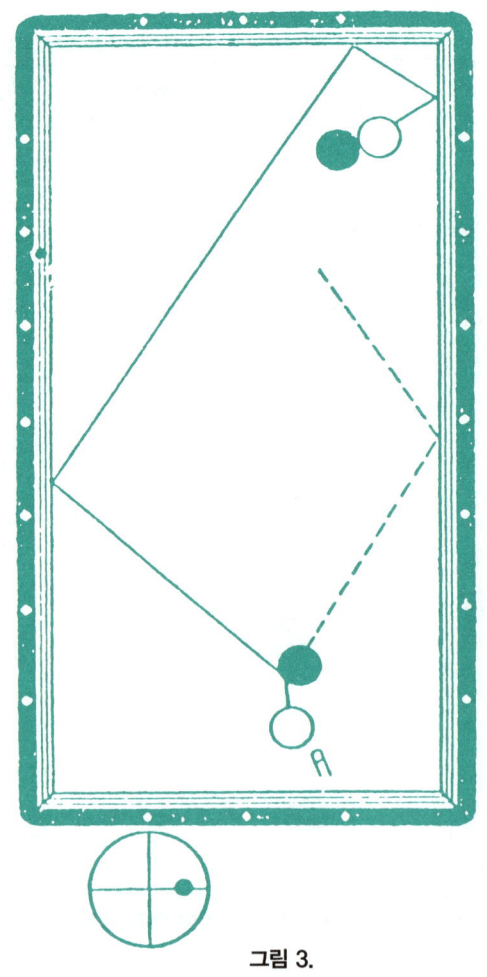

그림 3.

그림 4는 수구의 오른쪽 중심을 큐 끝 하나 만큼 오른쪽으로 친다. 적구의 왼쪽에 맞히며 스리 쿠션을 친다. 이 역시 큐를 가볍게 내보낸다.

그림 4.

그림 5의 A는 수구의 위쪽 약간 오른쪽을 치며 적구의 왼쪽에 약간 두꺼운 듯하게 원 쿠션을 친다. 힘의 상태를 조절하여 적구를 투 쿠션으로 모아치기 형태로 만든다. 그림 5의 B는 수구의 오른쪽 위를 치며 절반 밀어치기 원 쿠션으로 친다. 적구는 이 역시 투 쿠션으로 모아치기 형태가 된다.

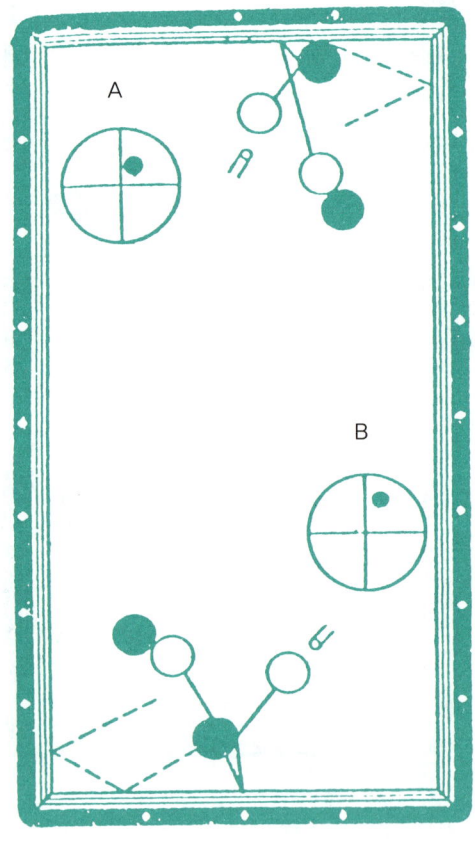

그림 5.

10 걸쳐치기

그림 1의 A는 수구의 중심에서 오른쪽으로 아래를 치며 쿠션부터 먼저 적구에 걸쳐치기 한 다음 선구에 맞힌다. 그림 1의 B는 당점은 동일하지만 걸쳐치기를 할 수 없기 때문에 적구의 왼쪽에 얇게 맞힌 다음 되받아치기로 목적을 이룬다.

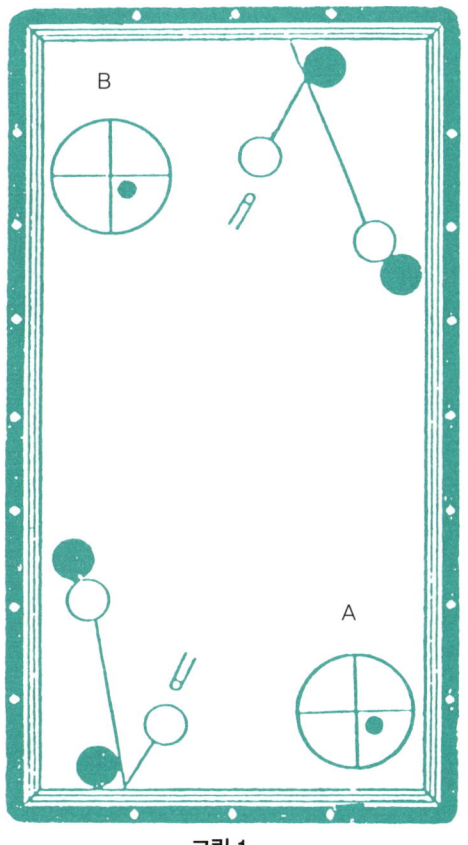

그림 1.

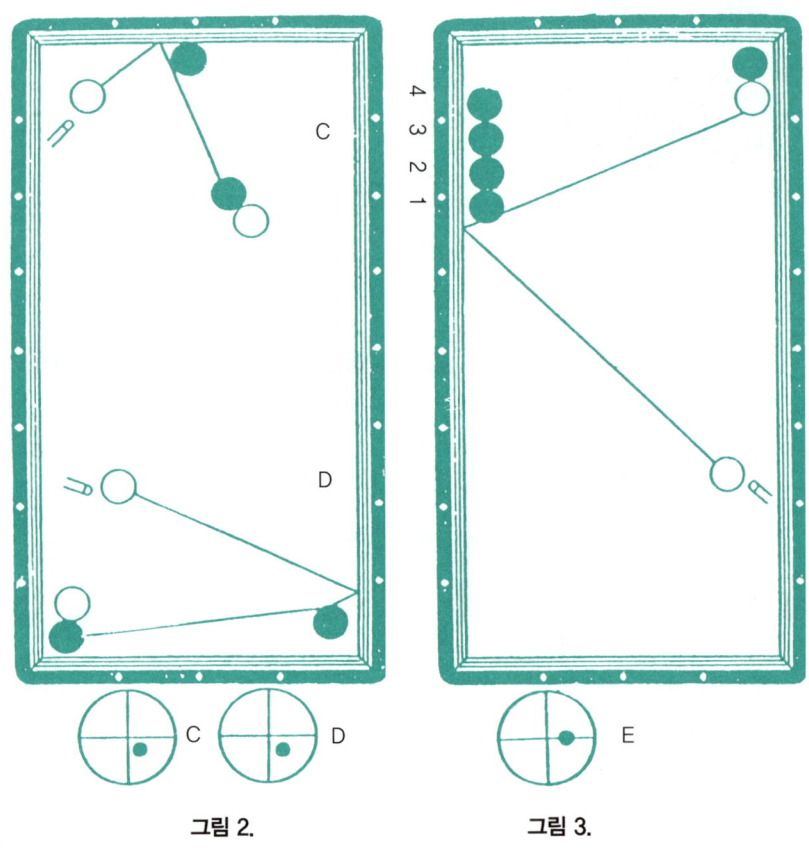

그림 2.   그림 3.

그림 2의 경우 C나 D나 당점은 같다. 어느 것이나 쿠션으로부터 걸쳐치기 한 다음 목적을 이룬다.
그림 3은 걸쳐치기 사구의 예다. 수구의 중심 오른쪽을 쳐서 쿠션에 넣은 다음 걸쳐치기 한다. 그림에서처럼 위치가 달라진 경우, 당점은 차례로 수구의 아래를 쳐서 조절한다.

걸쳐치기의 겨냥점

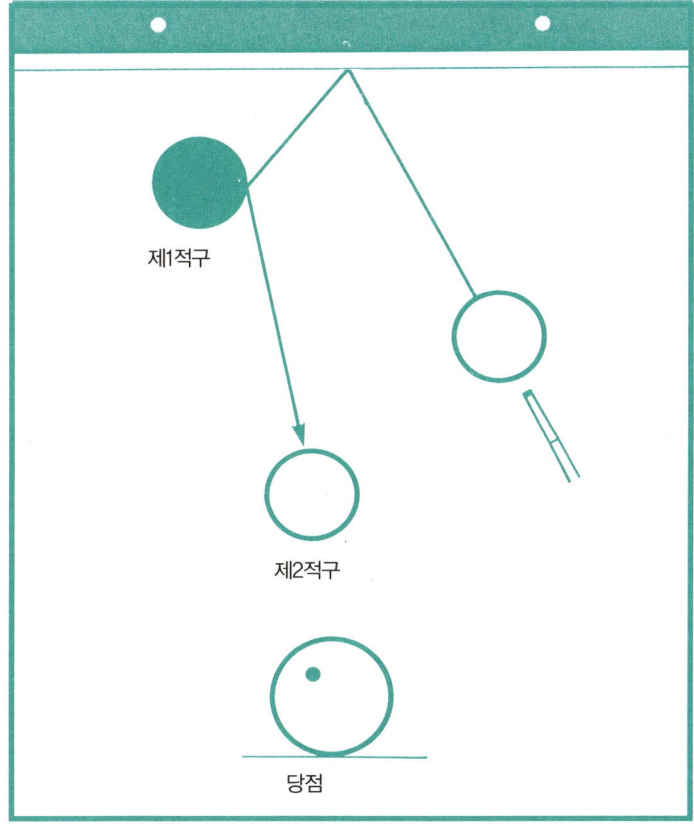

걸쳐치기

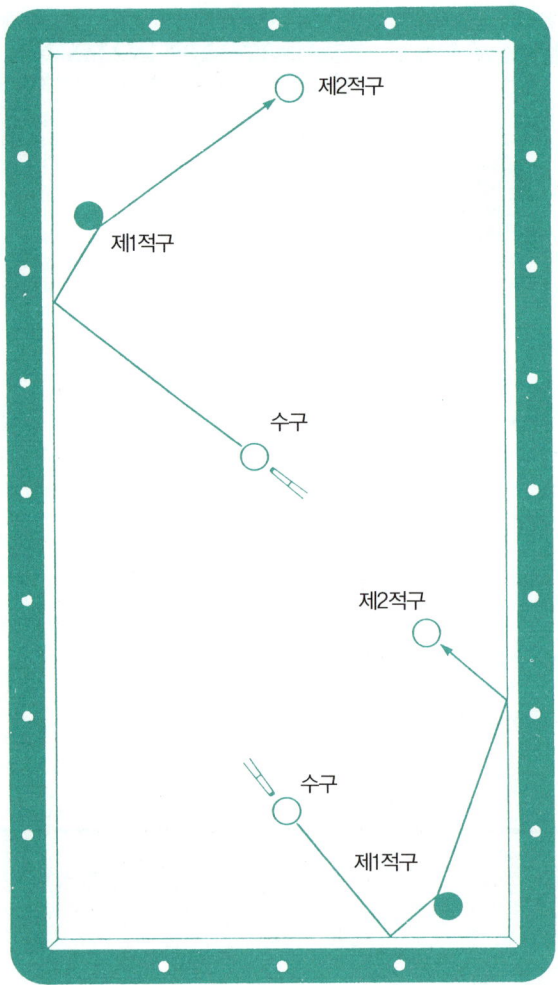

제1적구가 쿠션 가까이에 있으며 되받아치기로 목적을 이룰 수 없을 때에 사용한다. 제1적구에 맞힐 때의 두께가 최대의 포인트이지만 불확실한 요소가 포함되어 있으므로 흔히 사용할 수 있는 기술은 아니다. 제2적구의 위치나 거리를 통해 판단하여 사용 여부를 결정하도록 한다.

11 되받아치기

우선 그림 1의 A와 같은 경우, 흔히 마세를 치게 되는데 수구의 중심 오른쪽을 쳐서 적구의 왼쪽에 얇게 맞히되, 스트로크로 가볍게 치면 그림에서처럼 되받아치기가 된다.

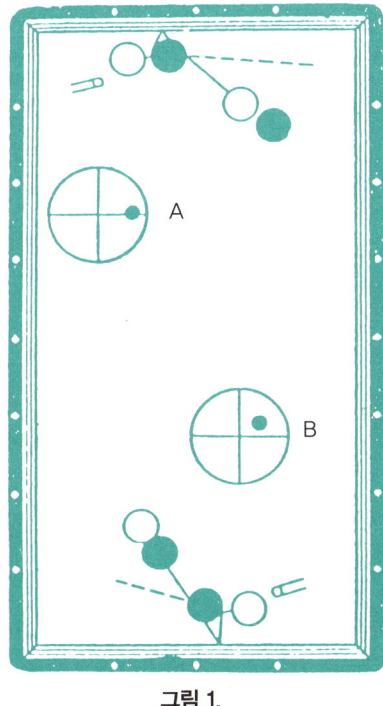

그림 1.

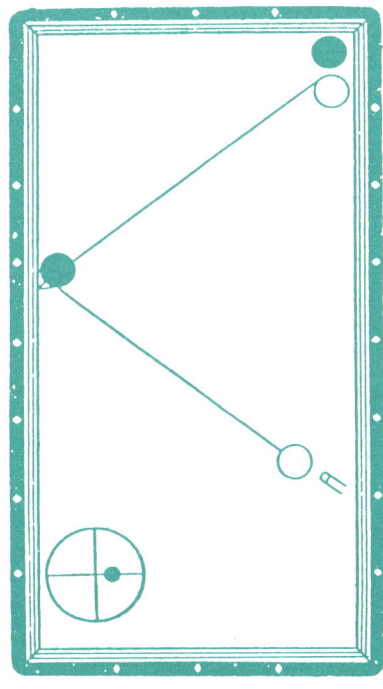

그림 2.

그림 1의 B는 공이 너무 접근되어 밀어치기가 어렵기 때문에 수구의 오른쪽 위를 적구의 왼쪽으로 가벼운 스트로크로 치되 두껍게 맞혀 되받아치기 원 쿠션으로 목적을 이룬다. 실제로 해 보면 의외로 쉬운 기술이다.

그림 2와 같은 공은 백구부터 쳐도 되지만 수구의 중심 오른쪽을 쳐서 적구의 왼쪽에 얇게 맞히며 원 쿠션 되받아치기로 하면 표적을 맞히기가 쉽다. 그 예를 그림 3으로 자세히 살펴보자.

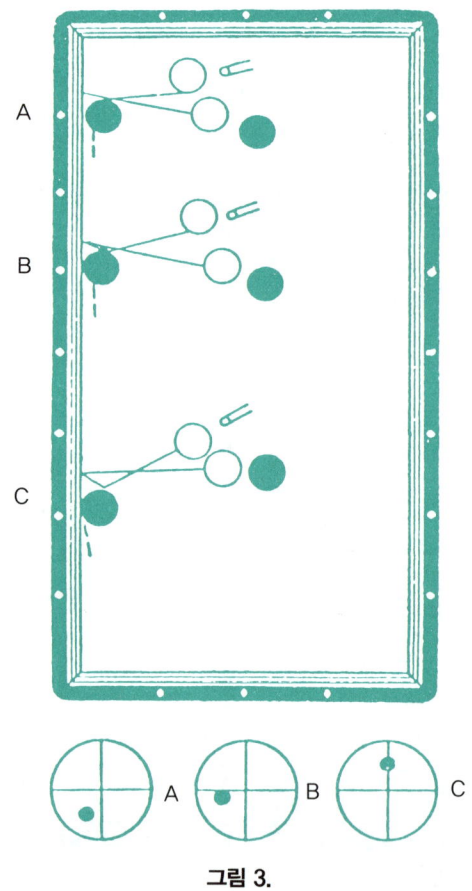

그림 3.

그림 3의 A는 수구의 왼쪽 아래를 쳐서, 적구의 오른쪽에 얇게 맞히고 되받아치기 한다. 큐 끝을 짧고, 작게 동작시킨다. B는 수구의 중심 왼쪽을 치며 적구의 오른쪽에 얇게 맞힌다. C는 수구의 상부 약간 왼쪽을 치며 적구의 오른쪽에 얇게 맞힌다. 모두 가볍게 쳐야 한다.

당점의 차이에서 오는 수구의 변화

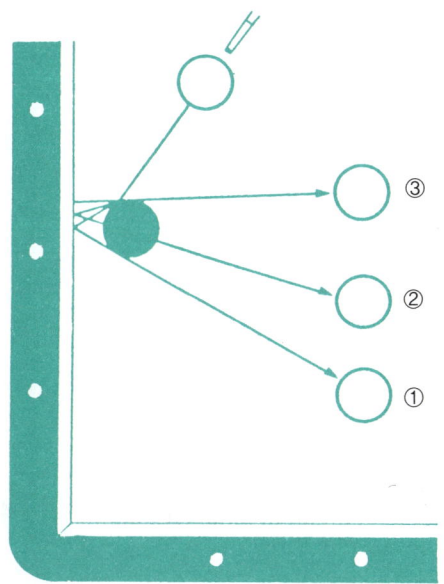

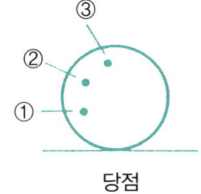

당점

되받아치기

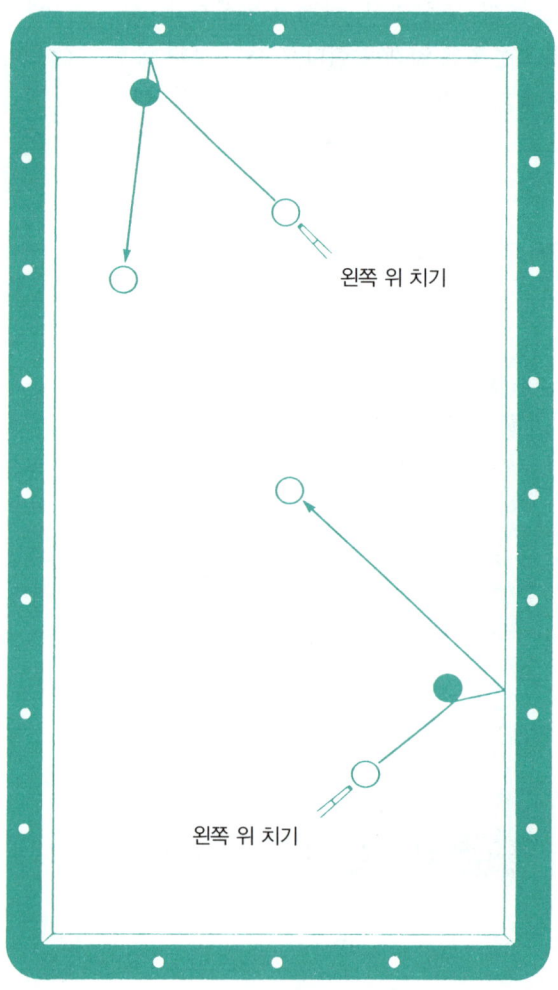

제1적구가 쿠션 가까이에 있을 때 흔히 사용한다. 이용가치가 높은 기술이다. 그림에서처럼 제1적구의 오른쪽 부분에 수구를 맞힐 때는 일반적으로 당점은 왼쪽 치기가 되며 역비틀기를 준다. 제1적구와 제2적구가 접근된 상태이며 수구의 진로가 방해되거나 적구끼리 충돌하는 수가 있으므로 주의해야 한다.

12 공 쿠션

그림 1의 A의 경우에는 수구의 중심 아래를 쳐서 적구의 한가운데를 맞히면 그대로 똑바로 되돌아와 선구에 맞는다. B는 공이 모두 쿠션에 붙어 있는 경우로 수구의 오른쪽 아래(반드시 쿠션 쪽)를 가볍게 쳐서 적구의 한가운데에 맞히면 쿠션을 따라 되돌아와서 선구에 맞는다.

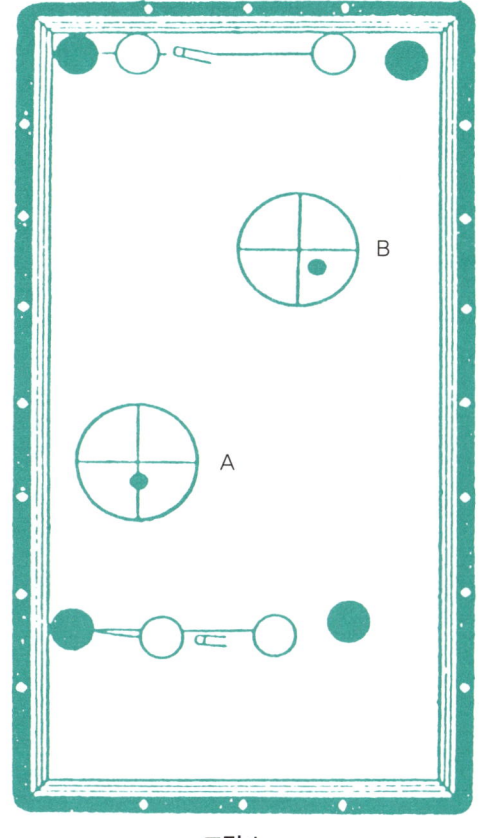

그림 1.

그림 2의 C는 수구의 중심 위를 치며 적구와 제1선구를 연결한 선 그리고 수구와 적구를 연결한 선의 중심을 겨냥하여 가볍게 친다. 이 경우 강하게 치면 커브를 그리며 실패하게 된다. D는 C와 같은 겨냥이지만 다소 강하게(스트로크를 빠르게) 칠 필요가 있다.

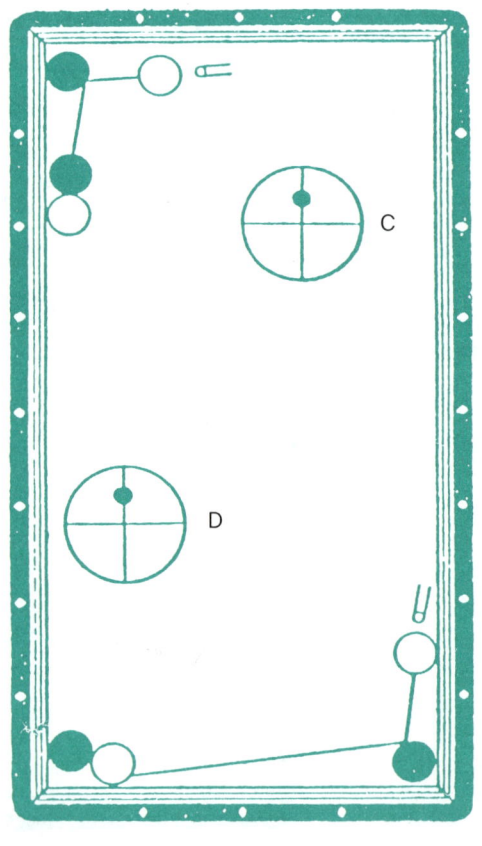

그림 2.

공 쿠션의 모아치기 만들기

그림 3의 A와 B 모두 수구와 적구, 적구와 선구를 연결하는 적구의 중간을 겨냥한다. 큐는 가볍게 내보내야 한다.

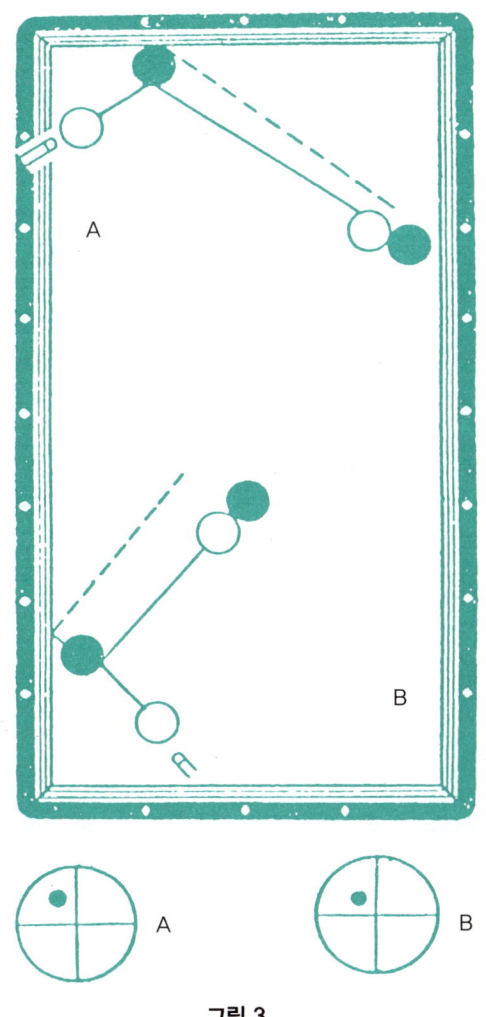

그림 3.

C의 경우는 수구의 중심에서 왼쪽 위를 당점으로 적구와 선구의 선을 연결한 부분과 수구와 적구를 연결한 선의 중간에 수구를 맞힌다.

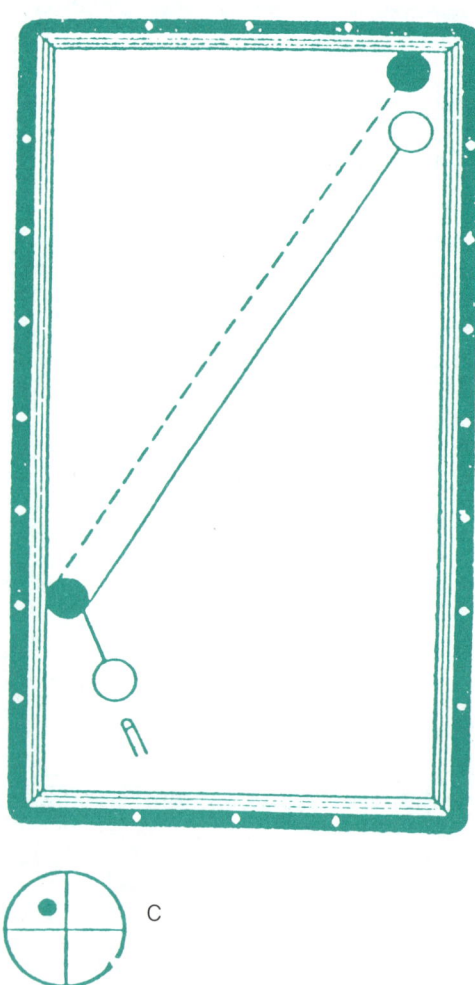

 C

그림 4.

공 쿠션의 겨냥점

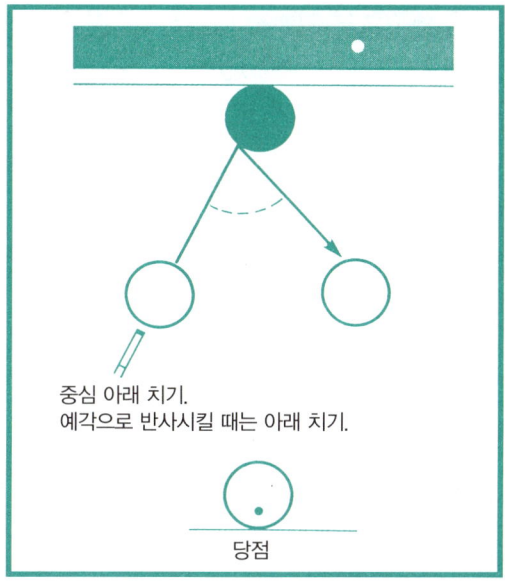

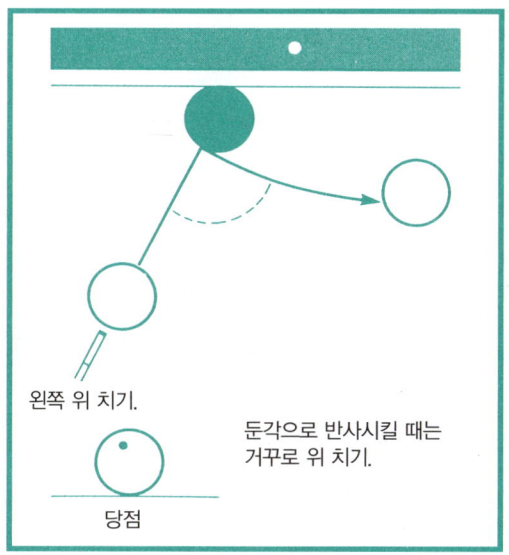

공 쿠션

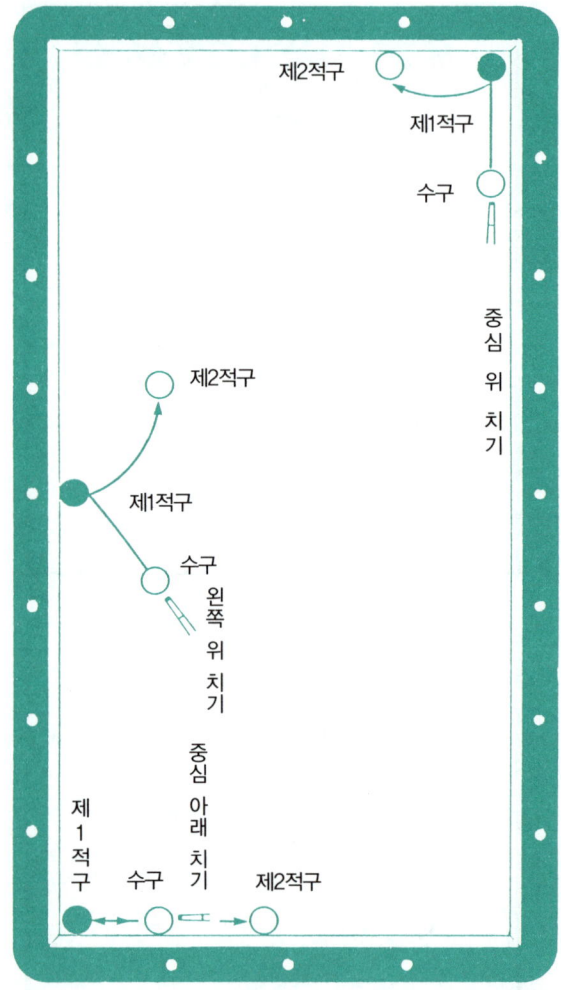

쿠션에 밀착된 제1적구를 쿠션 대신에 사용하는 기술이지만 초보자인 경우, 좀처럼 원하는 방향으로 수구를 반사시킬 수가 없다. 예각으로 반사시키고 싶을 때에는 중심 아래, 둔각으로 반사시키고 싶을 때에는 왼쪽 위(오른쪽으로 반사시킬 때)나 오른쪽 위(왼쪽으로 반사시키고 싶을 때)를 친다.

13 마중나오기 공의 치기

그림에서처럼 3개의 공이 일직선으로 나란히 있는 경우 마중나오기 치기를 한다. 수구의 당점에 따라 오른쪽으로든 왼쪽으로든 마중 나오게 할 수 있다.

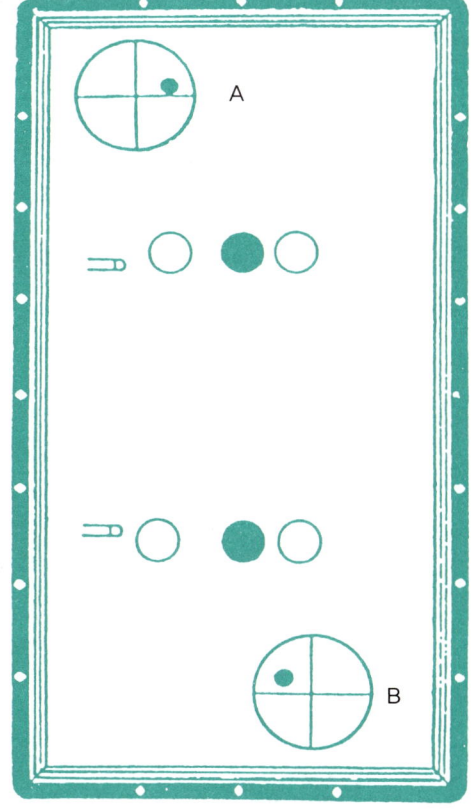

그림 1.

그림 1의 A는 수구의 오른쪽 약간 위를 쳐서 적구의 중심에 맞히면 적구는 선구를 맞고 왼쪽으로 벗어난다. 선구는 우선 쿠션으로 들어갔다가 되돌아온다. 이때 수구는 밀어치기 공이 되기 때문에 서로 만나게 된다.

B는 수구의 왼쪽 약간 위를 쳐서 적구의 정면에 맞히면 적구가 왼쪽으로 빗나가 선구와 왼쪽에서 만난다(그림 2. 마중 나오기 공의 3가지 겨냥법 참조).

마중나오기 공의 3가지 겨냥법

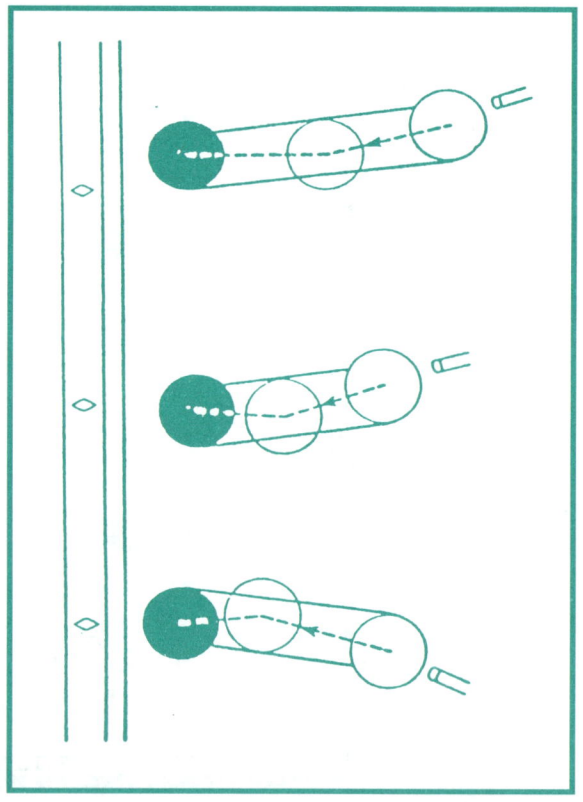

그림 2.

그림 3의 A와 B 모두 앞에서와 그 치는 요령은 같다.

그림 3.

밀어빼어치기의 마중나오기

그림 4의 A와 같은 경우, 얇게 치면 불가능한 공도 아니나, 밀어빼어치기 마중나오기로 하면 성공의 확률이 높다. 당점은 수구 중심에서 왼쪽 가장 자리이고 적구의 정면에 맞히면 그 힘과 비틀기로 적구가 오른쪽으로 벗어 나며 선구가 돌아와 서로 만난다.

B의 경우는 당점을 수구의 오른쪽 가장자리로 하며 적구의 정면을 노려 비틀어 친다. 중심치기이기 때문에 수구는 그 힘을 적구에게 주고 정지한다. 선구가 쿠션으로 되돌아온다.

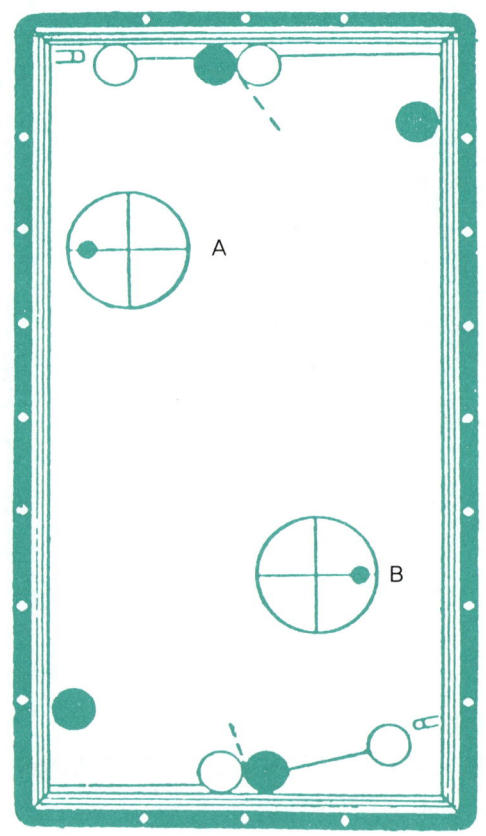

그림 4.

선구 원 쿠션의 마중나오기

적구와 선구가 밀착되어 있는 경우, 수구의 오른쪽 위 가장자리에 비틀기를 주어 치면 선구는 원 쿠션으로 들어갔다가 수구와 만난다(그림 5).

그림 5.

수구 원 쿠션의 마중나오기

적구와 수구가 여기에서처럼 서로 닿아 있는 경우, 이를 공 쿠션으로 치면 실패할 확률이 높다. 따라서 수구의 오른쪽 가장자리에 비틀기를 주어 쳐서 적구의 왼쪽을 얇게 맞히면 수구는 원 쿠션으로 들어가 선구와 만난다 (그림 6).

그림 6.

선구 투 쿠션 마중나오기

수구의 오른쪽 중심 약간 아래쪽을 쳐서 적구의 오른쪽을 두껍게 맞히면 첫째 선구가 투 쿠션이 되어 서로 만나게 된다(그림 7).

 그림 7.

마중나오기 공의 겨냥점

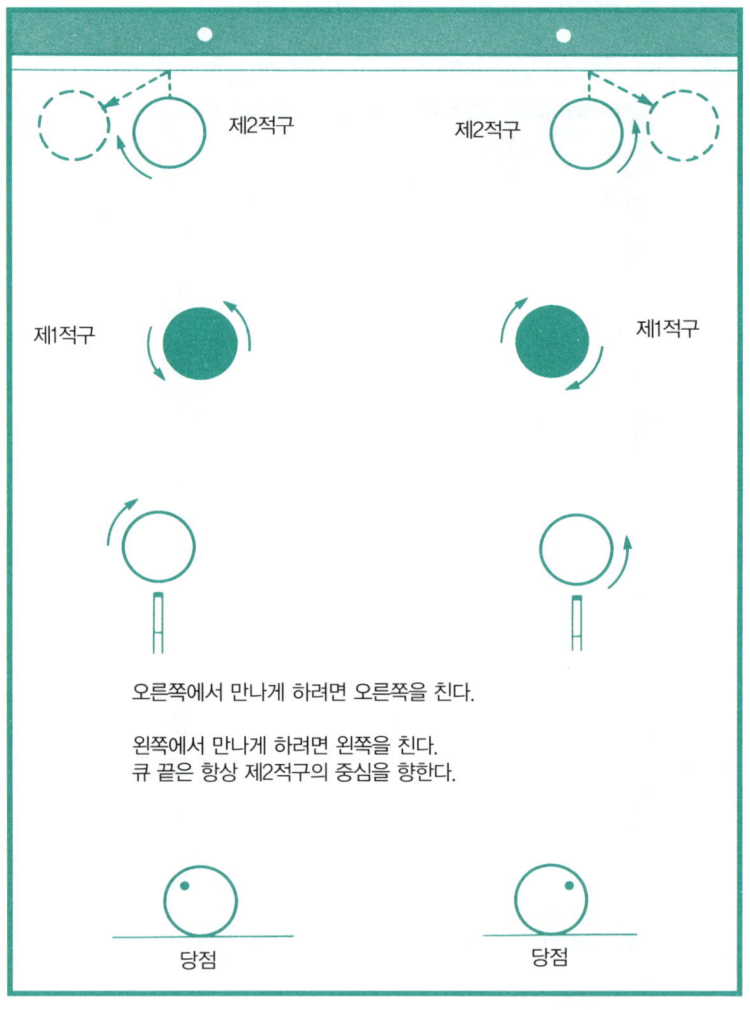

마중나오기 공을 치는 법

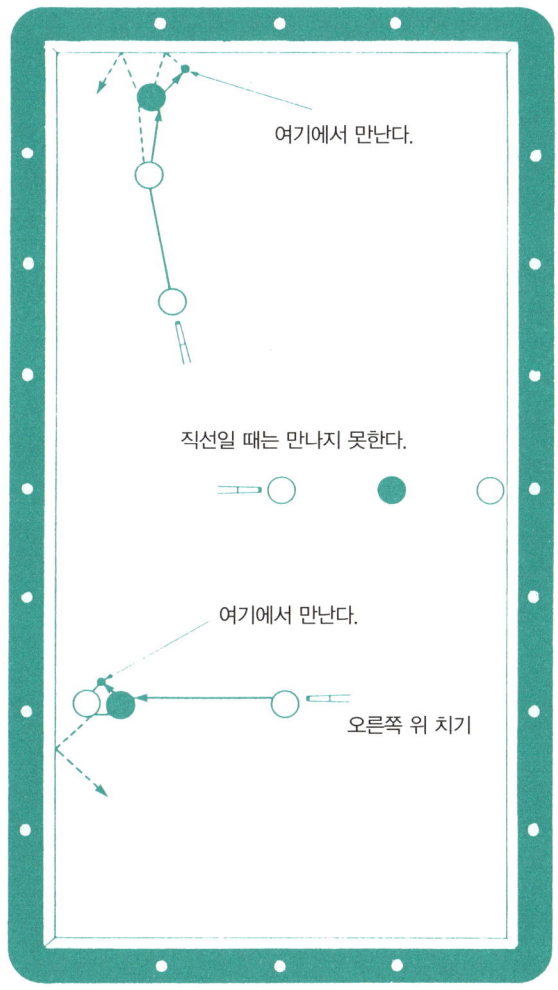

수구와 제2적구를 오른쪽에서 만나게 하려면 오른쪽 위, 왼쪽에서 만나게 하려면 왼쪽 위가 당점이 된다. 그림 중앙의 예에서처럼 3개의 공이 일직선상에 나란히 있거나 제1적구와 제2적구가 접촉된 상태이며 제2적구가 쿠션에 밀착되어 있을 때는 이 기법으로 목적을 이루기가 거의 불가능하다.

기초 지식 **Part 1**

당구의 기초 테크닉 **Part 2**

초보자를 위한 테크닉 **Part 3**

고급 테크닉 **Part 4**

숙련자를 위한 실험 테크닉 **Part 5**

사구게임의 경기법과 점수계산법 **Part 6**

부록 **Part 7**

Part 3까지는 당구의 일반적인 기술에 대해 설명하였다. 여기서부터는 보다 고급의 테크닉이 필요한 공에 대해 설명하기로 한다. 즉 얇은 공, 쿠션치기, 걸쳐치기, 되받아치기, 공 쿠션, 마중나오기, 세리, 모아치기 또는 마세치기 등 상당한 테크닉이 필요한 공을 게임에서 사용할 수 있도록 세밀하게 설명하고자 한다. 연습을 거듭하여 어떤 공이든 확신을 가지고 칠 수 있게 되면 당구의 재미 또한 커질 것이다.

1 죽여치기

죽여치기의 목적은 수구를 적구에 맞혀서 그 위치에서 그다지 회전하지 않도록 적구에 수구의 힘을 옮긴 뒤 선구에 맞혀 그 위치에 정지시키는 기술이며 모아치기를 하는 경우 등에 필요하다.

당구는 처음부터 끝까지 큐의 정확한 처리를 요구한다. 그러나 한편으로는 큐를 죽이는 기술도 필요하며 상당 수준에 이르게 되면 이 '죽여치기'의 연습도 게을리 해서는 안 된다. 모아 놓은 공을 흩어지지 않게 하는 데도, 또한 차례로 공의 위치를 바꿀 수 있으려면 이 기술이 있어야 한다. 이 정도 기술을 제대로 쓸 수 있게 되면 상당 수준에 이르렀다고 할 수 있다.

죽여치기에서는 수구의 한가운데를 당점으로 하며, 밀어치기에서처럼 큐를 원활하게 샷 하지 말고 또한 끌어치기에서처럼 스냅을 살리지도 않는다. 적구의 중심을 겨냥하여 부드럽게 치면 수구의 힘은 적구로 옮겨가고 약간의 차이는 있지만 거의가 그 위치에 정지한다. 이를 이용하여 적구로부터 왼쪽 또는 오른쪽에 접근해 있는 선구에 가볍게 맞히도록 한다.

적구는 그렇게 얻은 회전 전진력에 의해 쿠션에 맞은 다음 수구나 선구 가까이로 되돌아온다. 이렇게 함으로써 차례로 치기 쉬운 삼각구를 만들어 나간다. 즉 수구의 회전 전진력을 없애기 때문에 이를 '죽여치기' 라 부르는 것이다.

연습에서는 선구에 맞히겠다는 생각을 버리고 무조건 쳐본다. 그러노라면 공의 각도와 거리에 따르는 당점 그리고 죽여치기, 밀어치기 등의 힘의 조절을 저절로 알 수 있게 된다.

2 모아치기

일단 큐를 들게 되면 누구나 빗나가는 일이 없도록 노력한다. 이것이 당구라는 게임의 근본이며 목적이다. 처음에는 흩어져 있는 공만 노리다가 다소 요령을 알게 되고 공의 움직임이나 쿠션과의 관계를 터득하게 되면 이번에는 모아치기를 하려 시도한다.
그러나 4개의 공을 구석으로 모은다는 것은 결코 쉬운 일이 아니다. 또한 모아 놓은 공을 흩어지지 않도록 치는 것도 결코 쉬운 일이 아니다.
모아치기란 다음에 칠 공의 위치를 가능한 한 치기 쉽도록 만들어 가는 기술이다. 이를 위해서는 공의 움직임, 당점, 힘의 상태, 샷 등 상당한 기초지식을 가지고 있어야 한다. 또한 친 뒤 공의 변화를 생각해서 쳐야 한다. 그러나 가장 중요한 것은 치는 순서다.
모아치기는 바둑이나 장기에서 말하는 정석과 같은 것이다. 그러나 잘못 했다가는 모아치기 형태로 갖추어 놓은 공을 상대방에게 넘겨줌으로써 치명상을 입게 되는 수도 있다. 따라서 확실한 계산 아래 한 구 한 구 쳐나가야 한다. 물론 이에는 상당한 기간이 필요하다. 그러나 흩어져 있는 공만을 치지 않고 연습과 연구에 의해 자꾸 모아치기를 해보려는 자세가 중요하다. 또한 한 번에 코너로 공을 모으려 해도 수구가 멀리 떨어져 있으면 미완성에 그치기 쉽다. 게임 도중 가끔 모이는 때도 있지만 그것은 우연일 뿐이며 그 모였던 공도 자신감이 없이 치면 곧 흩어져 버린다.
자신의 기량에 맞지 않는 힘든 공을 택하는 것도 삼가야겠지만 한편 모험을 하지 않고는 진보도 있을 수 없다는 사실을 알아야 한다. 프로 선수가 몇천 점, 몇만 점 등 한없이 계속 칠 수 있는 것도 결국은 이 모아치기나 세리에 강하기 때문이다. 아무리 뛰어난 솜씨를 가진 사람이라도 흩어진 상태에서의 공으로는 그렇게 많은 점수를 올릴 수 없는 것이다.
이 모아치기를 완전히 해낼 수 있게 되면 보크라인, 스리쿠션 등 최고 기술 쪽으로 전향하게 된다. 또한 삼구 게임을 시도해 보는 것도 재미있다. 어쨌든 그 영역으로까지 나아가는 것은 앞으로 해야 할 일로 치고 우선 사구의 진수를 터득하기 위해서는 이 모아치기에 강해져야 한다. 그러면 '모아치기'는 어떻게 하면 되는가 상세히 알아보자.

1) 순서가 중요하다

모아치기에 대한 원칙적인 주의사항을 설명했는데 이를 보다 상세히 살펴보자. 우선 공을 한 번에 모을 수는 없다. 때문에 완전히 모아지기까지에는 순서가 필요하다. 그러기 위해서는 수구, 적구, 선구의 진로, 회전 속도, 쿠션의 반사각도 등을 고려하며 신중하게 샷을 해야 한다.
수구와 적구의 회전 진로에 대하여는 특히 모아치기의 경우, 관심을 가져야 하며 그것을 알지 못하면 치는 목적을 달성할 수가 없다. 보통으로 쳐도 모이는 수가 있기는 하지만 운이 좋았을 뿐이라고 생각해야 한다.
어쨌든 그 형태를 계속 유지하며 칠 수 있어야 하며 따라서 그 순서가 중요하다. 또한 상태조절도 중요하다. 물론 삼각구에 가까운 형태라면 공이 흩어지지 않게 되면서 초보자라도 칠 수 있겠지만 공의 위치에 따라 각각 힘의 조절이 달라진다.
필요 이상으로 강하게 쳐서 공을 흩어지게 하거나 코너에서 일직선으로 모이게 한다면 아무 소용이 없다. 공의 움직임, 죽여치기의 방법 등을 충분히 터득하고 나서 해야 된다. 선구가 너무 움직이면 후구가 나빠지기 때문에 수구의 중심 아래쪽을 쳐서 공을 죽여 수구를 첫 번째 선구의 위치에다 정지시키고, 적구만을 모으려 하는 경우에는 수구의 중심에서 약간 위를 쳐 적구 중심에 맞힌다.

적구를 투 쿠션에 넣고 나서 모으려 하는 경우에는 수구의 중심 위를 쳐서 적구의 중심을 겨냥하면 되겠지만 이에는 얇은 공의 치기, 밀어치기, 끌어치기, 공 쿠션 등 많은 기술이 요구된다.

공과 공이 근거리에 모여 있다면 모아치기 형태에는 틀림이 없지만 그 위치가 당구대의 중앙이라면 결코 이상적이라고 할 수 없다. 몇 번이고 연속으로 칠 수 있게 하려면 짧은 쿠션의 코너에 위치하면서 확실하게 칠 수 있는 형태를 갖추어야 한다. 여기에서 주의해야 할 점은 수구를 모아치기하려는 공으로부터 되도록 가까운 위치에 두어야 한다는 점이다. 이것은 치기 쉬운 공을 만드는 제1조건이다. 익숙하지 못한 경우에는 스트로크를 지나치게 강하게 해서 수구를 필요 이상으로 떨어지게 하는 일이 적지 않다. 그 결과 모처럼 모였던 공이 빠져 나가거나 흩어지게 된다. 이 힘의 조절에는 연습이 필요하며 또한 수구를 쿠션에 밀착시키지 않는 것도 그 기술 가운데 하나다. 수구는 되도록 모여 있는 공의 바깥쪽(당구대 면의 중앙) 가까이에 위치시켜야 치기가 쉽다.

또 공이 쿠션에 밀착되어 있으면 큐가 들어가지 못한다. 처음 모아치기를 하는 경우, 공이 중앙에 있어서 단번에 모아치기 형태를 이룰 수 없을 때는 적구나 선구만을 먼저 목적으로 하는 코너로 보내고 이어서 그 다음 공을 모아치기 형태에 가깝게 만들어 가는 방법이 있다.

처음부터 모두 모으려 하면 실패한다. 또한 모으려는 동안에 밀어치기나 얇은 공 등의 힘 조절로 인해 일직선을 이루어 칠 수 없게 되기도 한다. 물론 힘의 조절을 주의하면 피할 수 있는 일이지만 말처럼 쉽지만은 않다.

모아치기의 본래 원칙에서 본다면 공 그 자체의 회전 진로를 예측하고 쳐야 하며, 공의 위치를 파악한 뒤 그 공을 적구로 삼아 어느 선구에 맞힐 것인가를 먼저 계획해야 한다. 그리고 수구는 어느 위치로 되돌아오며 선구의 위치가 어떻게 될 것인가를 판단할 수 있는 능력도 필요하다. 특히 주의해야 할 점은 왼손으로도 칠 수 있도록 연습을 게을리 하지 말아야 한다는 점이다. 게임 중에 흔히 왼손을 사용해야 하는 경우가 생기기 때문이다.

연습을 해두면 문제없이 칠 수 있는 공을 놓치는 사람들이 외외로 많다는 점을 염두에 두자. 특히 짧게 치는 공은 일반적인 경우와는 달리 공의 회전력을 죽이기 위해 큐 끝을 짧게 움직여야 한다는 점을 잊지 말기 바란다.

그림 1의 A와 같은 경우에는 수구의 왼쪽 아래를 쳐서 적구의 오른쪽에 두껍게 맞히며 원 쿠션으로 끌어당긴다. 그림 1의 B에서는 수구의 오른쪽 위를 당점으로 하고 적구의 왼쪽을 얇게 맞혀서 원 쿠션으로 모아치기 형태가 되게 한다.

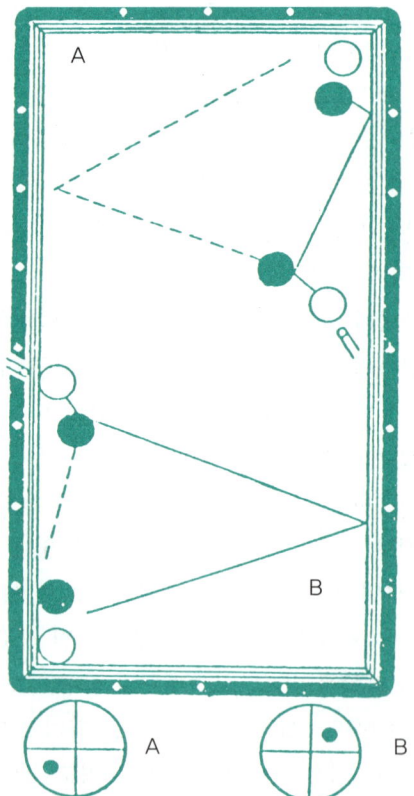

그림 1.

짧은 모아치기

그림 2의 A를 보자. 이때는 수구의 중심 오른쪽을 쳐서 적구의 왼쪽에 목적을 이룬다. 이 경우 얇게 맞히면 적구가 선구 가까이로 다가간다. 그림 2의 B와 같은 공도 얇게 맞히면 적구가 가까이 다가오지 않는다. 수구의 왼쪽 위를 쳐서 절반만 밀어치기를 한다.

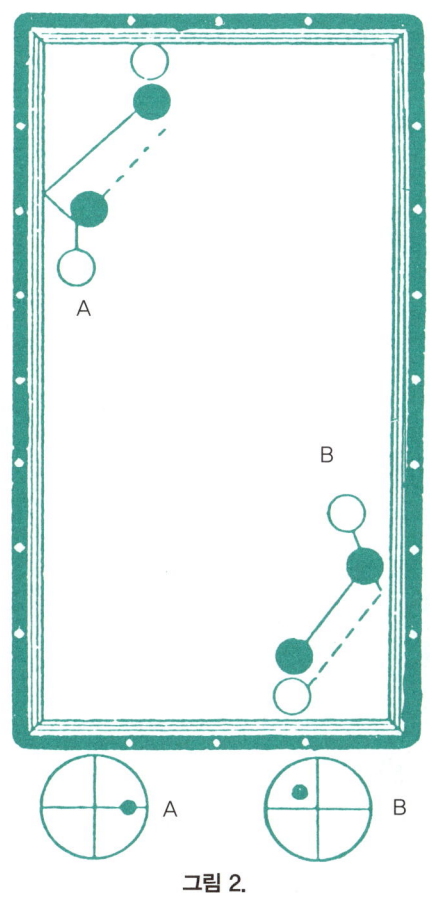

그림 2.

걸쳐치기 역비틀기의 크게 돌려서 모아치기

그림 3과 같이 공이 있는 경우에는 수구의 왼쪽 중심에서 약간 위쪽을 친다. 적구의 쿠션으로부터 걸쳐치기 스리 쿠션으로 크게 돌리기 하여 모이게 한다. 적구는 투 쿠션으로 모여든다. 이 경우 특히 스트로크를 크게 해야 한다.

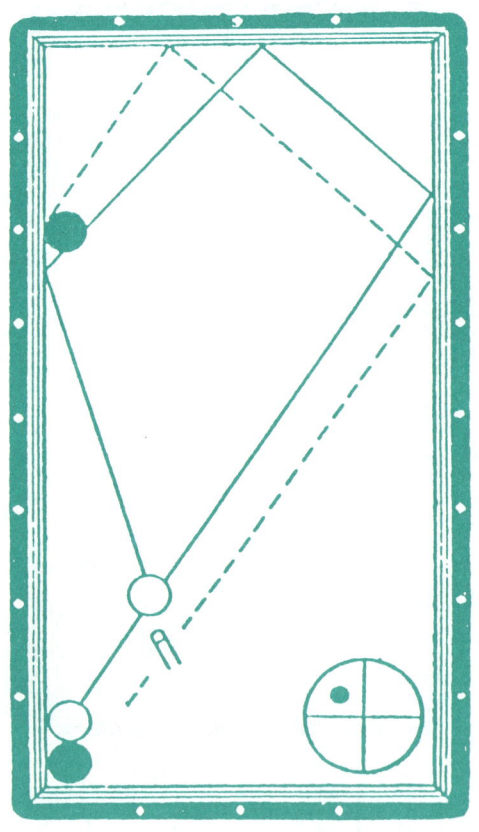

그림 3.

쉬운 모아치기

그림 4의 경우, 수구의 당점은 왼쪽 아래다. 가볍게 끌어당겨 원 쿠션으로 적구를 모아치기 형태로 보낸다.

그림 4.

역치기 원 쿠션의 모아치기

그림 5에서는 수구의 중심 왼쪽 가장자리를 쳐서 비틀어 적구의 오른쪽에 절반밀기를 준다. 수구는 원 쿠션으로 들어가 선구에 맞고 적구도 마찬가지로 운동을 일으켜 다가온다.

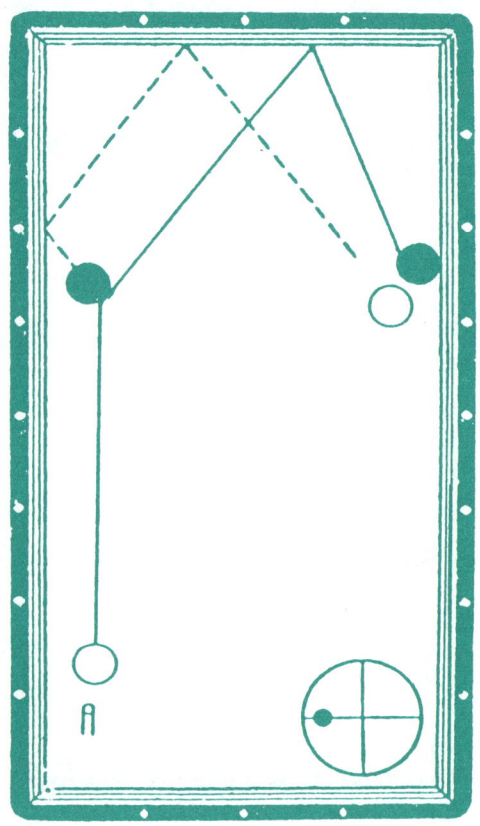

그림 5.

그림 6의 경우에는 수구의 중심 약간 아래를 친다. 적구에 두꺼운 듯하게 맞히며 코너에 있는 선구를 겨냥한다. 큐를 자르듯 놀리지 말며(찔러 넣지 않는다.) 가볍게 적구를 쳐서 끌어당긴다.

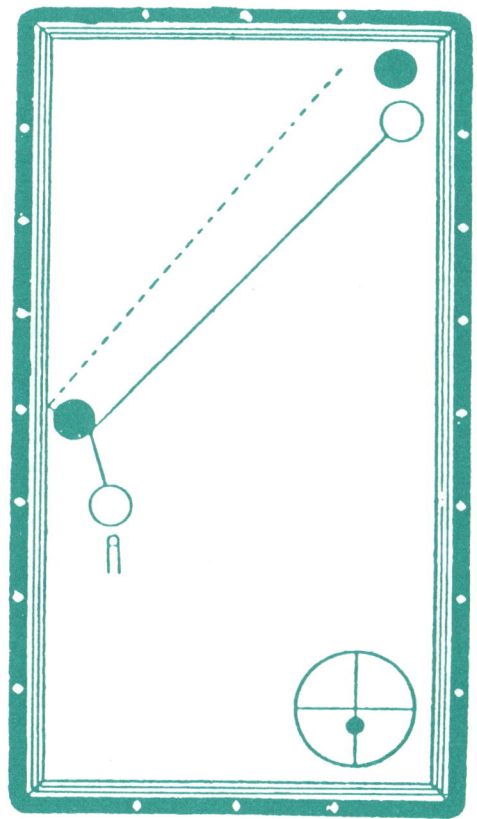

그림 6.

그림 7에서는 우선 적구의 뒤쪽에서 원 쿠션으로 모아치기 형태가 되게 한다. 그 다음에 수구의 중심 오른쪽 가장자리를 쳐서 적구 왼쪽에 두껍게 맞힌 다음 코너의 선구까지 가져간다. 이때 주의할 점은 큐를 끊듯이 치지 말고 가볍게 친다는 점이다.

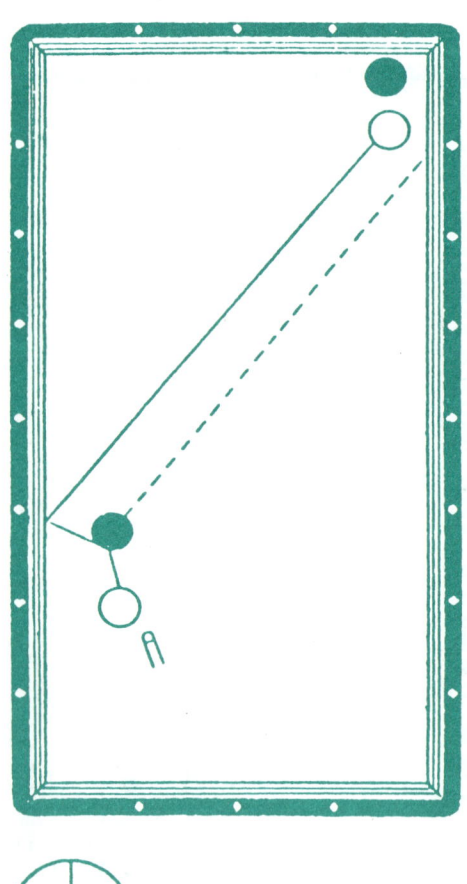

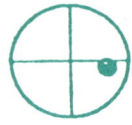

그림 7.

적구 더블 쿠션의 모아치기

그림 8과 같은 경우 수구의 중심에서 왼쪽으로 약간 위를 치되 적구를 절반쯤 밀어주고 더블 쿠션으로 끌어당긴다.

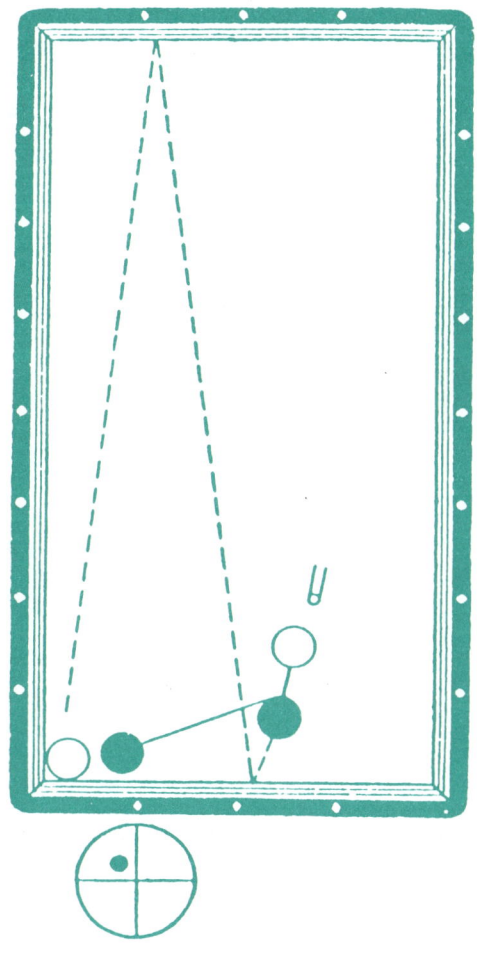

그림 8

삼각구에 의한 모아치기

그림 9의 공은 얇게 치면 쉽게 삼각구를 만들 수도 있으나 적구에 절반쯤 밀기를 주면 적구가 원 쿠션으로 다가온다. 당점은 수구의 왼쪽 위, 특히 힘의 조절에 주의한다.

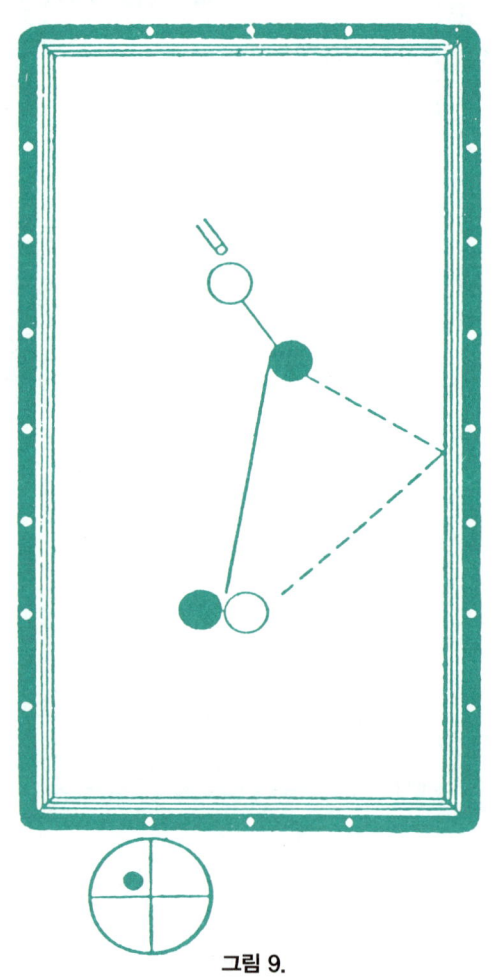

그림 9.

밀어빼어치기의 모아치기

그림 10은 수구의 왼쪽 위를 당점으로 하고 적구는 더블 쿠션, 수구는 원 쿠션으로 선구를 맞춘다.

그림 10.

밀어치기 포 쿠션의 모아치기

그림 11에서는 수구의 중심보다 약간 위를 당점으로 하여 밀어치기 해도 적구가 포 쿠션으로 다가온다.

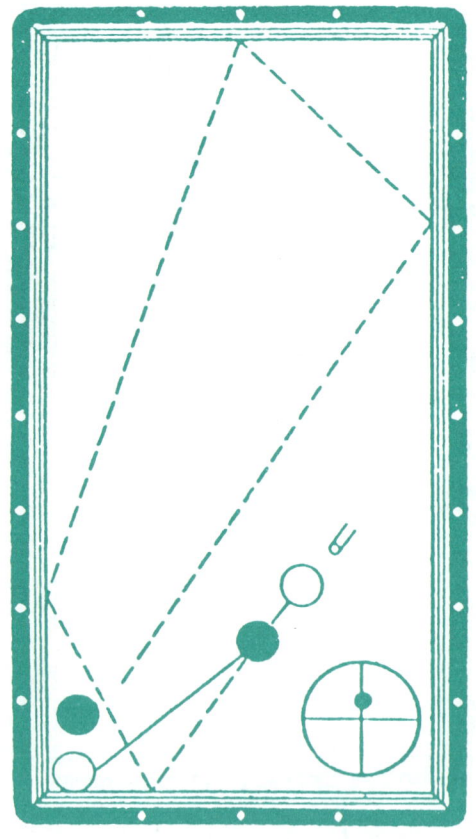

그림 11.

절반 밀어치기 원 쿠션의 모아치기

그림 12에서는 수구의 중심 왼쪽 가장자리를 당점으로 하여 적구의 오른쪽에 약간 두껍게 맞힌다. 수구는 적구에 맞고 원 쿠션으로 선구에 맞으며 적구는 투 쿠션으로 모인다. 큐를 자르듯 움직이지 않고 조용히 치는 것이 포인트다.

그림 12.

절반 밀어치기 투 쿠션의 모아치기

그림 13에서와 같이 공이 놓여 있는 경우에는 원 쿠션의 역끌어치기를 해도 되고 또한 보통의 원 쿠션을 해도 된다. 수구의 중심 아래를 쳐서 적구 오른쪽에 두껍게 맞히고 투 쿠션을 거쳐 다가오게 한다. 비틀기가 많이 주어지면 스리 쿠션이 된다.

그림 13.

그림 14와 같은 경우에는 수구의 오른쪽 위를 당점으로 하여 적구의 중심에서 약간 오른쪽을 겨냥한다. 샷 하는 경우, 큐는 크게 스트로크한다. 수구는 커브를 이루며 쿠션을 따라 모이고 적구는 원 쿠션으로 다가온다.

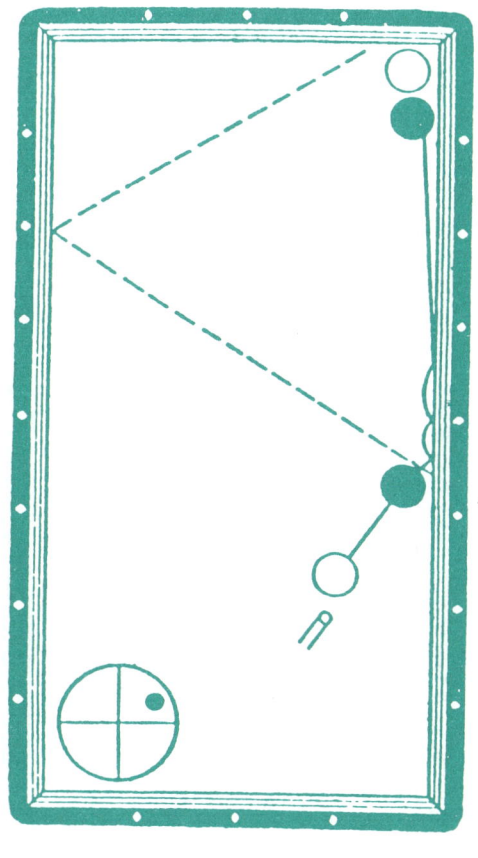

그림 14.

원 쿠션의 모아치기

그림 15와 같은 경우에는 수구의 오른쪽 옆 약간 아래를 치며 적구에 두껍게 맞히고 원 쿠션으로 선구에 맞춘다. 적구는 투 쿠션으로 다가온다.

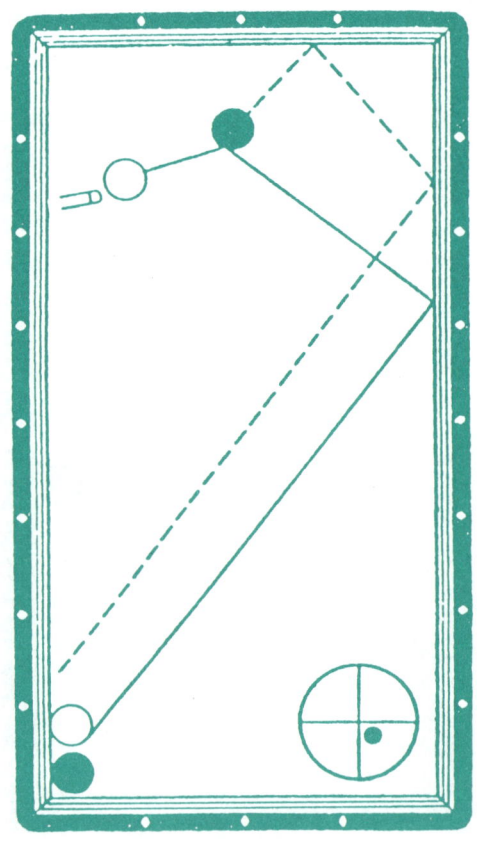

그림 15.

그림 16과 같은 경우에는 수구의 왼쪽 옆으로 아래를 치고 적구에 약간 두 껍게 맞히며 힘을 잘 조절한다. 비틀기만 충분하면 아주 쉬운 공이다.

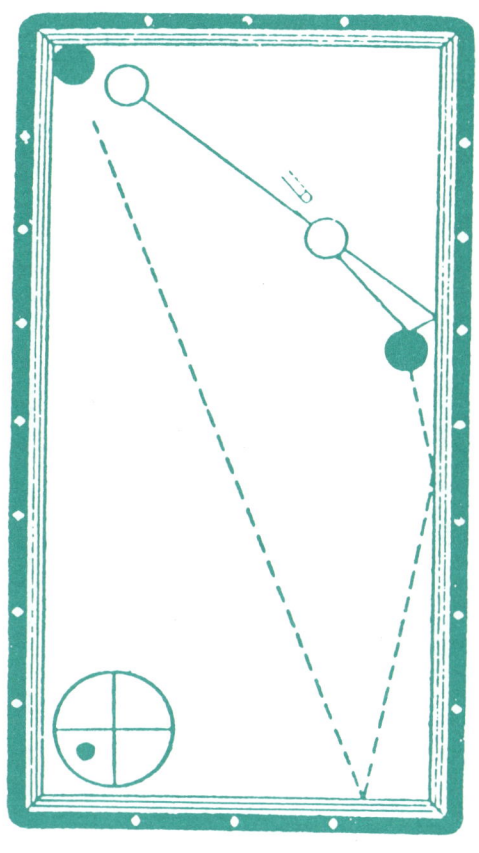

그림 16.

끌어치기의 모아치기

그림 17과 같은 배치일 때 흔히 모아치기 형태를 만들 목적으로 수구의 왼쪽을 치는 사람이 있지만 그렇게 되면 적구가 똑바로 되돌아와 수구가 한가운데에 들어가게 되는 수가 많다. 수구의 오른쪽 아래를 쳐서 끌어당기면 적구는 투 쿠션으로 다가온다.

그림 17.

그림 18의 경우에는 수구의 중심 아래를 치고 적구로부터 그림에서처럼 끌어당긴다. 그러면 적구는 투 쿠션이 되어 코너로 다가온다.

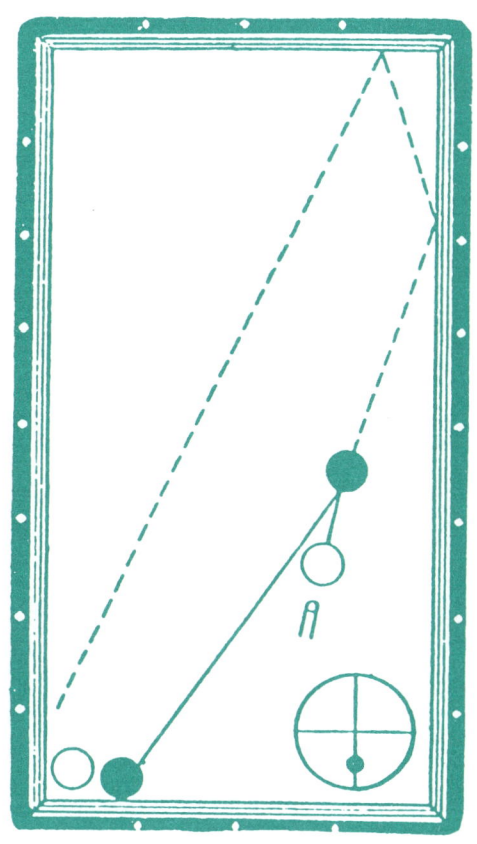

그림 18.

끌어치기 원 쿠션 모아치기

그림 19의 공은 크게 돌리기도 할 수 없고 직접 끌어당겨도 적구가 코너로 오지 않기 때문에 수구의 오른쪽 아래를 쳐서 적구의 오른쪽을 약간 두껍게 맞힌다. 그러면 원 쿠션으로 끌어당겨진다. 적구는 스리 쿠션으로 한다.

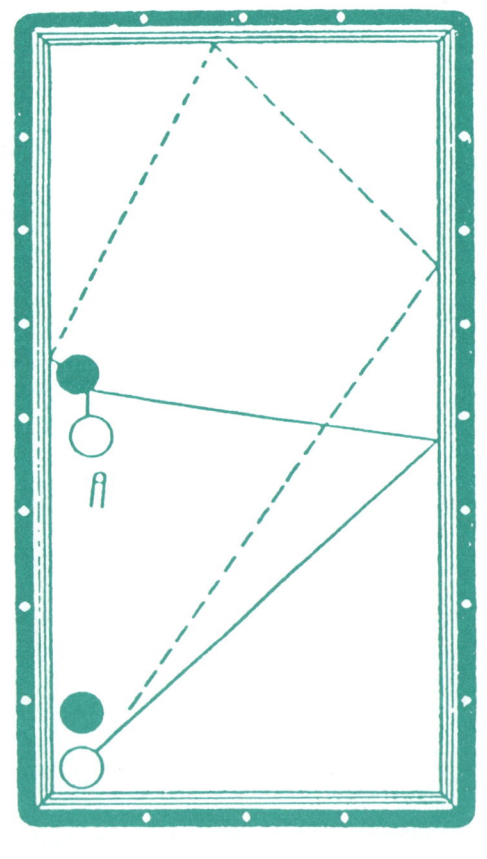

 그림 19.

공 쿠션 모아치기

그림 20의 경우에는 수구의 왼쪽 위를 쳐서 공 쿠션의 원 쿠션을 택하면 모아치기의 형태를 이룬다.

그림 20.

크게 돌려 모아치기

그림 21의 경우, 수구의 위쪽을 약간 오른쪽으로 쳐서 적구의 오른쪽에 두껍게 맞힌 뒤 투 쿠션으로 선구에 맞히면 적구는 스리 쿠션으로 모여든다.

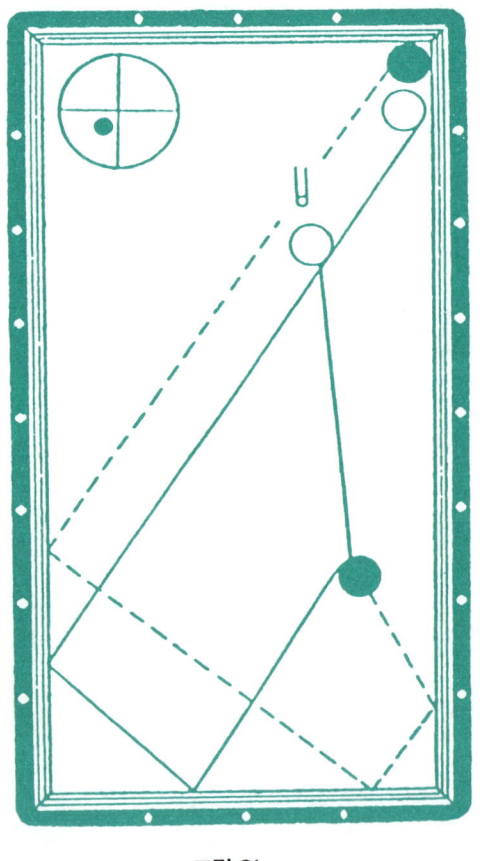

그림 21.

그림 22의 경우도 크게 돌려서 쳐야 한다. 우선 수구의 오른쪽 중심 위를 쳐서 적구의 오른쪽에 두껍게 맞힌다. 수구는 투 쿠션, 적구는 스리 쿠션으로 코너의 선구 가까이로 온다. 스트로크를 작게 하여 가볍게 친다.

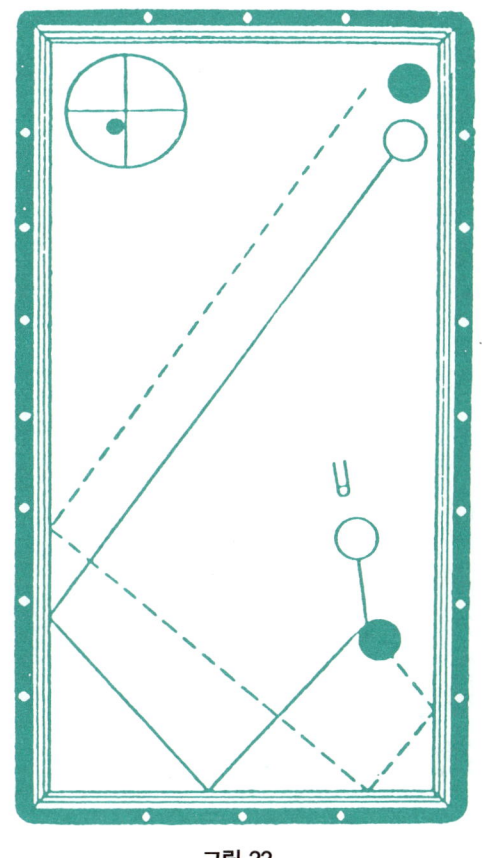

그림 22.

그림 23의 경우에는 수구의 중심 오른쪽을 치며 적구의 왼쪽을 두껍게 맞혀서 스리 쿠션으로 돌리고 적구는 투 쿠션으로 끌어들인다. 스트로크를 작게 하여 빨리 친다.

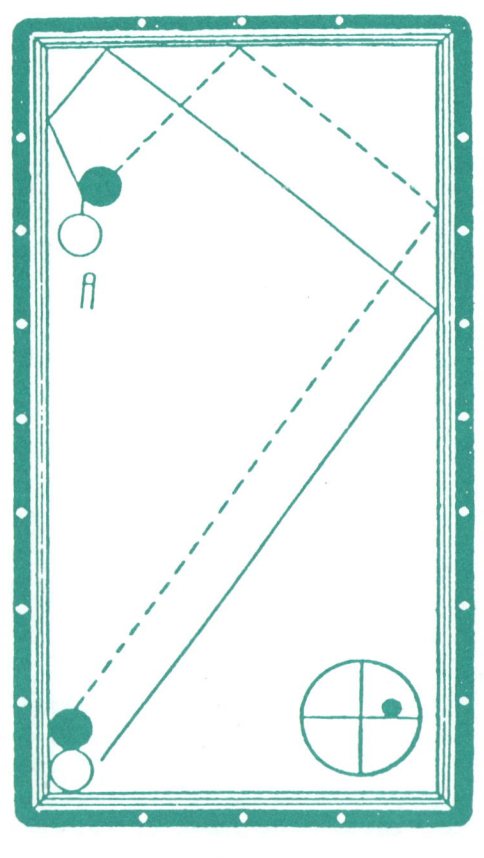

그림 23.

그림 24에서는 수구의 오른쪽으로 약간 위를 당점으로 하여 적구 왼쪽에 두껍게 맞힌다. 즉 스리 쿠션으로 목적을 이루게 되는데 적구는 투 쿠션으로 모아치기 형태가 된다.

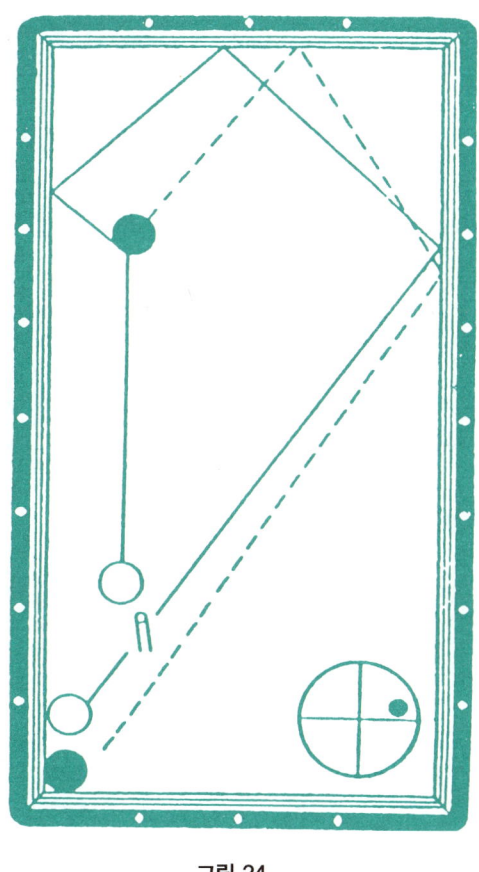

그림 24.

짧은 모아치기 2

그림 25를 보자. 적구가 쿠션으로부터 약간 떨어져 있다. 이 경우 수구 아래 약간 왼쪽을 보통 끌어치기의 겨냥보다 약간 두껍게 치면 적구에 일단 키스하고 나서 선구에 맞는다.

그림 25.

그림 26과 같은 경우에는 적구가 쿠션에 닿아 있기 때문에 수구 아래쪽을 치면 수구에 후진 회전이 걸리게 되고 공 쿠션의 끌어치기가 된다. 따라서 가볍게 쳐야 한다. 반대로 수구 위쪽을 약간 강하게 치면 전진 회전하며 적구에 맞아 기세가 감소되고 적구를 선구 가까이까지 끌어올 수 있다.

그림 26.

그림 27은 수구 스리 쿠션의 모아치기다. 수구의 오른쪽 중심에서 약간 아래를 쳐서 적구의 오른쪽을 맞히고 큐는 자르듯 친다. 그러면 바람직한 모아치기 형태가 된다.

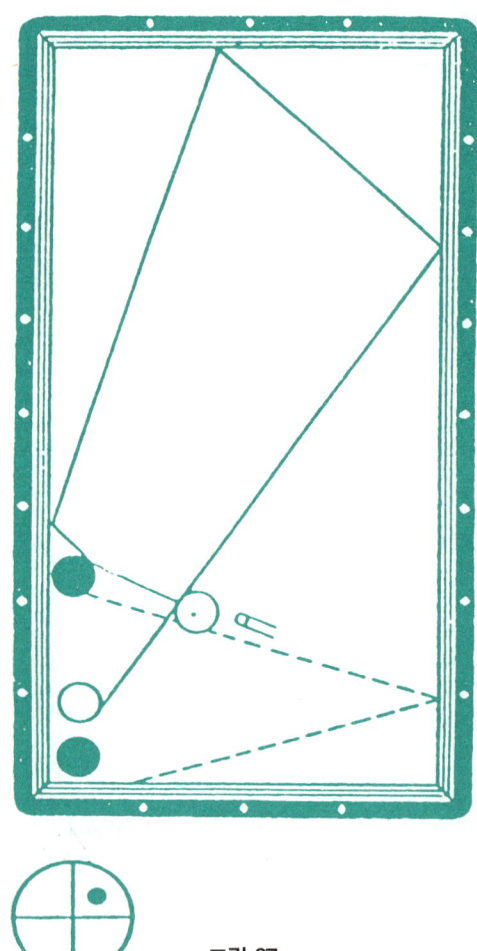

그림 27.

그림 28은 원 쿠션의 모아치기다. 수구의 중심에서 약간 위쪽을 오른쪽 가장자리로 비틀며 적구를 향해 두껍게 맞히면 앞쪽의 선구로 되돌아온다. 적구는 반대로 투 쿠션이 되어 다가온다.

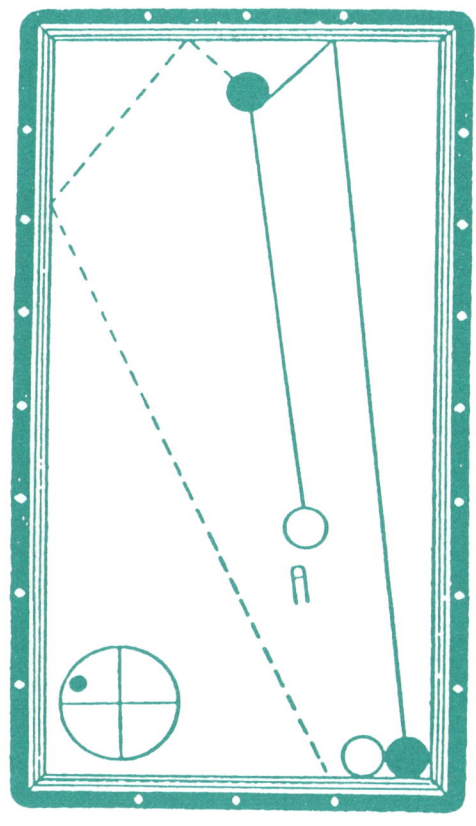

그림 28.

그림 29는 그림 28과 형태는 비슷하다. 수구 위로 약간 왼쪽을 쳐서 적구에 두껍게 맞히면 수구는 원 쿠션, 적구는 투 쿠션으로 모인다.

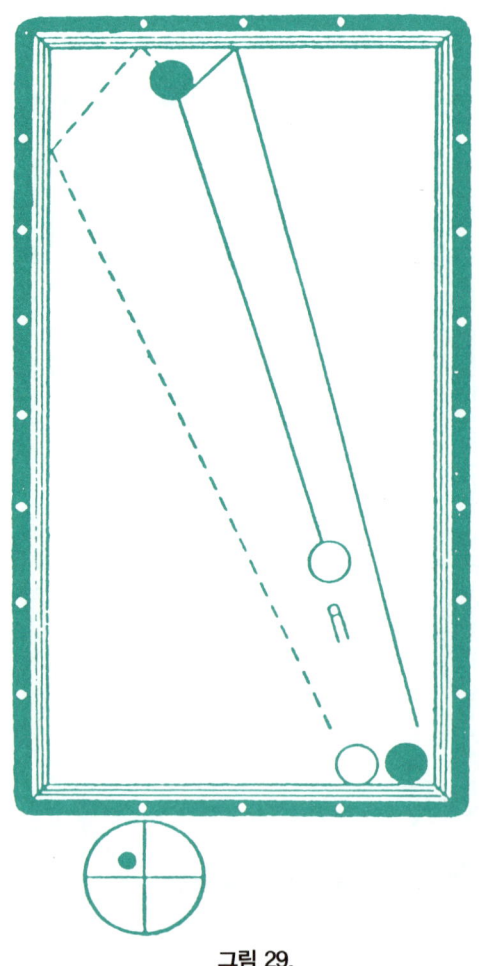

그림 29.

그림 30은 수구를 적구의 왼쪽에 맞혀서 원 쿠션으로 모아치기 형태를 만든다. 적구는 역시 원 쿠션으로 되돌아간다. 당점은 중심보다 약간 위를 치며 적구에 두껍게 맞힌다.

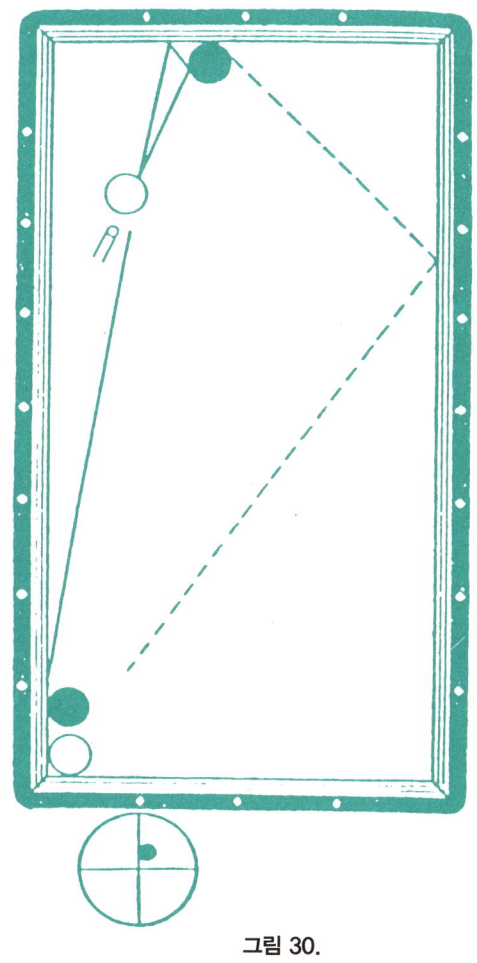

그림 30.

그림 31은 스리 쿠션의 모아치기 형태를 만드는 방법이다. 수구의 왼쪽 아래를 쳐서 적구 왼쪽에 얇게 맞히며 끌어치는 듯하게 친다. 적구는 원 쿠션으로 모아치기 형태가 된다.

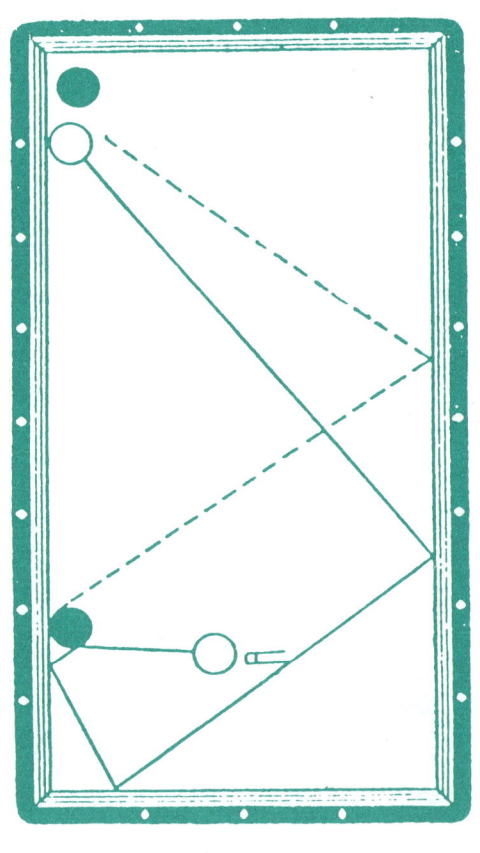

그림 31.

절반 세우기의 모아치기

그림 32와 같은 공의 배치가 되었을 때 큐를 약간 세워 수구의 오른쪽 끝, 중심의 약간 아래를 당점으로 하여 적구의 왼쪽에 얇게 맞힌다. 적구는 선구가 있는 코너 부근으로 진로를 잡는다. 단 스트로크가 작아야 한다.

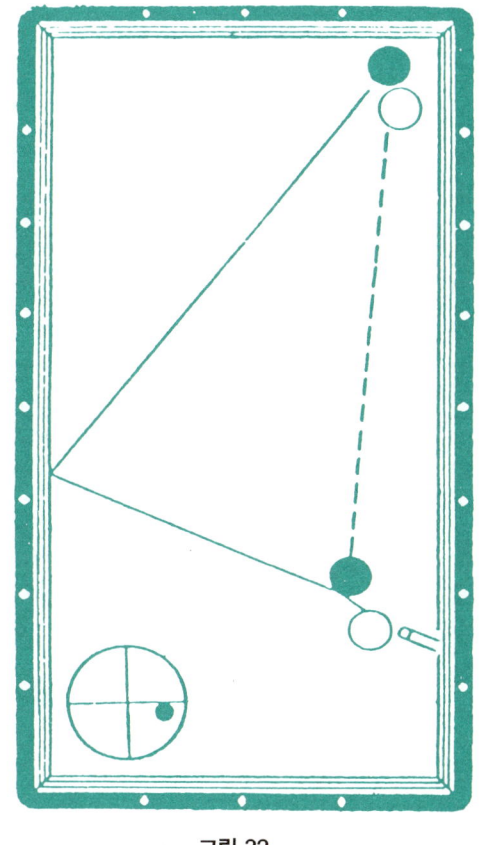

그림 32.

스리 쿠션의 모아치기

그림 33에서는 수구의 왼쪽 아래를 당점으로 하여 적구 오른쪽에 얇게 맞히고 짧은 쿠션으로 끌어들인다. 수구는 쿠션에 맞아 비틀기 효과를 내게 되며 긴 쿠션으로 들어가 스리 쿠션이 되면서 코너로 다가온다.

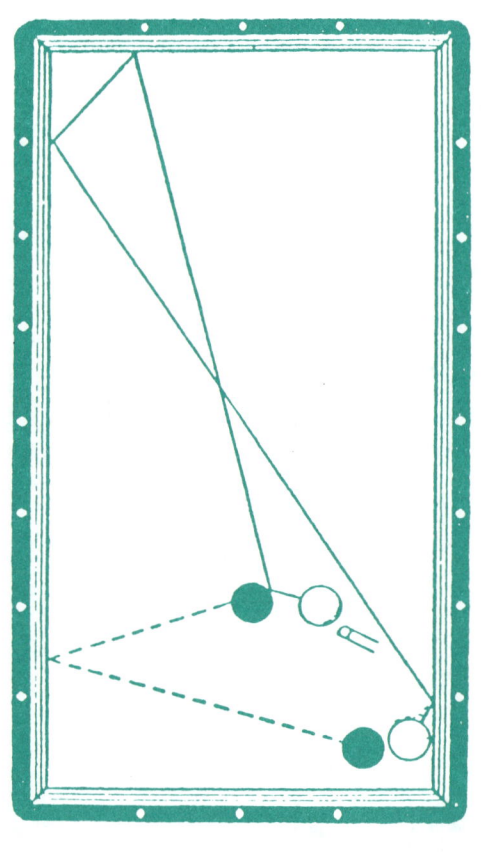

그림 33.

그림 34 역시 앞에서와 같은 배치다. 이것은 수구의 왼쪽 위를 치며 수구의 절반을 적구 오른쪽에 맞힌다. 그러면 수구는 스리 쿠션이 된다.

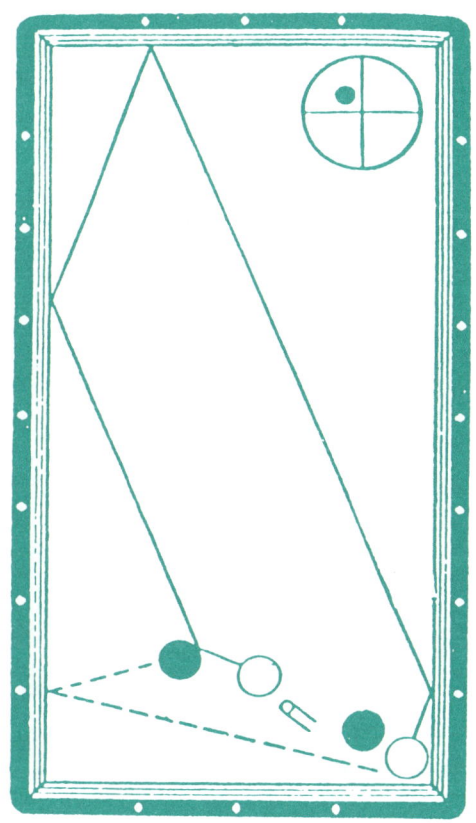

그림 34.

짧은 모아치기 3

그림 35의 A에서는 수구의 중심 아래를 쳐서 적구 왼쪽에 얇게 맞힌다. 작은 스트로크로 재빠르게 찌르듯 친다. 그림 35의 B에서는 수구의 오른쪽 아래를 치며 적구에 얇게 맞힌다. 이 경우 작은 스트로크로 신속하게 친다.

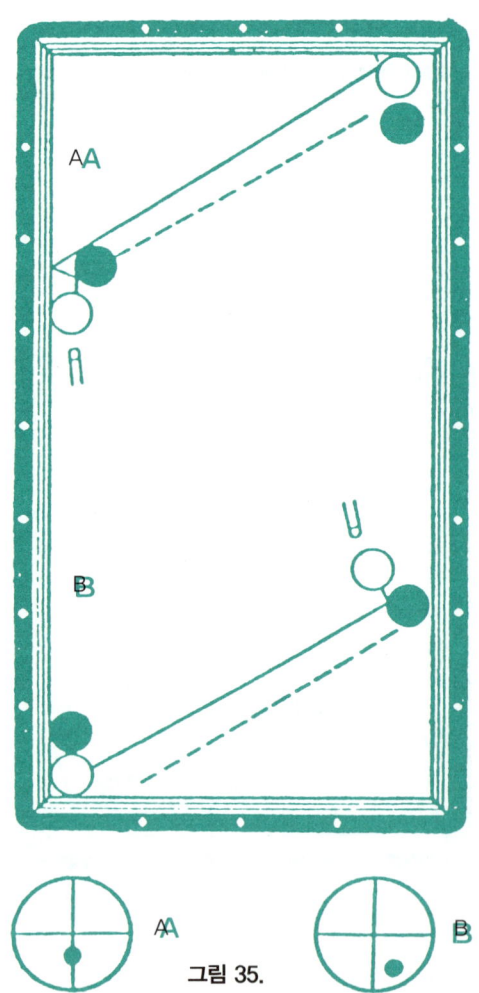

그림 35.

그림 36 역시 당점이나 치는 요령은 대체로 그림 35의 A의 경우와 같다.

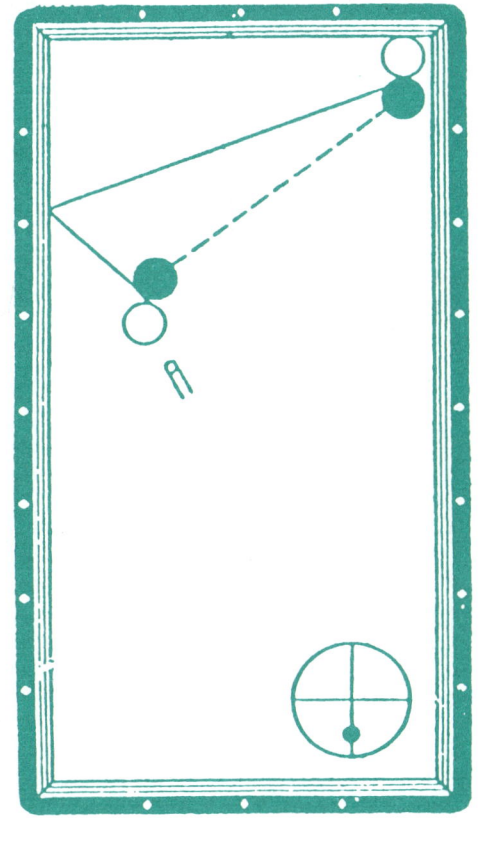

그림 36.

원 쿠션의 모아치기 2

그림 37과 같은 공은 흔히 볼 수 있다. 적구가 쿠션에서 약간 떨어져 있기 때문에 수구의 중심 아래를 쳐서 적구의 왼쪽에 얇게 맞힌다. 원 쿠션으로 선구의 코너로 모이게 한다. 큐 끝을 짧게 움직이며 작은 스트로크로 가볍게 찌르듯한 기분으로 친다.

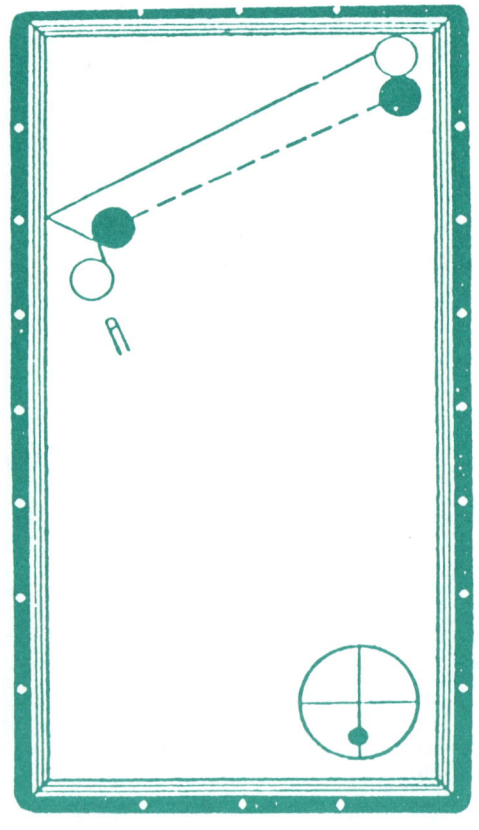

그림 37.

더블 쿠션의 모아치기 1

그림 38에서와 같은 배치의 공은 끌어치기를 해도 모이지 않는다. 수구의 왼쪽 아래를 당점으로 하여 적구의 왼쪽에 얇게 맞힌다. 큐 끝을 짧게 쥐고 작은 스트로크로 찌르는 듯한 기분으로 치면 수구는 더블 쿠션이 되고 적구도 되돌아온다.

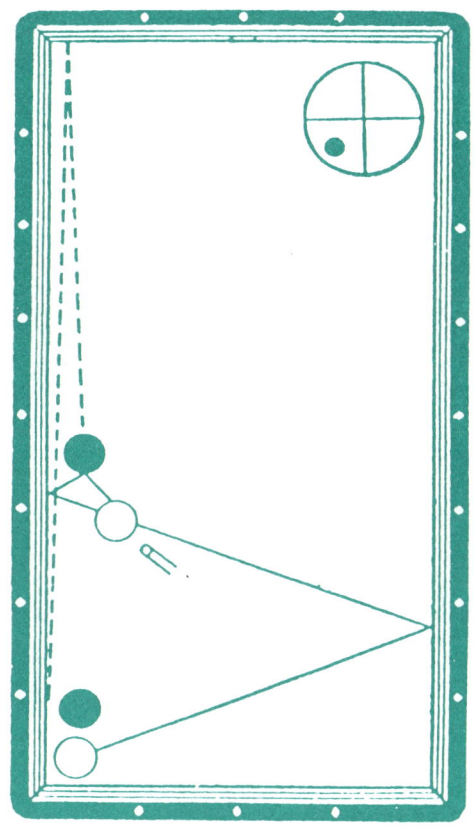

그림 38.

포 쿠션의 모아치기

그림 39에서는 수구의 오른쪽 아래를 적구의 왼쪽에 얇게 맞히고 끌어치는 듯하게 치면 포 쿠션의 크게 돌리기가 되어 적구와 함께 모인다.

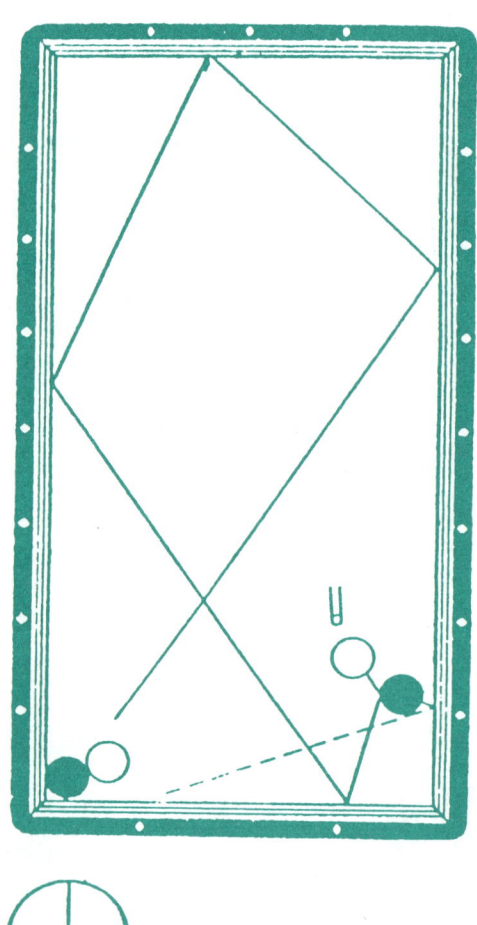

그림 39.

그림 40에서는 적구가 쿠션에 붙어 있는 경우, 보통 공 쿠션을 치지만 이 각도로는 적구가 선구의 코너로 모이지 못한다. 이 경우 적구 왼쪽에 얇게 맞히고 수구 왼쪽 아래 가장자리를 쳐서 포 쿠션을 만들면 그림과 같이 모이게 된다. 큐는 작은 스트로크로 자르듯 친다.

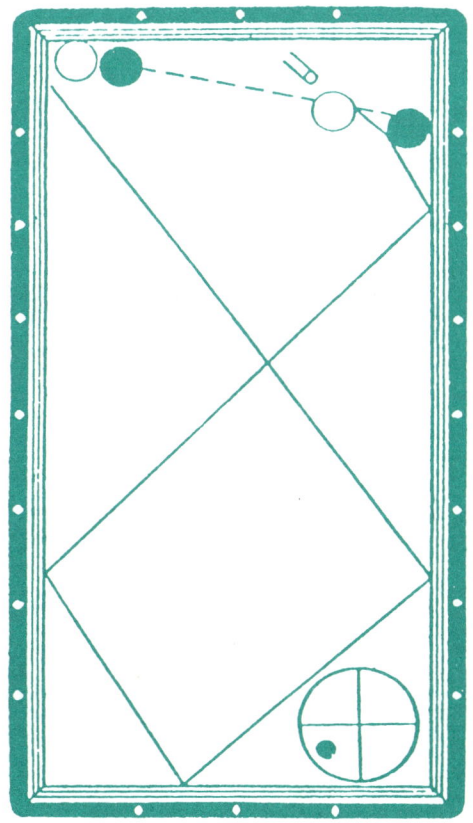

그림 40.

그림 41은 공 쿠션으로 스리 쿠션을 거쳐 모아치기 형태를 만드는 기술이다. 우선 수구의 왼쪽 옆 아래를 쳐서 적구의 오른쪽을 얇게 맞히고 수구는 스리, 적구는 원 쿠션으로 코너에 모이게 한다. 이 기술은 비틀기이므로 비틀기를 충분히 주지 않으면 실패한다.

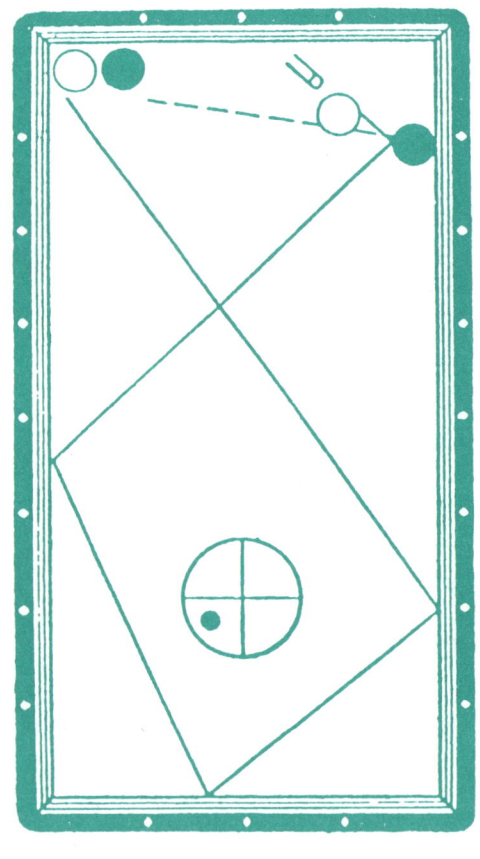

그림 41.

더블 쿠션의 모아치기 2

그림 42의 경우, 수구의 오른쪽 아래를 치며 적구 오른쪽에 두껍게 맞히면 더블 쿠션이 되어 모아치기 형태를 이룬다. 적구는 스리 쿠션으로 이 역시 모이게 된다. 이렇게 공을 모으는 데는 특히 힘의 조절이 중요함을 잊어서는 안 된다. 어려운 것 같지만 연습하면 비교적 쉬운 기술임을 알게 될 것이다.

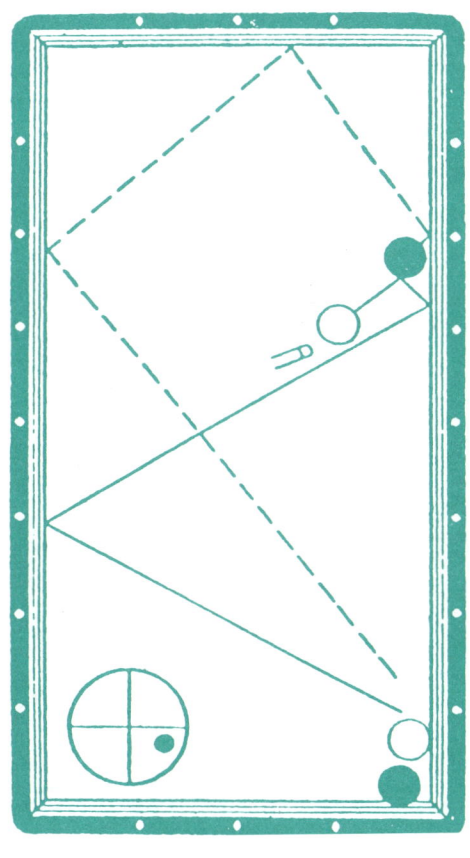

그림 42.

파이브 쿠션의 모아치기

그림 43에서는 수구 오른쪽 끝으로 약간 아래를 쳐서 적구 왼쪽에 수구의 절반을 맞히면 파이브 쿠션을 거쳐 선구가 있는 코너로 회전 진로를 잡는다. 적구는 더블 쿠션이 되어 목적하는 곳으로 모아든다. 이 경우 큐 끝을 길게 잡고 큰 스트로크로 수구의 오른쪽 가장자리를 비틀기로 친다.

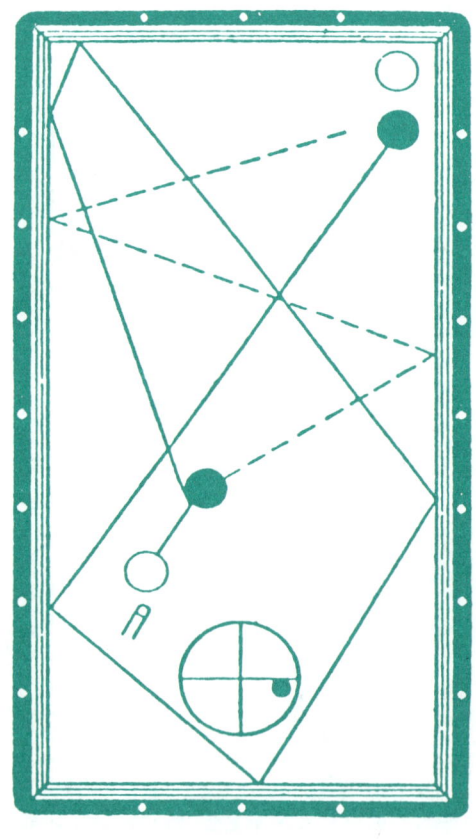

그림 43.

더블 쿠션의 모아치기 3

그림 44의 경우에는 수구의 중심에서 약간 오른쪽으로 아래를 당점으로 하여 적구의 오른쪽에 얇게 맞힘으로써 더블 쿠션으로 모아치기 형태를 만든다. 적구는 원 쿠션으로 모이게 된다. 작은 스트로크로 찌르듯이 친다. 그러면 깨끗한 모아치기의 형태가 되며 큐를 잘 쓰는 사람이라면 쉽게 할 수 있는 기술이다.

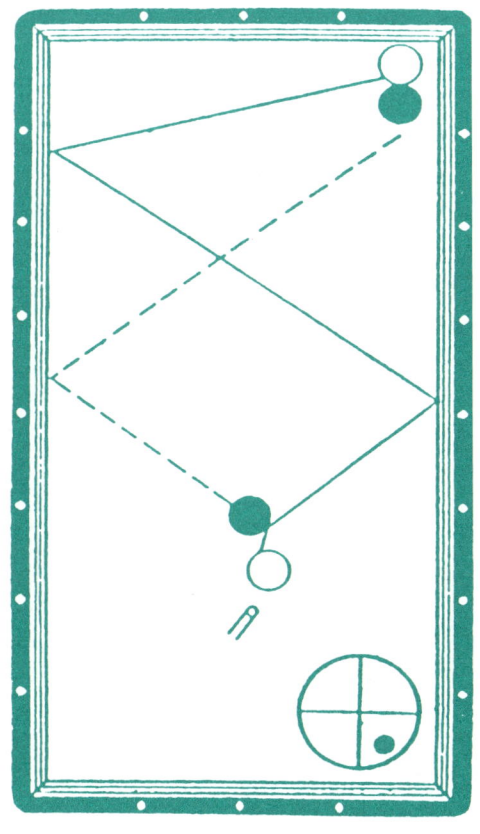

그림 44.

커브의 모아치기

그림 45는 수구가 멀리 떨어져 있고 적구가 선구와 반대 코너에 있는 경우 즉 매우 치기 힘든 공의 위치다. 수구의 왼쪽 위를 쳐서 적구의 왼쪽을 두껍게 맞히도록 하며, 또 스트로크는 크고 빠르게, 찌르듯이 친다. 수구는 긴 쿠션으로 들어가 짧은 쿠션을 통해 나오고 적구는 되돌아오기로 모이게 된다.

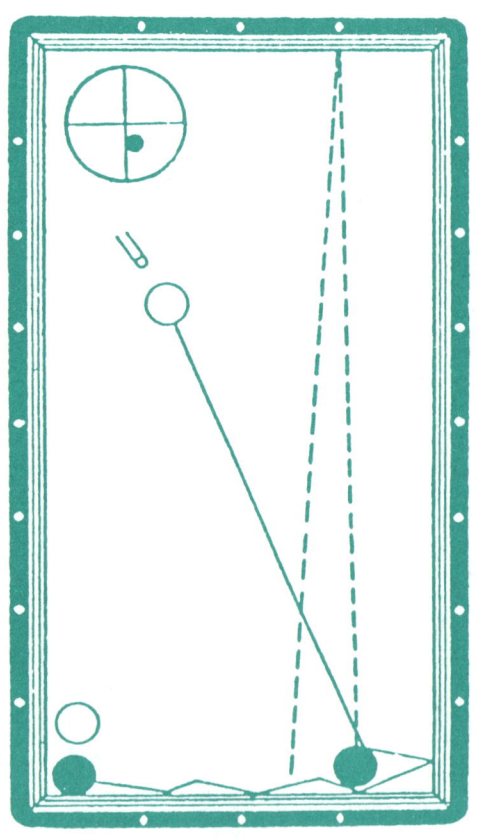

그림 45.

그림 46 역시 거의 앞 그림과 비슷하지만 다만 적구가 얼마간 쿠션에서 떨어져 있다. 수구의 중심에서 약간 왼쪽 위를 치며 적구의 왼쪽에 두껍게 맞힌다. 특히 스트로크를 크고 빠르게 해야 한다.

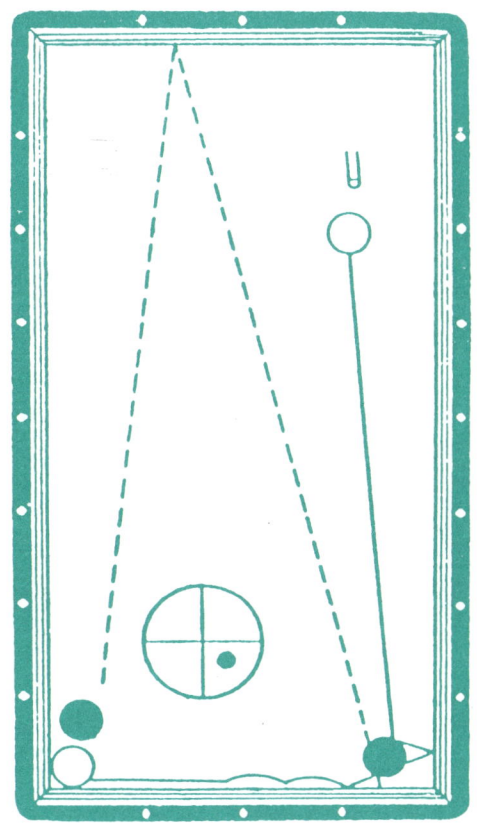

그림 46.

3 마세(masse)를 치는 방법

마세는 보통 평면치기로는 어쩔 수 없는 공에 대해 큐를 세워서 스트로크 하여 득점하는 기술이다. 처음에는 그저 큐를 세워서 어려운 위치의 공을 치기만 했을 뿐 후구 등에 대하여는 고려하지 않았다. 그러다가 그 기술이 여러 가지로 연구되면서 오늘날과 같은 진보를 볼 수 있었다. 마세를 치려면 바른 자세와 브리지, 스트로크에 있어서의 큐의 세우기 등이 중요하다. 그 대략적인 것을 설명해 본다.

자세
마세를 하려면 양발을 적절하게 벌리고 앞으로 구부리듯 얼굴을 큐보다 앞쪽으로 내민다. 몸무게를 왼쪽(브리지 쪽)에 주고 팔꿈치에서 위는 겨드랑이 밑으로 접근시킨다. 팔꿈치에서부터 앞 팔을 곧게 하여 브리지를 만들고 오른손은 편하게 한다. 수구가 멀면 브리지도 따라서 멀어지기 때문에 힘들지만 몸을 되도록 당구대에 접근시켜 스트로크한다.

브리지
왼쪽 손가락 3개는 카메라의 삼각대처럼 스트로크할 때에 왼팔이 움직이지 않도록 지탱한다. 손목을 구부려 손바닥이 수구 쪽을 보게 하며 집게손가락을 큐에 닿지 않도록 제2관절부터 구부린다.

마세 브리지의 형
이러한 배치의 공은 비틀기로도 목적을 이룰 수 없다. 따라서 마세를 하며 그 브리지의 모습이다.

왼손바닥이 수구를 향하도록 손목을 구부렸으면 큐를 오른손으로 힘을 주지 않으며 잡는다. 이 잡는 방법이 정확하면 손목도 자유롭게 움직일 수 있고, 효과적인 스트로크를 할 수 있다.

스트로크

마세의 스트로크에서는 날카로운 치기를 한다. 큐의 각도는 수구에 대려는 커브의 크기에 따라 다르지만 보통 70° 정도로 세우는 것이 표준이다. 날카로운 커브를 치는 경우에는 큐를 작게 움직이며 빨리 치면 된다. 그러나 각도에 따라 예외일 수도 있다. 완만한 커브로 어느 정도만 수구를 전진시키려면 큐를 그다지 세울 필요가 없다. 즉 큐가 상당히 비스듬해진다. 단 큐 끝이 당구대의 나사지를 찢지 않도록 주의해야 한다.
그러면 수구의 당점은 어디인가? 가령 공을 넷으로 자른다면 우선 수구의 겨냥선을 따라 세로로 자르고 다시 그것을 직각으로 잘라 넷으로 나눈다. 거기에서 공을 왼쪽으로 커브 시키려면 자신과 가까운 쪽의 왼쪽 부분 한가운데가 당점이 된다. 오른쪽으로 커브 시키려면 오른쪽 부분의 한가운데를 당점으로 하고, 이때 중요한 것은 최초에 공을 나누는 세로선이며 이것이 겨냥선과 일직선이 되지 않으면 맞지 않는다.
큐의 세우기와 큐의 치기에 따라 여러 가지 당점이 있기는 하지만 여기에서는 간단히 설명하는 것으로 그치기로 한다(다음 페이지 그림 참조).

큐의 방향

큐는 수구가 당구대와 접촉하고 있는 점을 정확하게 가리켜야 한다. 수구의 커브는 단순히 큐의 각도를 바꾸는 것만으로 자유롭게 조절할 수 있다. 또한 수구의 어디를 쳐야 하는지를 알게 되면 그 뒤는 큐의 방향만 바르면 샷은 생각보다 쉽다. 그러나 큐의 각도가 바뀐다든가 겨냥선이 달라지면 그 때마다 공의 중심도 변화한다는 점을 절대로 잊어서는 안 된다.
흔히 수구의 지나치게 가장자리라든가 자신과 가까운 쪽을 치는 사람을 보게 되는데 십중팔구는 실패한다. 이런 경우에는 스트로크가 잘 되어도 샷에서 미스가 나기 쉽기 때문이다. 몸을 공에 대해 직선으로 세워서 겨냥선을 바르게 본 뒤에 당점을 판단해야 한다. 수구가 제1구로부터 멀리 떨어질수록 마세 샷의 정확성과 콘트롤도 상실된다는 점을 기억하자.
마세는 얇게 치기로는 불가능하며 밀어치기에서도 겹쳐 놓인 공의 경우에 많이 이용하게 된다. 이런 때에는 얇은 공을 치는 것과 같은 겨냥으로 또한 그 방향에 따라 큐를 세우며 위에서 보는 당점을 거기에 따라 이동시키면서 치면 된다.
커브를 주려면 큐를 작게 움직이며 빨리 친다. 대개의 경우 생각보다는 쉽게 칠 수 있지만 샷에 주의하지 않으면 바닥의 천을 찢게 된다. 마세는 대체적으로 50점 이상은 되어야만 칠 수 있다고 한다.

마세를 치는 방법

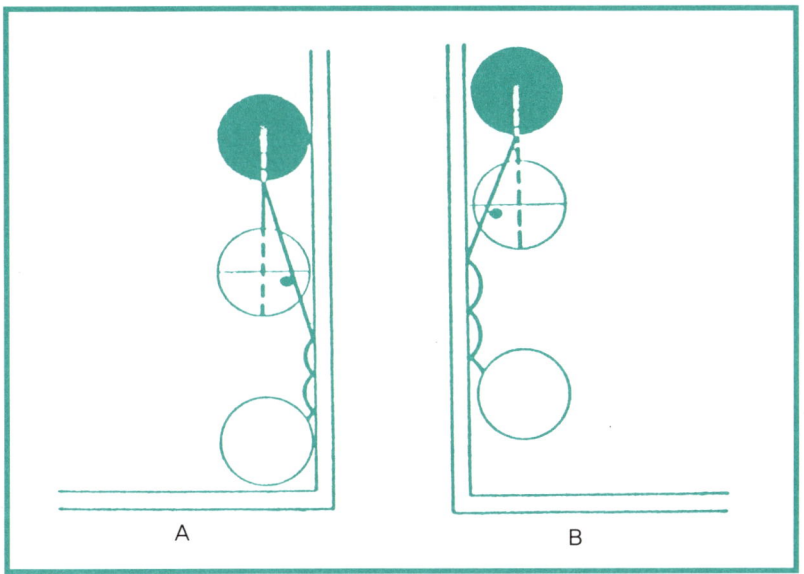

A : 쿠션에 닿아 있는 경우, 수구의 오른쪽 끝을 당점으로 하여 적구의 정면에서 약간 오른쪽으로 수구의 중심을 맞힌다. 빠른 스트로크로 치면 오른쪽 비틀기가 주어져 있기 때문에 그림에서처럼 일단 쿠션에 들어간 뒤 두세 번 쿠션을 따라 가며 선구에 맞는다.

B : 쿠션에서 약간 떨어져 있지만 앞 그림과는 반대로 당점이 왼쪽이다. 찔러넣기를 빨리 하면 동일한 커브가 이루어지며 맞는다.

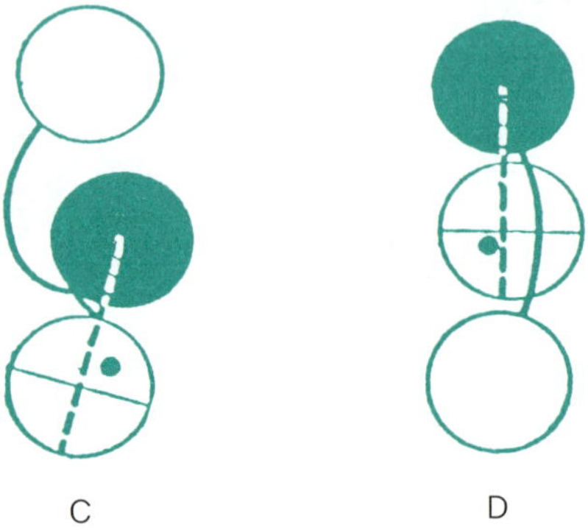

C : 적구에 얇게 수구를 맞힌다. 이때 스트로크는 작게 한다. 공을 크게 치면 수구가 앞으로 나가고 만다. 힘을 주지 않고 작은 동작으로 치면 마세로서는 쉬운 공이다.

D : 당점은 수구와 적구를 직선으로 잇는 선의 중심에서 약간 왼쪽이며, 적구 오른쪽에 맞힌다. 아주 작은 스트로크로 가볍게 때리는 듯한 느낌으로 친다.

E : 그림 C보다 약간 스트로크를 크게 한다.

마세의 당점의 범위와 큐의 세우기

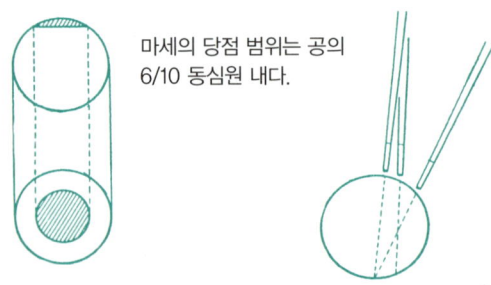

마세의 당점 범위는 공의 6/10 동심원 내다.

마세

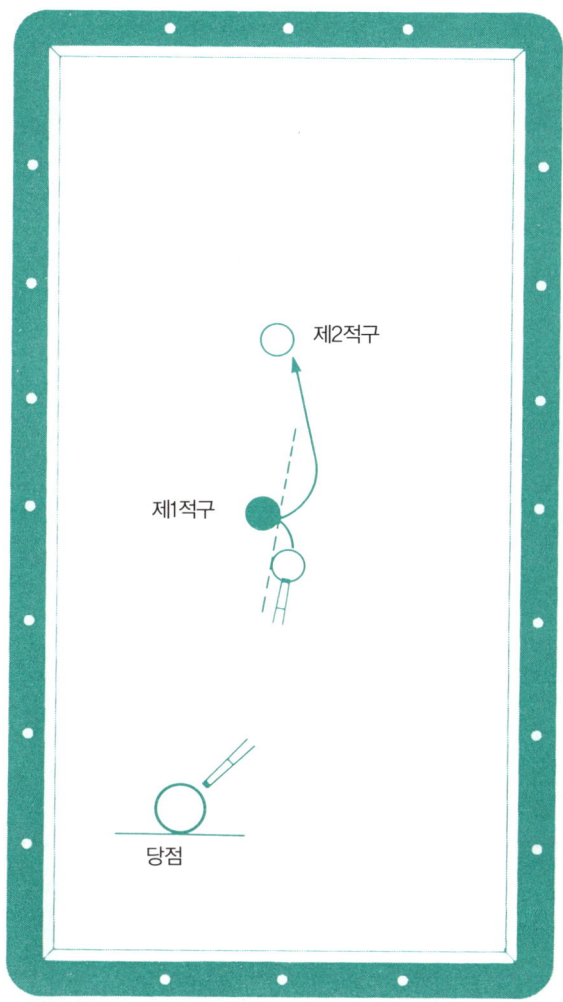

수구를 우선 제1적구에 맞힌 뒤 커브를 그리게 하며 제2적구로 굴린다. 당점과 큐의 세우기에 따라 커브의 크기가 달라진다.

그랜드 마세

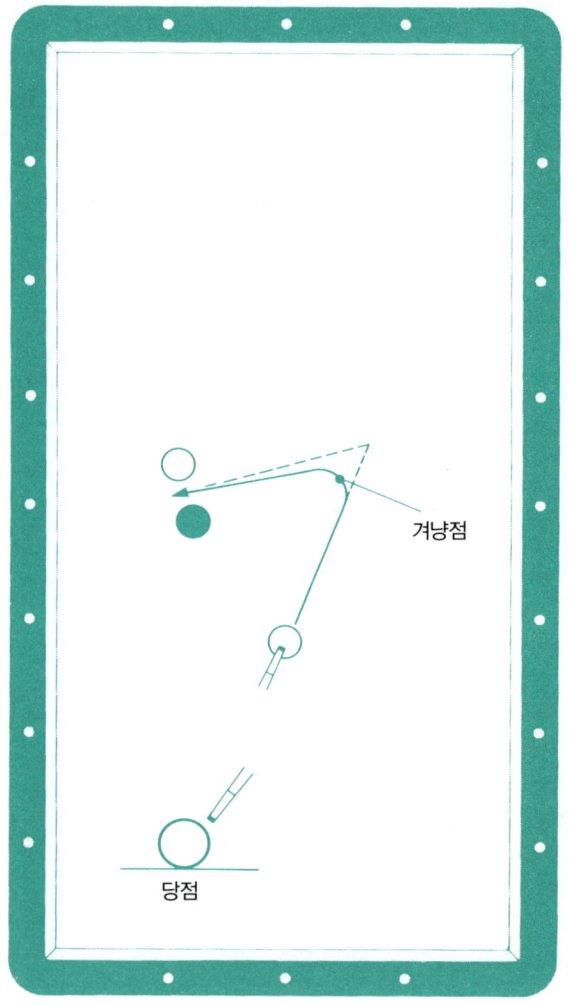

그랜드 마세는 브리지를 테이블 면에 대지 않고 하는 마세를 말한다. 큐는 친다기보다 가볍게 내리는 느낌이 든다.

4 세리치기

지금까지 설명한 것처럼 당구의 기술은 수없이 많다. 그 기술을 터득한 뒤 삼구 게임의 최고봉이라 할 수 있는 세리치기에 대해 알아보자.

세리치기는 대개 모아치기로부터의 변화에서 생기며 우연히 그런 형태가 되는 수도 있지만 2개의 공, 적구와 선구, 거기에 접근된 수구, 쿠션 아주 가까이에 놓인 절묘한 삼각구에 대해 쓴다.

형태를 유지하며 득점을 거듭하는 것이 이상적이며, 여기에는 공의 움직임, 쿠션의 관계, 힘의 조절 등 모든 기둥이 밑받침이 되어야 한다. 따라서 숙련자만이 할 수 있다고 해도 지나친 말이 아니다.

다른 말로는 아메리칸 세리 또는 레일나드라고도 한다. 한편 숙련자의 경우, 삼구 게임에서 세리를 하다가 보면 무제한으로 게임이 끌리기도 하도 또 그렇게 되면 흥미가 사라진다 하여 같은 장소에서 치는 것을 제한하는 보크라인 게임이 고안되기도 했다. 그래서 이것을 아메리칸 세리라고 한다.

세리의 연습

쿠션에 닿은 적구가 두 개 접근해 있는 경우에는 수구를 가까이에 두고 그 형태를 유지하며 연속적으로 쳐야 하는데 상당히 어려운 기술이다. 약간의 힘의 조절이나 비틀기, 미묘한 큐의 사용, 쿠션의 탄력 등에 따라 공의 형태가 달라지기 때문이다.

시험 삼아 그런 형태를 만들어 놓고 5~6회 쳐보라. 만일 형태가 무너졌을

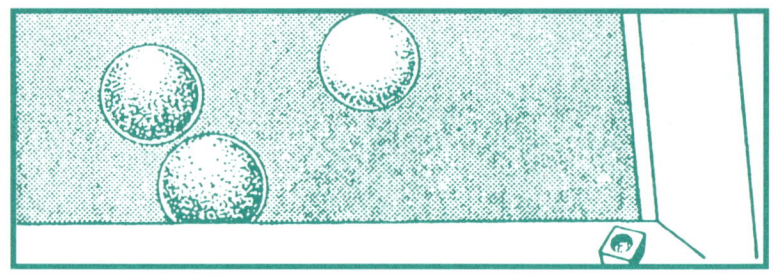

세리치기의 자세와 큐

공이 세리 위치에 오면 특히 자세와 큐 끝에 주의하며 공의 위치가 흩어지지 않도록 신중하게 친다.

때 그것을 본래의 형태로 되돌릴 수 있다면 이미 당구에는 일가견을 이루었다고 할 수 있다.

그 간단한 연습 방법을 설명해보자. 그림과 같이 세리공의 형태가 된 경우, 수구의 오른쪽 위를 쳐서 적구의 중심 약간 왼쪽에 아주 약하게 맞힌다. 적구가 일단 쿠션에 들어갔다가 다시 나와 수구에 맞도록 친다. 여러 번 반복해서 연습하면 알 수 있다.

적구가 쿠션을 따라 1회에 약 10~15cm씩 이동하며 수구도 이와 마찬가지로 떨어지지 않고 약간씩 전진하게 한다. 단 강하게 치지 않도록 주의해야 한다. 따라서 큐 끝도 짧게 움직여야 한다. 세리의 첫째 요건은 힘의 조절이기 때문에 그 점을 충분히 고려하여 신중하게 쳐야 한다.

수구가 지나치게 강하면 적구가 쿠션에 맞고 나서의 반동도 강해지며 따라서 공과 공의 거리가 멀어질 뿐 아니라 형태가 흩어진다. 수구의 당점이 지나치게 왼쪽으로 가면 쿠션으로부터 튕겨 나오는 적구의 힘이 작아지기 때문에 수구에 맞지 않고 지나가 버린다. 따라서 수구와의 거리가 멀어지기 때문에 수구의 왼쪽을 가볍게 치면 수구가 적구에 맞아 반대 회전을 주며 적구는 이 때문에 쿠션에서 튕겨 나와 수구에 맞는다. 이와 같이 하여 차례로 조금씩 이동함으로써 세리의 목적을 달성하는 것이다.

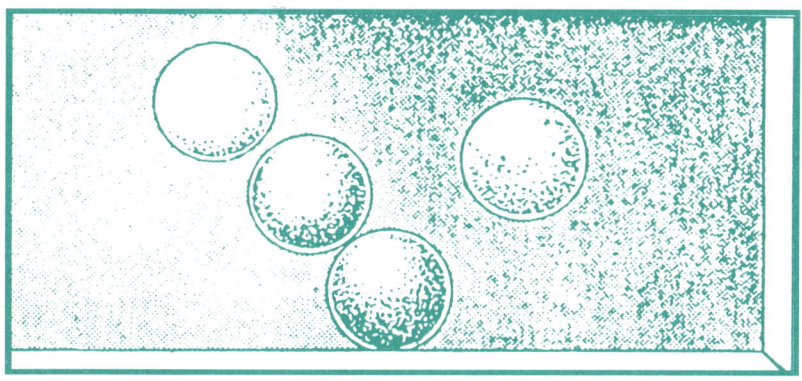

파이브 세리의 형태
이상적인 파이브 세리의 형이다.

파이브 세리의 자세와 큐 끝의 상태, 큐를 잡는 부분

세리의 이상적인 형태

수구, 제1적구, 제2적구가 그림처럼 쿠션 가까이에 모여 삼각형 배치가 되면 그 형태를 유지하며 쿠션을 따라 세리치기를 한다.

세리치기

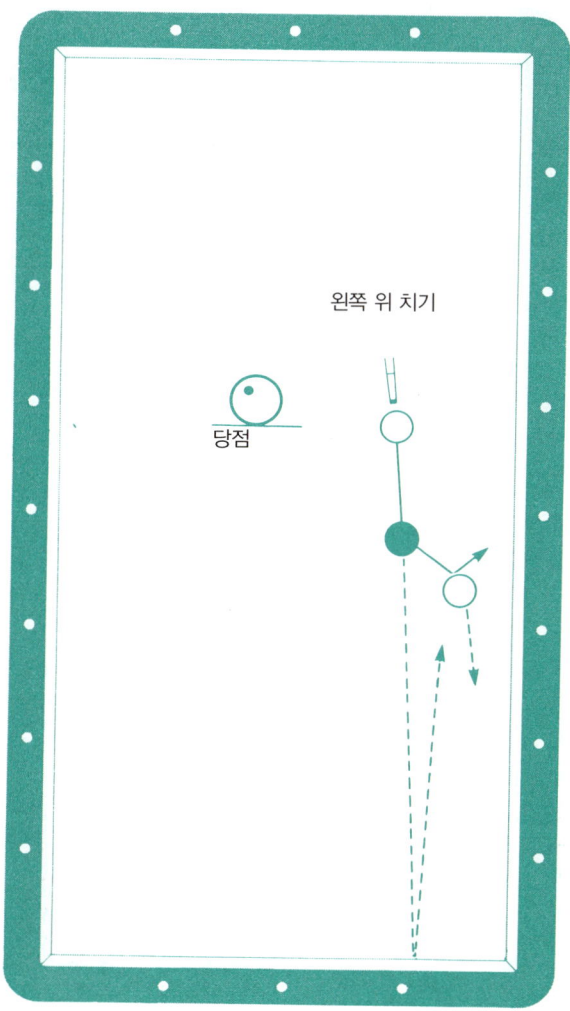

제1적구를 짧은 쿠션에서 반사시켜 3개의 볼을 한 곳으로 모아 세리가 가능한 형태로 만든다.

세리공 만들기

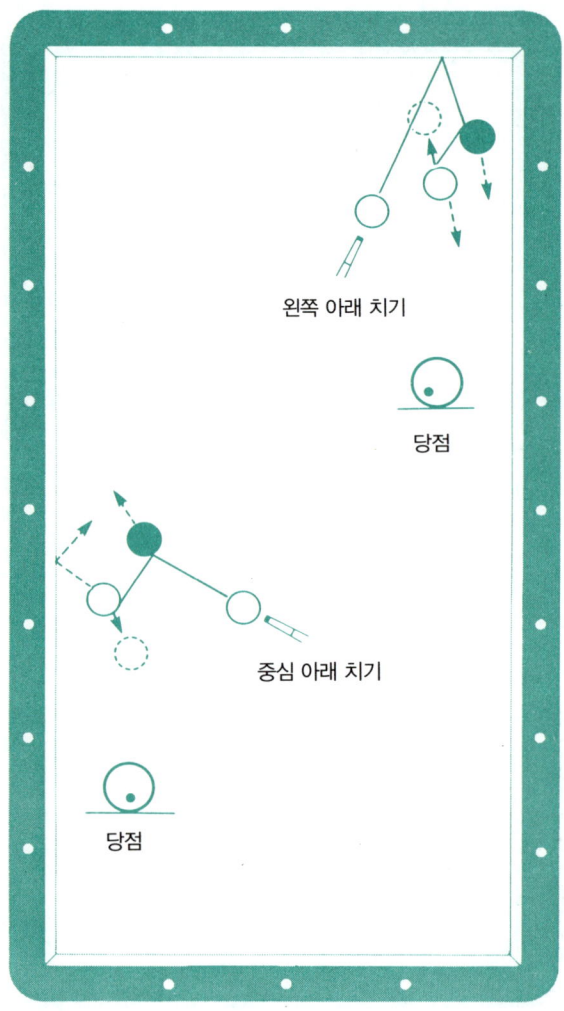

세리가 가능했던 공이 그만 흩어졌을 때에는 그림에서처럼 원 쿠션 등의 방법에 의해 본래의 형태로 만든다.

기초 지식 **Part 1**

당구의 기초 테크닉 **Part 2**

초보자를 위한 테크닉 **Part 3**

고급 테크닉 **Part 5**

숙련자를 위한
실험 테크닉

사구게임의 경기법과 점수계산법 **Part 6**

부록 **Part 7**

적구의 선택

공의 위치가 그림처럼 된 경우, 어느 쪽부터 택하는 것이 유리할까? 쿠션과 밀착되어 있는 쪽을 적구로 하는 편이 표적의 범위도 크고 그만큼 적중률도 높아진다.

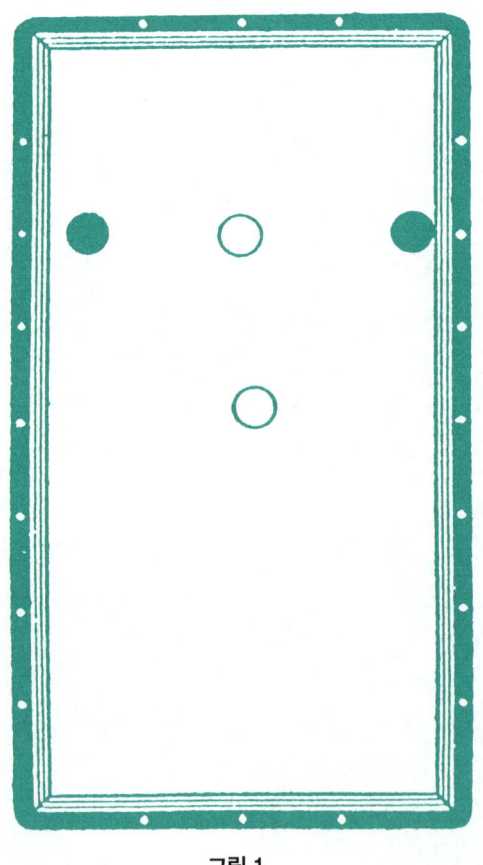

그림 1.

얇은 가로 끌어치기

그림 2에서는 수구의 중심에서 약간 오른쪽 똑바로 아래를 당점으로 하여 적구의 오른쪽에 얇게 맞힌다. 큐 끝은 짧게 움직이며 스트로크를 빨리 한다. 이런 공은 적구에 두껍게 맞히면 당점이 힘들어진다.

그림 2.

역치기의 원 쿠션

그림 3과 같은 공이 온 경우, 마세로도 쉽게 목적을 이룰 수 있지만 수구의 오른쪽 가장자리를 쳐서 적구의 오른쪽에 얇게 맞히고 원 쿠션을 하게 하면 후구가 좋아진다. 적구에 두껍게 맞혀도 되지만 그런 경우 힘의 조절이 어려워진다.

그림 3.

그림 4의 공은 대부분 선구에 강하게 쳐서 단숨에 끌어당기는 데 그렇게 하면 선구는 되돌아와도 수구가 되돌아오지 않는다. 이런 경우에는 가볍게 맞혀 두고 다음에 크게 돌리기로 끌어오도록 하는 편이 훨씬 낫다.

그림 4.

선택에 따라 다른 모아치기

그림 5의 공은 흔히 그림에서처럼 적구로부터 원 쿠션으로 택하지만 수구가 선구 오른쪽에 맞은 경우 적구는 모여들지만 수구는 반대 방향으로 간다.

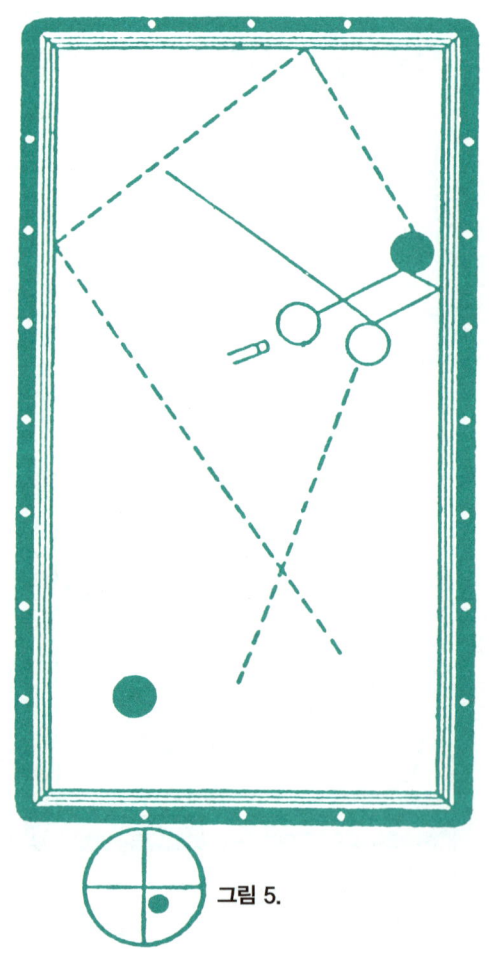

그림 5.

그림 6의 공은 그림 5와 같은 형태이지만 흰 색깔의 공부터 붉은 색깔의 공 (선구) 오른쪽에 맞히면 수구도 다가온다. 당점은 수구의 오른쪽 아래다.

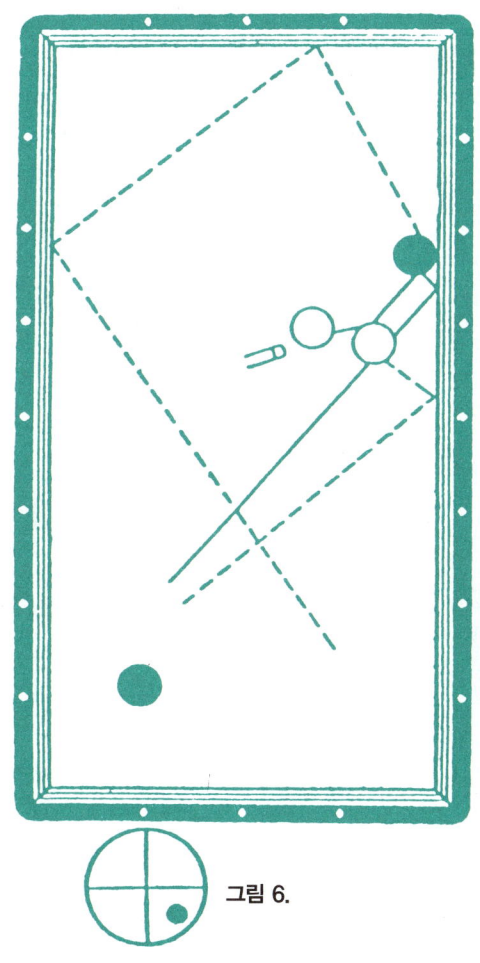

그림 6.

그림 7의 A와 같은 위치에 공이 있게 되면 대개 직접 삼각구 형태를 만들려 하지만 그렇게 되면 공이 흩어질 확률이 높다. 수구의 오른쪽 중심에서부터 약간 위를 당점으로 하여 적구에 절반 밀어치기를 준다. 힘의 조절에만 잘못이 없으면 모아치기 형태를 쉽게 만들 수 있다.

그림 7의 B에서는 수구의 중심 오른쪽을 치고 적구에 두껍게 맞힌다. 이 역시 힘의 조절이 가장 중요하다.

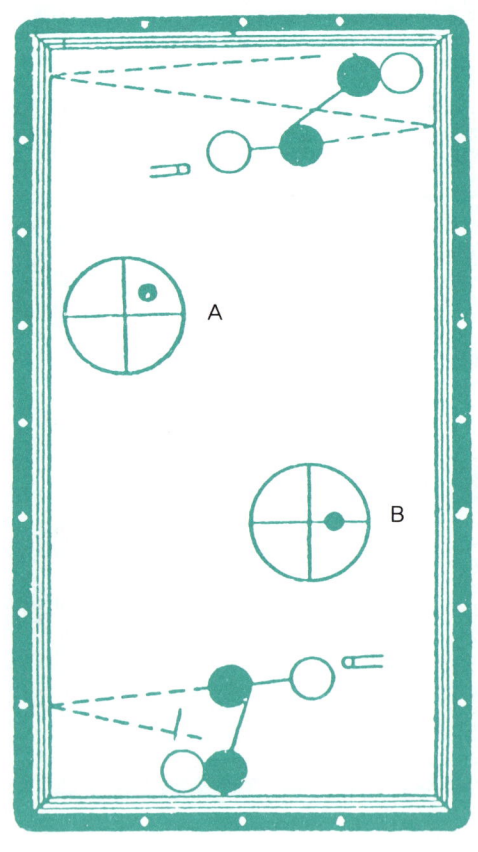

그림 7.

스리 쿠션의 방법

그림 8의 A에서는 수구의 중심 오른쪽 끝을 쳐서 공 쿠션으로 적구에 맞히고 스리 쿠션으로 목적을 이룬다.

B에서는 수구의 중심 오른쪽을 쳐서 왼쪽에 두껍게 맞히고 투 쿠션으로 목적을 이룬다.

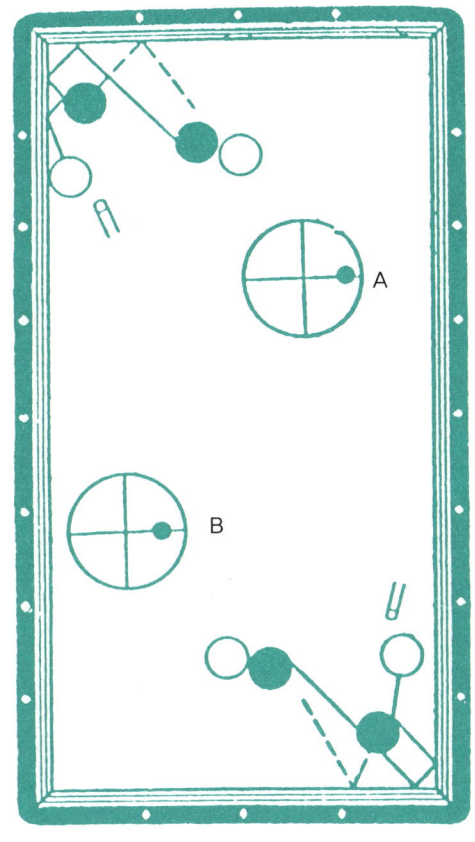

그림 8.

역치기 원 쿠션의 방법

그림 9의 경우, 수구의 중심 오른쪽을 치고 적구의 오른쪽에 얇게 맞히면 수구는 원 쿠션으로 중앙에 모인다.

그림 9.

원 쿠션의 방법

그림 10은 수구의 중심 아래를 쳐서 적구 오른쪽에 얇게 맞히며 원 쿠션으로 목적을 이룬다. 큐는 아주 작게 그리고 가볍게 찔러 넣는다. 그림 9의 공의 위치와 매우 유사하지만 당점이 다르다.

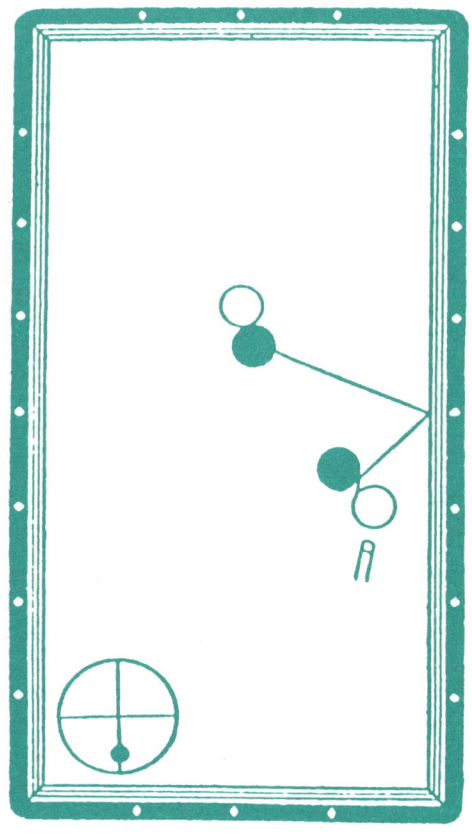

그림 10.

주의해야 하는 끌어치기

그림 11의 A에서와 같은 공인 경우, 적구로부터 첫 번째 선구 바깥쪽으로 끌어당긴다. 흔히 직접 끌어치기로 당기려 하지만 한가운데에 오게 해도 다시 끌어치기가 되기 때문에 바깥쪽으로 수구를 내보내 두면 모아치기 형태를 빨리 이룰 수가 있다. 당점은 오른쪽 중심에서 약간 아래를 겨냥한다. B와 같은 공의 각도는 역으로 쳐서 흔히 단숨에 끌어모으려 하지만 적구가 되돌아와 접촉할 확률이 크므로 접촉하지 않도록 끌어친다.

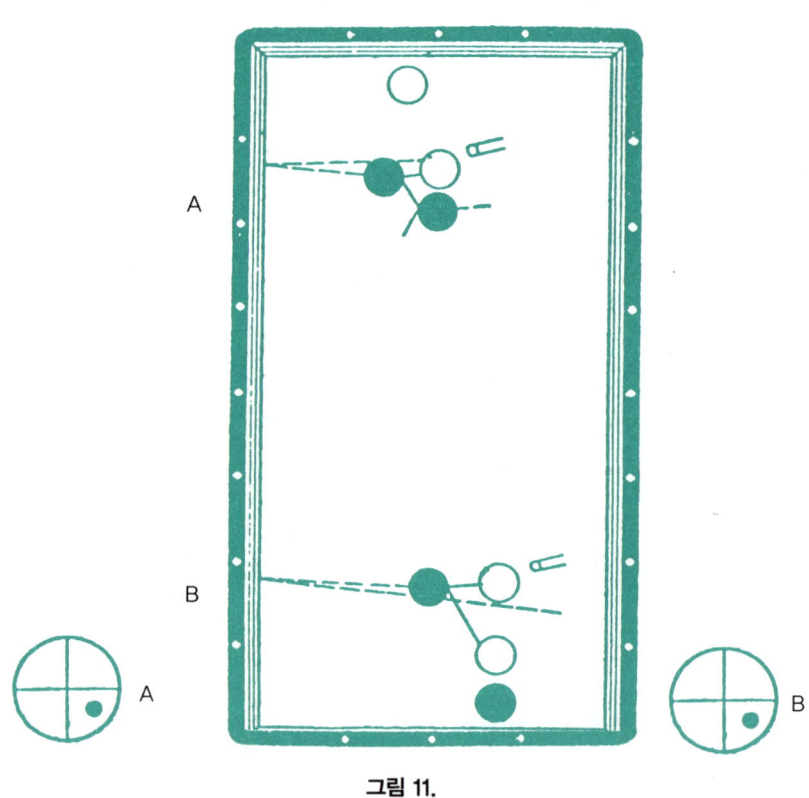

그림 11.

C와 같은 위치의 공은 가볍게 쳐도 수구가 한가운데로 들어와 후구를 치기 힘들게 된다. 이 경우 우선 수구의 중심에서 약간 오른쪽 아래를 쳐서 적구 오른쪽에 두껍게 맞힌 뒤 두 번째 선구 방향으로 당겨둔다. 그 다음에 끌어치기 형태를 이루면 첫 번째 선구부터 끌어당긴다. 만일 위치가 적절하지 않으면 끌어당기지 말고 모여온 공부터 잡아서 이어둔다. 2개씩 공을 모아두는 것도 득점을 많이 올리는 비결이다.

D에서는 적구 오른쪽에 두껍게 맞히고 두 번째 선구 가까이로 당기면서 수구를 첫 번째 선구 오른쪽으로 끌어당겨 둔다. 다음에 그 공부터 끌어당긴다.

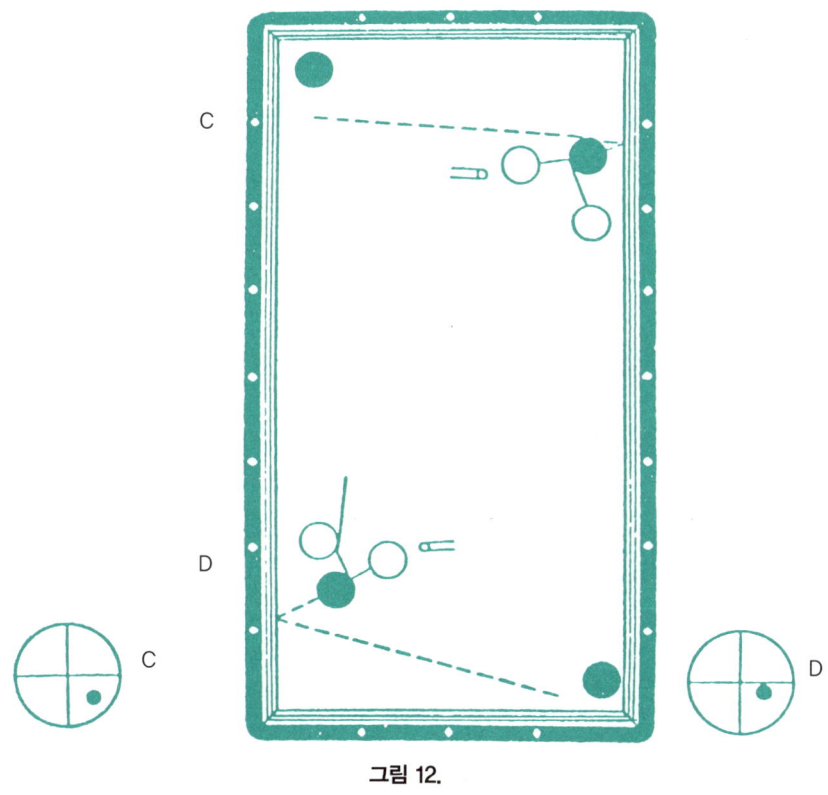

그림 12.

그림 13의 경우 수구에서 보아 가까이에 있는 두 공이 같은 위치에 있으므로 어느 공을 적구로 삼을 것인가가 문제가 된다. 이때는 먼 데 있는 두 번째 선구의 위치에 따라 선택을 하게 된다. 그림의 위치라면 왼쪽 공을 적구로 한다. 적구는 스리 쿠션하여 첫 번째 선구와 거의 같은 장소로 모인다.

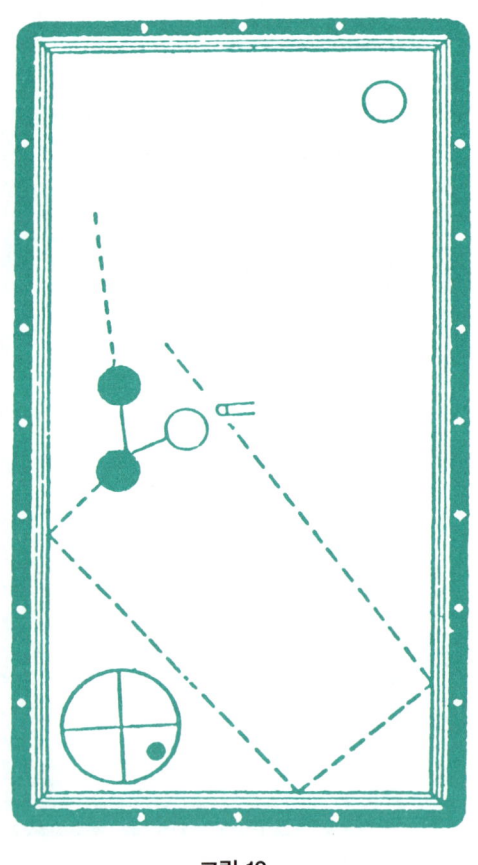

그림 13.

그림 14와 같이 선구 2개가 달라붙어 있는 경우, 수구의 오른쪽 위를 밀어 치기 겨냥으로 치면 첫 번째 선구의 힘이 두 번째 선구로 옮겨가고 첫 번째 선구가 정지하기 때문에 수구가 맞는다.

그림 14.

그림 15와 같은 형태가 되면 보통 공 쿠션으로도 쉽게 목적을 이룰 수 있지만 수구의 왼쪽 가장자리에 비틀기를 주고 적구에 절반 밀어치기를 하면 적구는 선구 왼쪽에 얇게 맞고 선구는 쿠션으로부터 약간 전진한다. 친 수구는 비틀기가 주어져 있기 때문에 원 쿠션으로 뒤쫓아가 그것을 맞힌다.

그림 15.

밀어치기도 원 쿠션도 할 수 없는 공

그림 16의 A와 같은 경우에는 수구의 왼쪽 중심 약간 위를 쳐서 절반 밀이치기 원 쿠션을 취한다.

B는 공 쿠션을 칠 수 없으므로 수구의 약간 오른쪽 위를 치며 적구의 중심에 맞추어 민다. 이때 적구와 선구가 접촉하더라도 수구의 오른쪽 비틀기가 있기 때문에 뒤쫓아가 맞히게 된다.

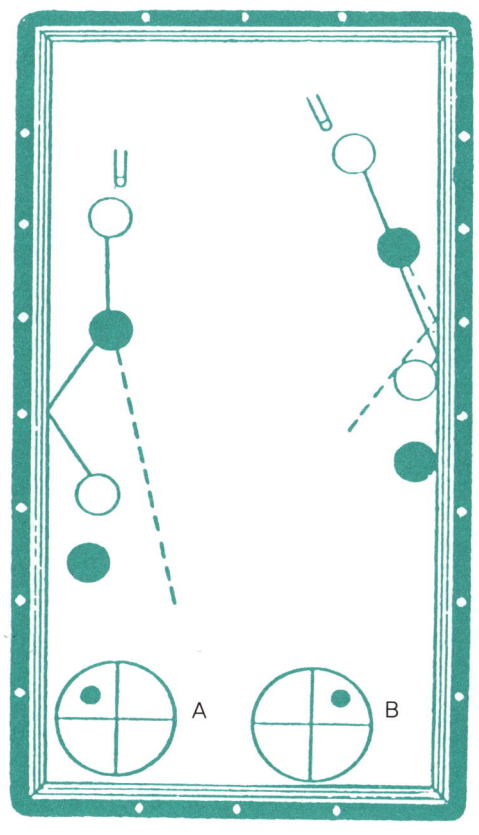

그림 16.

C의 경우에는 수구의 오른쪽 위를 당점으로 하고, 적구로부터 공 쿠션의 원 쿠션으로 목적을 이룬다.
D는 수구 위쪽으로 약간 왼쪽을 치며 적구에 두껍게 맞히고 적구가 되도록 선구 가까이에 오도록 힘을 조절한다.

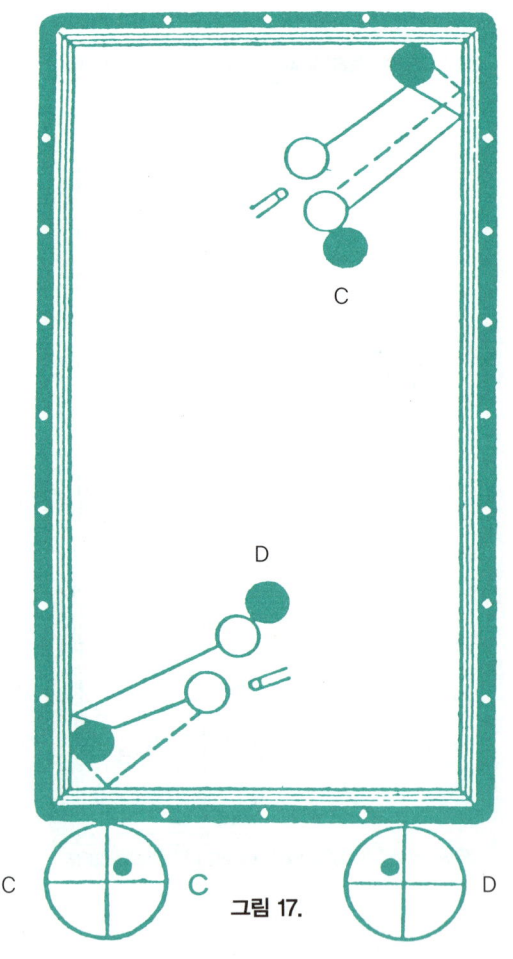

그림 17.

일직선이 된 공의 경우

그림 18의 A는 수구, 적구, 선구가 일직선이 되어 치기가 힘든 경우다. 수구의 왼쪽 똑바로 옆을 쳐서 공 쿠션의 밀어치기로 목적을 이룬다.

B는 수구의 오른쪽 위를 당점으로 하여 적구에 절반 밀어치기를 주며 원 쿠션으로 목적을 이룬다.

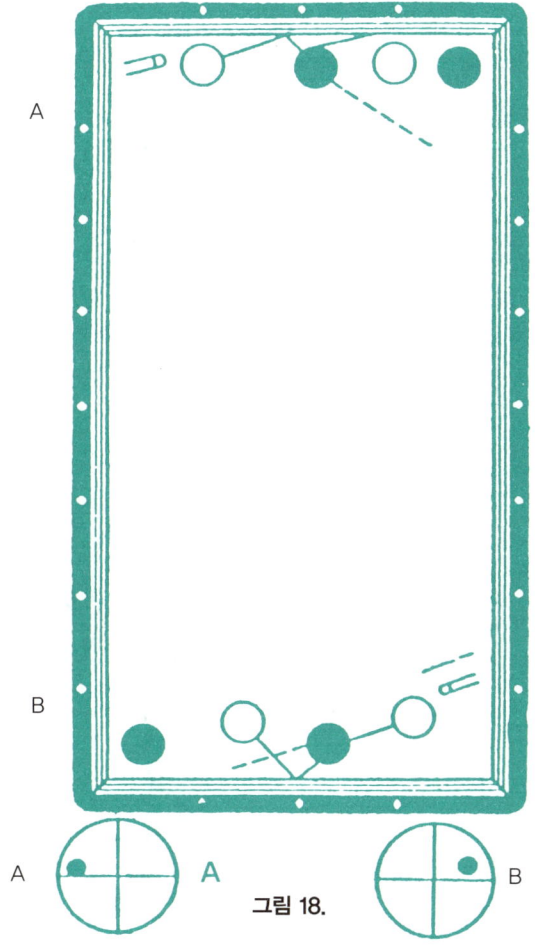

그림 18.

큰 커브

그림 19의 A에서는 수구의 왼쪽 위를 당점으로 하고 적구의 중심에서 약간 오른쪽을 겨냥한다. 큐를 크게 스트로크하여 재빨리 찔러내듯 친다. 그러면 수구는 쿠션을 따라가며 맞힌다.

B에서는 수구의 오른쪽 위를 쳐서 적구의 중심보다 약간 오른쪽에 맞힌다. 큐를 내보내는 방법은 A와 동일하다.

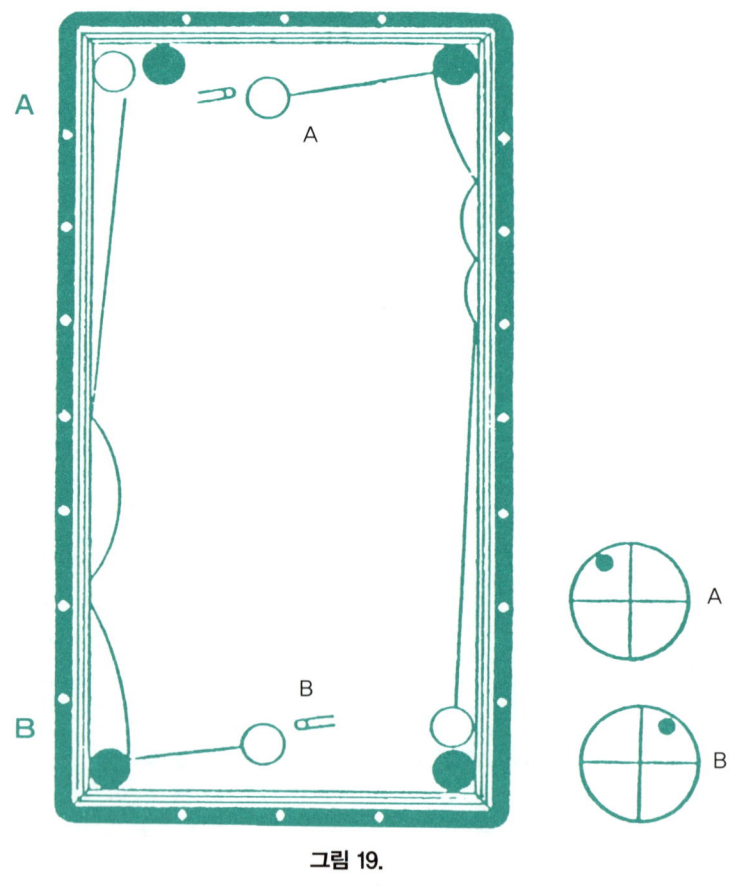

그림 19.

송곳 끌어치기 4가지

그림 20의 경우, 수구의 오른쪽 아래를 치며 대개 끌어치기의 겨냥보다 얇게 적구에 맞힌다. 이때 큐를 가볍게 잡고 찌르는 듯한 기분으로 친다. 수구의 가장자리를 치지 않으면 성공할 수 없는 공이므로 브리지에 다소 힘을 주고 일반적인 끌어치기보다 큐 끝을 길게 낸다. 그리고 큰 스트로크로 가볍게 친다. 그림의 위치와 같은 공이라면 50점 정도의 실력인 사람이라도 쉽게 할 수 있다.

그림 20.

그림 21의 당점은 수구의 왼쪽 끝 아래이며 요령은 그림 20과 같다. 큐를 크게 스트로크하며 찌르듯이 친다.

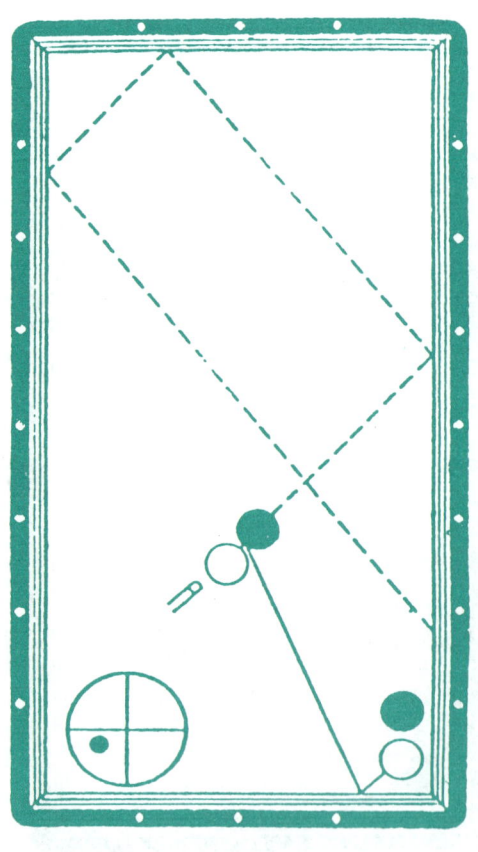

그림 21.

그림 22의 경우에는 수구의 오른쪽 끝 아래를 치며 적구에 얇게 맞힌다. 선구가 떨어져 있기 때문에 힘들 것 같지만 비교적 쉬운 공이다.

그림 22.

그림 23은 송곳 끌어치기 중 가장 어려운 위치의 공이다. 레스트를 높이고 큐 끝을 길게 그리고 큰 스트로크로 너무 아래를 치지 않도록 조심한다. 수구의 왼쪽 끝 중심에서 약간 아래를 당점으로 한다. 큐 뒤끝을 약간 들어 내던지는 듯한 기분으로 친다.

사구 게임에서 일반적으로 나오는 어려운 공들은 대략 이상과 같다. 그 밖에 세리만으로도 3백여종, 파이브 세리가 5백여 종류나 된다.

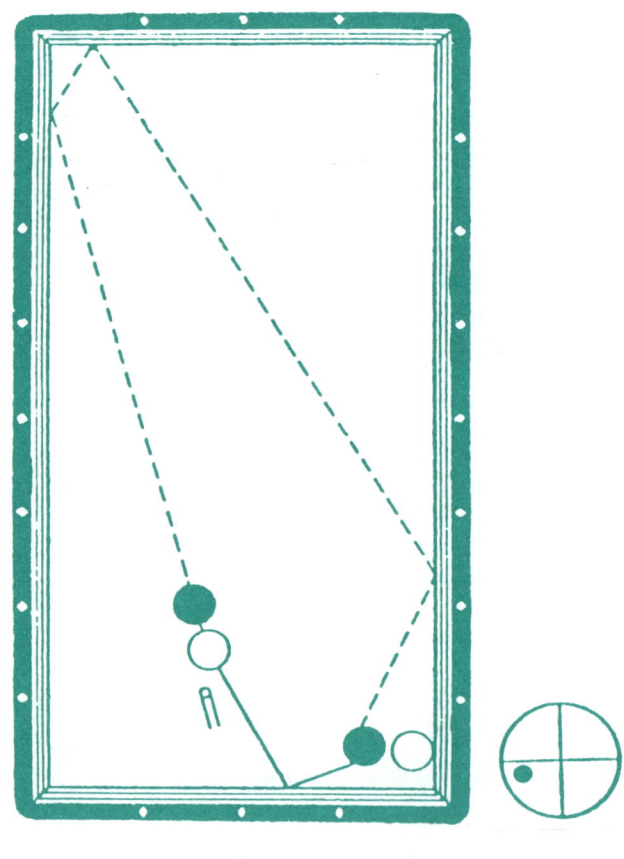

그림 23.

스리 쿠션에 따른 어려운 공들

그림 24는 마중나오기 공이다. 수구 오른쪽 아래를 치며 적구의 중심에서 약간 오른쪽에 맞힌다. 가벼운 끌어치기의 기분으로 쳐야 한다. 선구는 투 쿠션이 되어 서로 만난다. 아주 흥미로운 기술이다.

 그림 24.

그림 25는 커브 공이다. 수구 왼쪽 위를 치며 적구 왼쪽에 두껍게 맞힌다. 큐 끝은 길게, 큰 스트로크로 찌르듯이 친다.

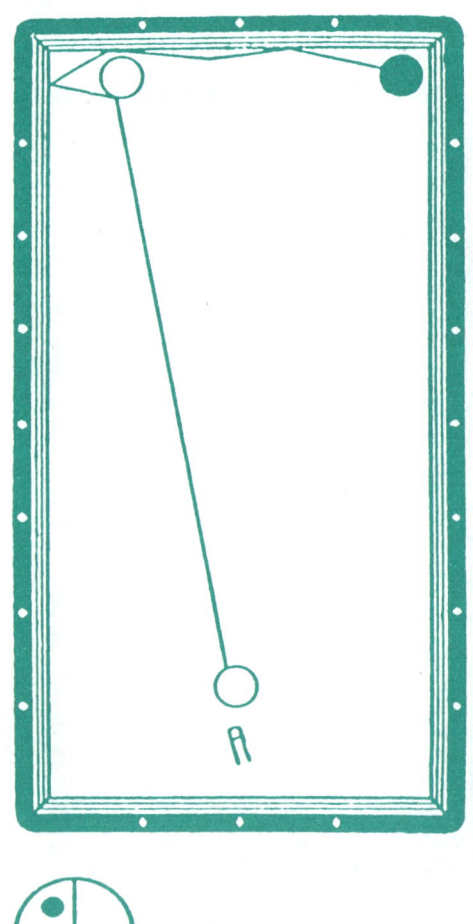

그림 25.

그림 26은 앞에서의 예보다 선구가 쿠션에서 떨어져 있다. 이 경우 당점은 수구 중심에서 위쪽이 된다.

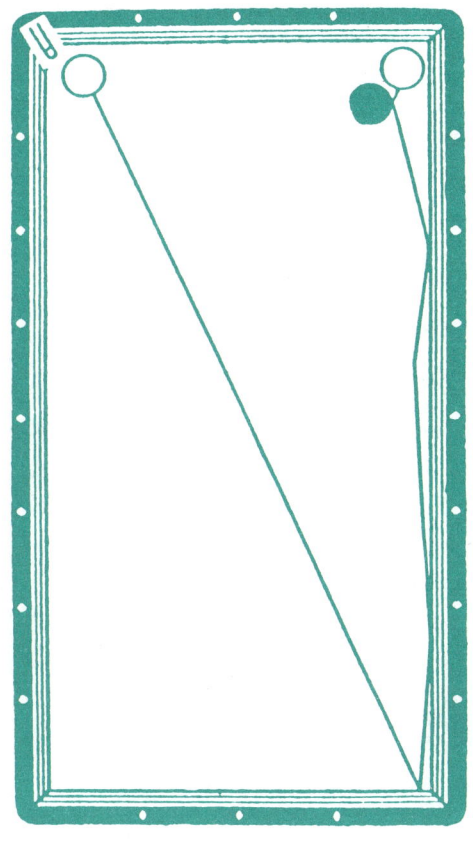

그림 26.

그림 27은 약간 선구가 쿠션에서 떨어져 있다. 당점은 오른쪽 위를 겨냥한다.

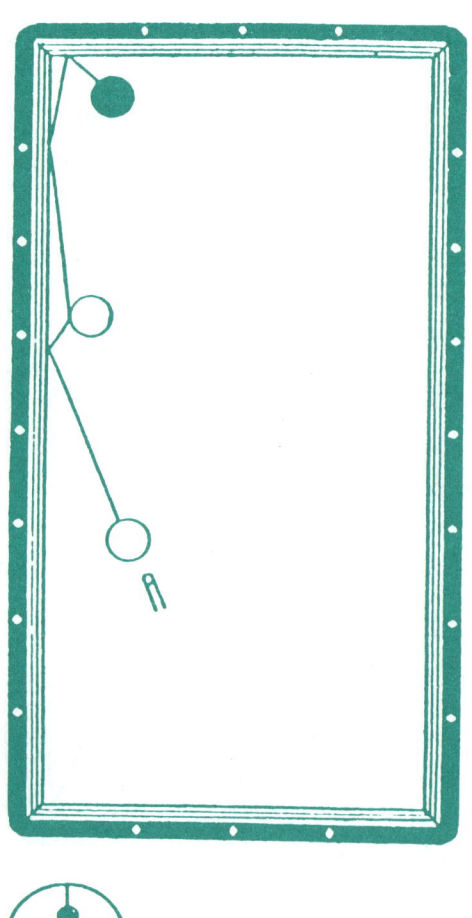

그림 27.

그림 28은 수구 오른쪽 위를 치되 빠른 스트로크로 친다. 그러면 수구가 짧은 쿠션에 들어간 뒤 커브하여 긴 쿠션에 두 번 들어간 다음 맞는다.

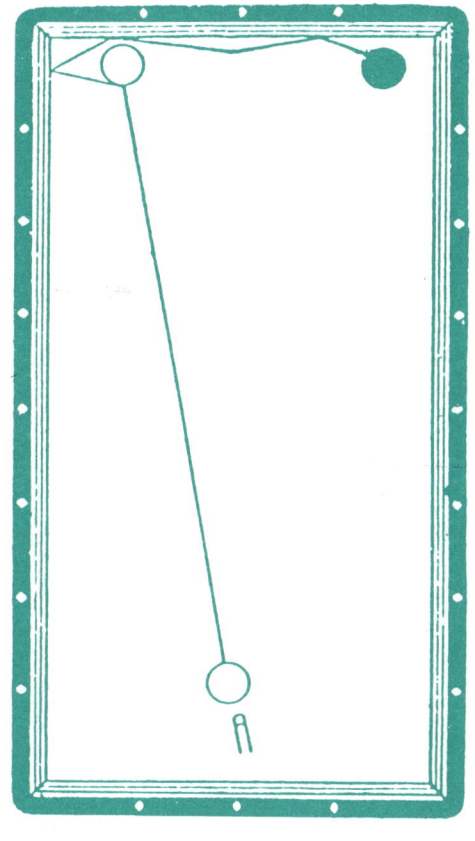

그림 28.

그림 29에서는 중심 위쪽을 치며 공 쿠션으로 적구의 중심 약간 왼쪽을 맞히면 밀어치기가 되어 쿠션을 따라간다.

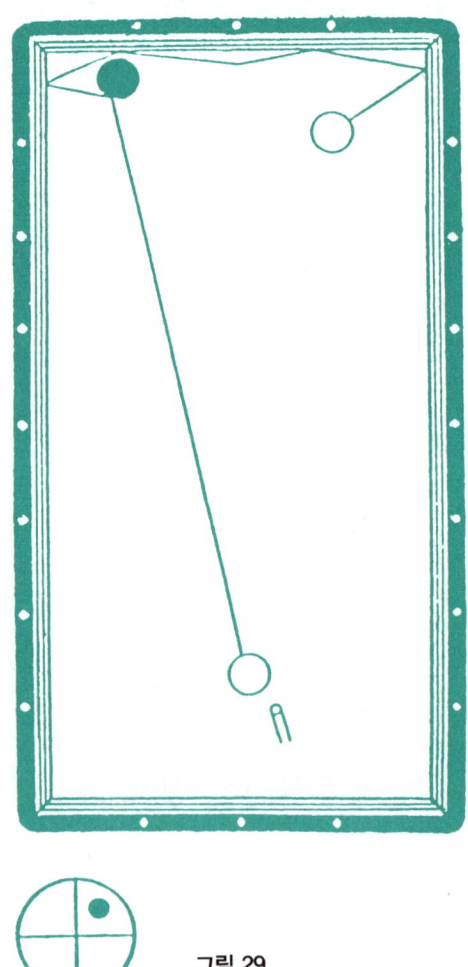

그림 29.

그림 30과 같은 각도는 흔히 볼 수 있다. 대개 공 쿠션 또는 흰 색깔의 공 왼쪽에 두껍고 맞히고 오른쪽 위를 치지만 힘의 조절이 어렵기 때문에 제대로 맞히기가 힘들다. 따라서 수구 오른쪽 아래를 치며 적구 오른쪽에 얇게 맞힌다. 이 경우에는 비교적 적중률이 높다.

그림 30.

그림 31의 공은 특히 큐의 움직임이 중요하다. 수구 오른쪽 아래를 치며 적구의 오른쪽에 두껍게 맞히고 아주 빠른 스트로크로 친다.

그림 31.

그림 32의 공은 비틀기만 제대로 되면 쉬운 공이다. 오른쪽 아래를 치며 한가운데의 다이아몬드를 겨냥하여 가볍게 자르듯이 친다.

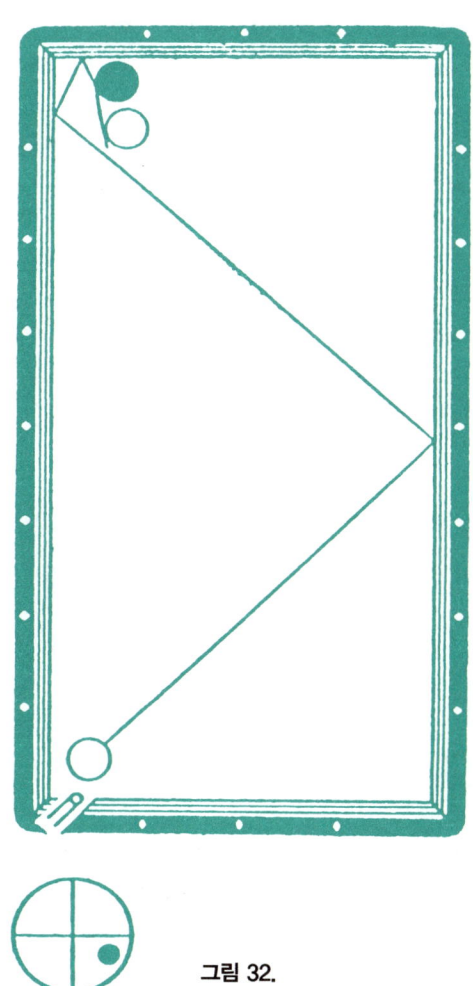

그림 32.

그림 33은 송곳 끌어치기의 스리 쿠션이다.

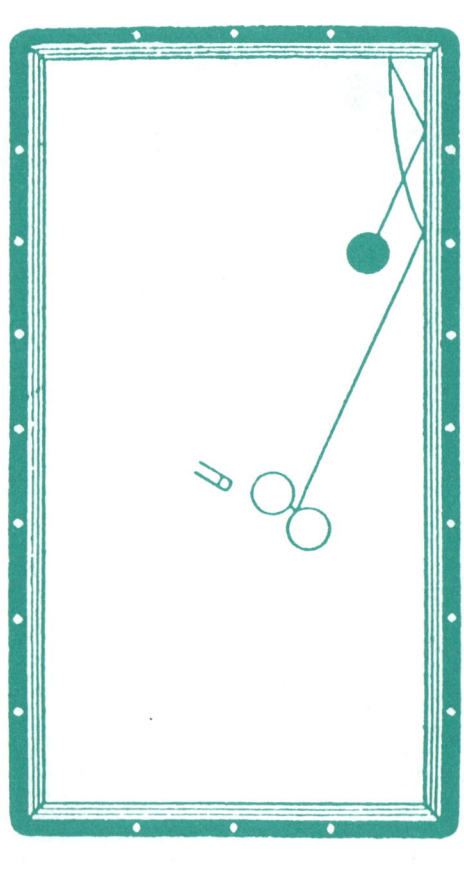

그림 33.

그림 34는 마세의 스리 쿠션인데 수구 오른쪽 끝을 치며 적구의 중심보다 약간 오른쪽에 맞히고 작은 스트로크로 재빨리 친다.

그림 34.

그림 35의 경우에는 큐를 30° 정도로 세우고 수구의 오른쪽 끝을 치며 적구의 중심에서 약간 오른쪽을 맞힌다. 큰 스트로크로 미는 듯한 기분으로 친다.

그림 35.

그림 36은 큐를 세워 수구 오른쪽 아래를 치며 적구의 중심 약간 오른쪽에 맞힌다. 날카롭게 찌르듯이 친다.

그림 36.

그림 37은 중심 상부를 치며 적구 오른쪽에 두껍게 맞히고 큰 스트로크로 재빨리 친다.

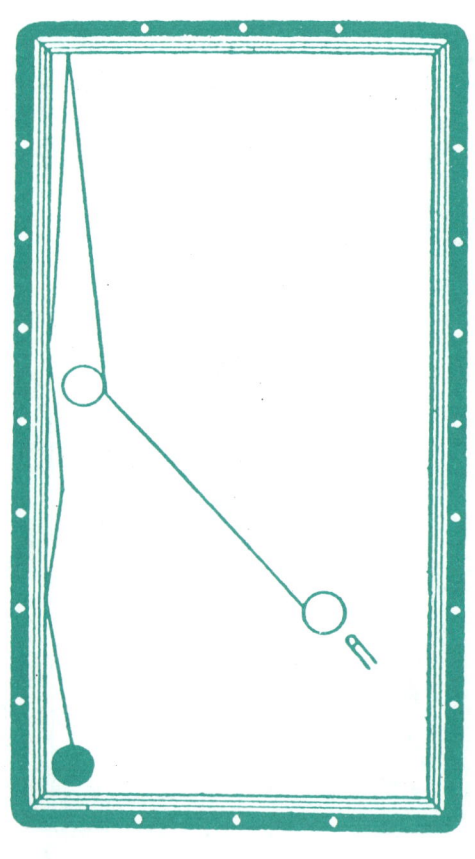

그림 37.

그림 38에서는 오른쪽 아래 가장자리를 치며 적구 왼쪽에 두껍게 맞힌다. 작은 스트로크로 큐를 마음껏 찌르듯이 친다.

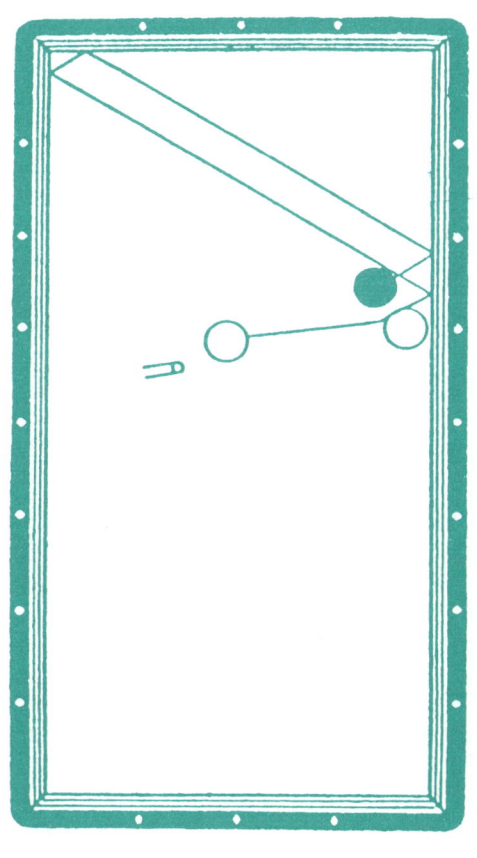

그림 38.

그림 39에서는 중심 위쪽을 치며 적구 왼쪽에 두껍게 맞히고 큰 스트로크로 큐를 던지는 듯한 기분으로 친다.

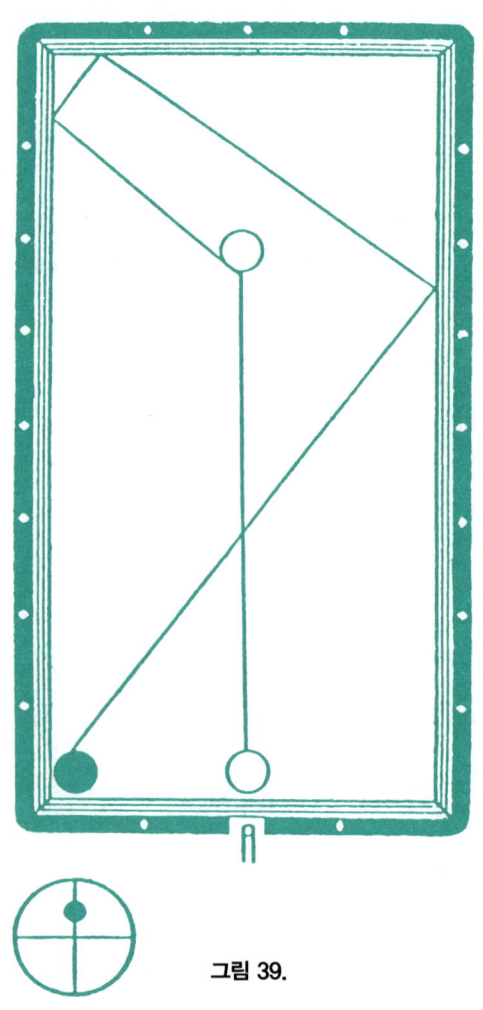

그림 39.

그림 40은 중심의 위쪽을 치고 그림 41에서는 왼쪽 위를 쳐서 적구의 오른쪽을 얇게 맞힌다. 찌르는 듯하게 치지 말고 큰 스트로크로 친다.

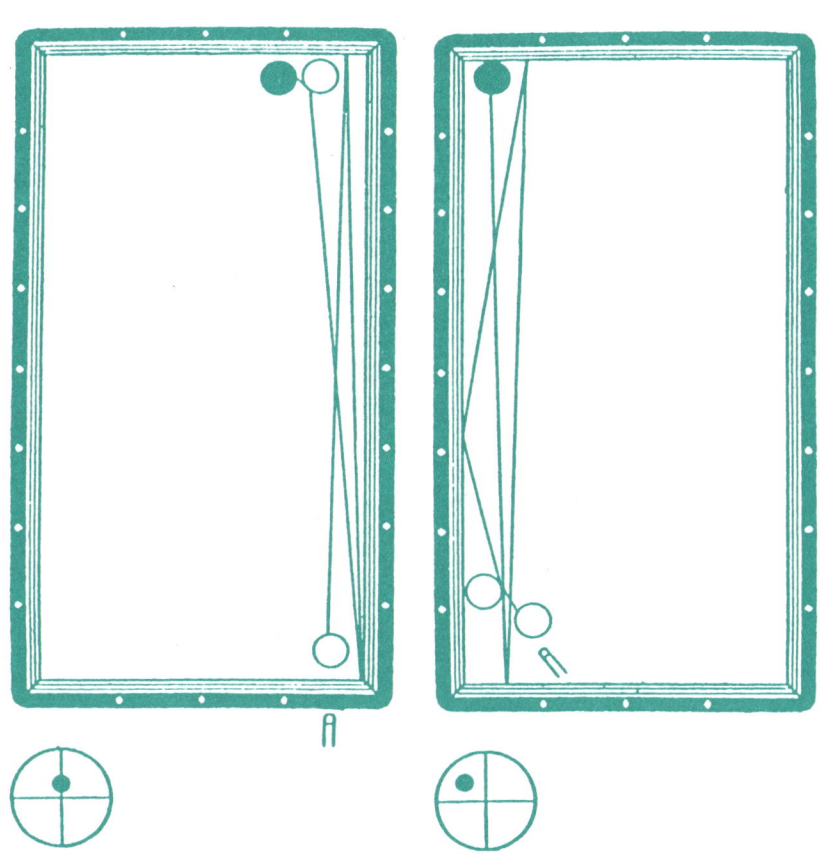

그림 40.   그림 41.

그림 42의 경우에는 오른쪽 아래를 치며 크게 걸쳐치기를 한다. 작은 스트로크로 재빨리 친다.

그림 42.

그림 43에서는 오른쪽 아래를 치며 공 쿠션으로 적구의 중심에서 약간 오른쪽을 맞힌다. 작은 스트로크로 재빨리 친다.

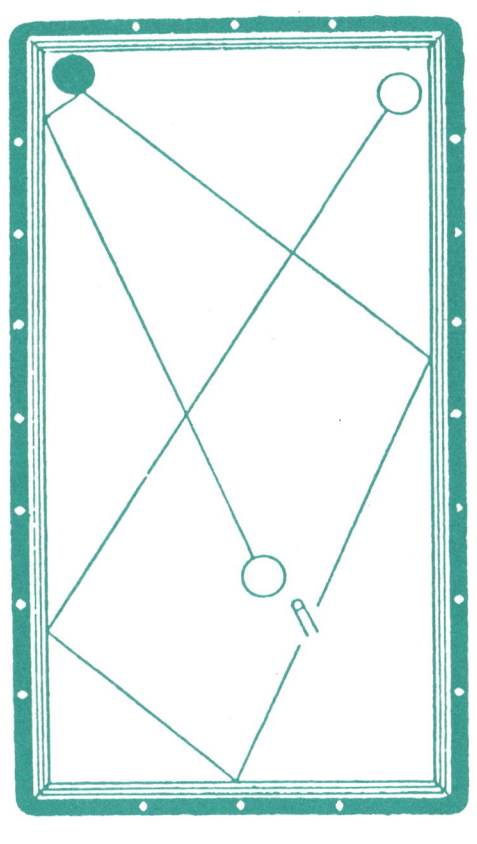

그림 43.

기초 지식 Part 1

당구의 기초 테크닉 Part 2

초보자를 위한 테크닉 Part 3

고급 테크닉 Part 4

숙련자를 위한 실험 테크닉 Part 5

사구 게임의 경기법과 점수 계산법 Part 6

부록 Part 7

지금까지 설명한 사구 게임 외에도 캐롬 게임에는 스리쿠션, 보크라인 게임 등 여러 종목이 있다. 각각의 게임마다 특수한 룰이 설정되어 있지만 캐롬 게임의 대원칙은 수구를 2개의 적구에 맞힌다는 데 있으므로 각 종목마다의 특수한 룰 이외에는 거의 공통된 룰에 입각하여 경기가 실시된다.

스리쿠션 게임

테이블 위에 선을 긋는 것은 아니지만 수구를 2개의 적구에 맞히기까지 3회 이상 쿠션에 들어가지 않으면 득점을 하지 못하는 게임이다. 흰 색깔의 공 2개와 붉은 색깔의 공 1개로 플레이 한다. 현재 실시되고 있는 당구 게임 가운데 가장 고도의 기술이 필요한 게임이라 할 수 있다.

선수권 대회 등에서는 갖가지 규정이 설정되어 있지만 일반 당구장 등에서 플레이하는 경우에는 25이닝을 1게임으로 하는 때가 많으며 그 25이닝에서의 평균 득점수가 핸디캡이 된다. 처음에는 핸디캡 6정도부터 스타트하는 것이 일반적이지만 고도의 기술을 필요로 하므로 득점은 좀처럼 쉽지 않다.

이는 다음의 예로 쉽게 이해할 수 있을 것이다.

세계선수권대회에 출전할 수 있는 자격기준이 있는데 그에 따르면 합계 득점수를 합계 이닝 수로 나눈 평균점이 0.8 이상으로 되어 있다. 즉 세계 톱 클래스의 플레이어라도 1이닝에서 고작 8점을 얻을 수 있을 정도이니 얼마나 고도의 기술이 필요한 종목인가를 알 수 있다.

스리쿠션 게임의 서브

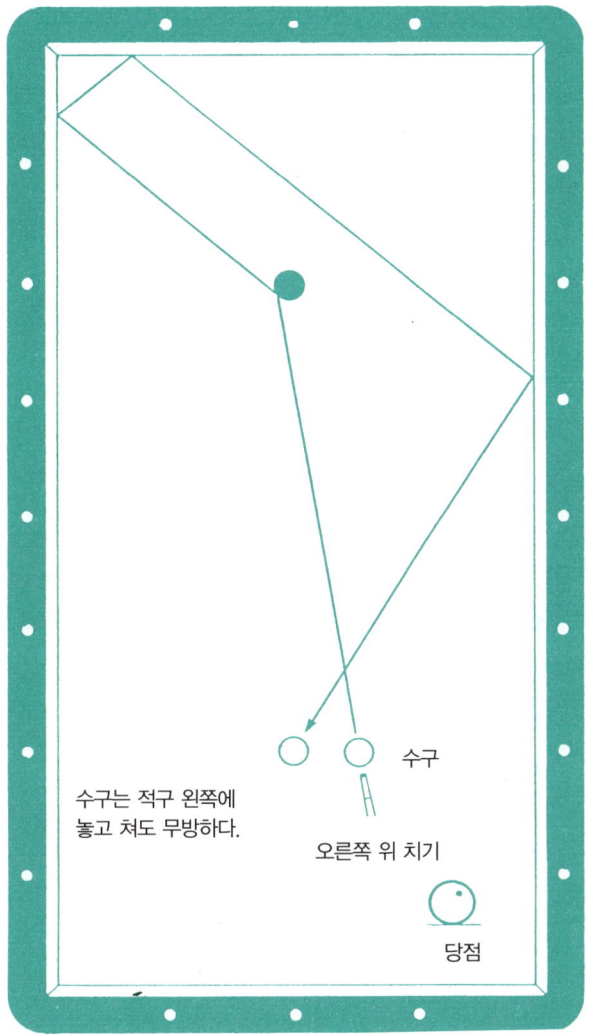

흰 색깔 공을 서브하는 쪽의 스폿, 빨간 공을 반대쪽 스폿 위에 놓는다. 수구는 그림에서는 오른쪽에 놓여있지만 적구의 좌우 17.8cm이내의 선상이라면 좌우 어디에 놓고 샷 해도 무방하다. 화살표는 가장 일반적인 서브 방법을 나타낸 것이다.

파이브 & 하프 시스템

이것도 스리쿠션 게임과 마찬가지로 말하자면 사구 게임의 정석과 같은 것의 하나다.

파이브 & 하프 시스템은 바깥 테두리의 포인트(다이아몬드)에 수구와 적구의 숫자를 정해 놓고 그 숫자를 더하거나 뺌으로써 제1쿠션에 대한 플레이를 계산한다.

계산 방법은 간단하며 마지막으로 들어가는 쿠션 위치의 숫자에서 수구 위치의 숫자를 뺀 숫자가 제1쿠션에 들어가는 숫자가 된다. 그 숫자의 위치를 목표로 치면 되는 것이다. 다만 수구의 숫자보다 큰 수인 제1쿠션과 제3쿠션에는 넣을 수 없기 때문에 주의해야 한다.

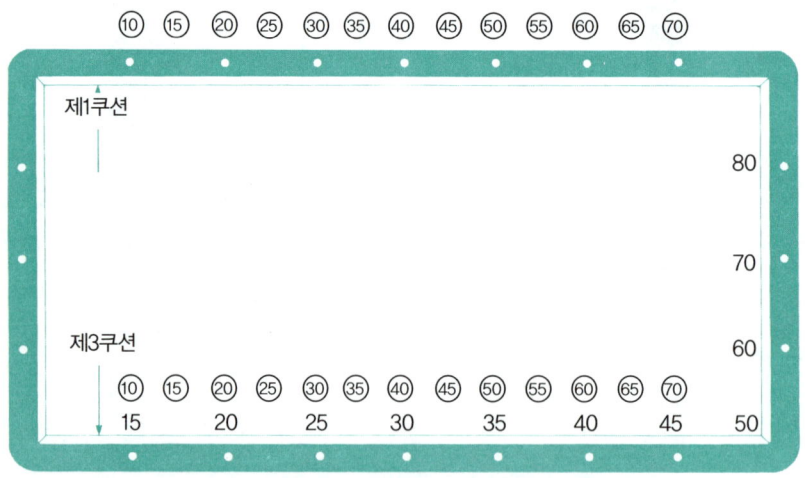

포지션과 숫자

보통 숫자는 수구의 포지션을 나타내며 ○속의 숫자는 쿠션의 포지션을 나타낸다.
이들 숫자를 더하거나 뺌으로써 제1쿠션에 대한 게임을 계산한다.

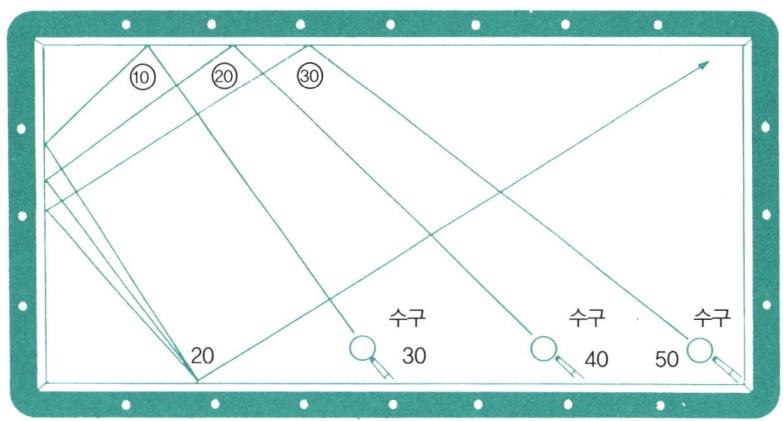

포지션과 숫자 1

적구가 20의 선상(오른쪽 위 코너)에 있을 때, 수구의 위치에 따라 달라지는 제1쿠션에 대한 넣기를 나타낸 것이다.

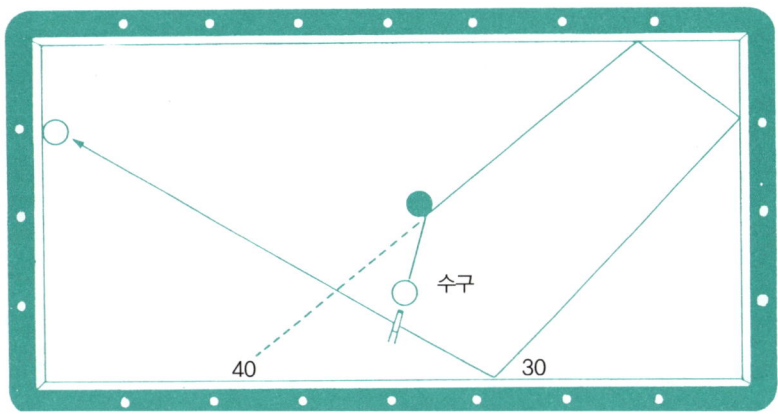

제3쿠션 30에 넣으려면 제1적구가 40의 위치에 있기 때문에 10을 겨냥하여 수구를 제1적구에 맞힌다.

이 계산대로 공을 치기 위해서는 다음과 같은 점에 유의해야 한다.
① 힘의 조절은 보통으로 한다.
② 큐는 조용히 그리고 길게 친다.
③ 당점은 중심으로 한다.
비틀기를 주면 진로가 빗나가기 때문에 반드시 위의 조건을 지키도록 한다.

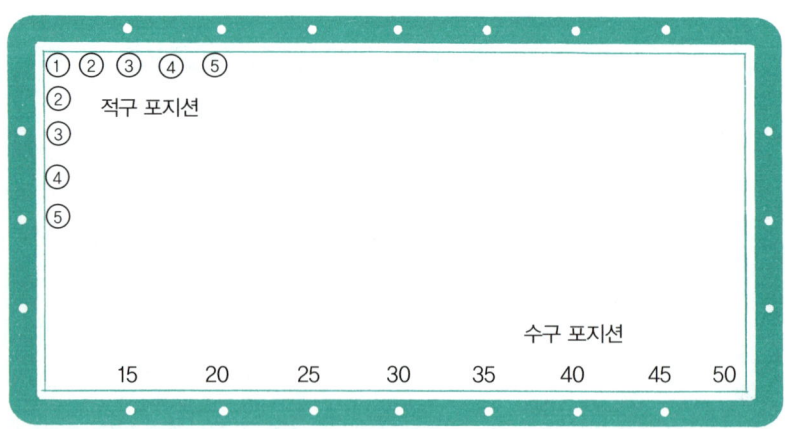

포지션과 숫자 2

수구와 적구의 위치를 숫자로 나타낸 것. 코너 쪽에서부터 포인트와 포인트 사이를 2등분하여 같은 간격으로 점을 정하고 여기에 ①~⑤의 숫자를 정한다.

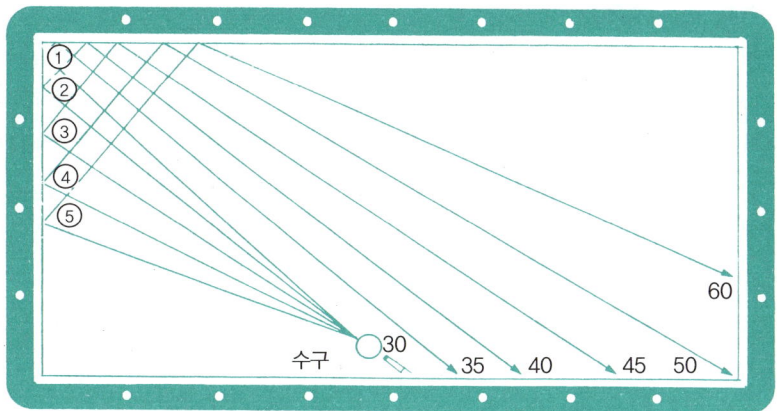

수구의 위치가 30인 경우, 각 포지션에 넣었을 때의 수구의 코스를 나타낸 것.
5에 넣으면 짧은 쿠션으로 반사한다.

제1적구에 맞은 수구의 움직임은 공 쿠션인 때와 반대가 되기 때문에 주의해야 한다.

플러스 투 시스템

앞에서의 파이브 & 하프 시스템이 제1쿠션을 긴 쿠션에 넣는데 대해 플러스 투 시스템은 제1쿠션을 짧은 쿠션에 넣는다. 구체적으로는 다음과 같은 순서로 친다. 우선 짧은 쿠션(제1쿠션)과 긴 쿠션(제2쿠션)의 코너 쪽에서 포인트와 포인트를 2등분하여 같은 간격으로 점을 정하고 여기에 ①~⑤의 숫자를 정한다. 그리고 짧은 쿠션의 ①에 반사시킨 다음 제3쿠션에 들어가게 한다.

마찬가지로 짧은 쿠션의 ②의 위치에 수구를 넣으면 긴 쿠션의 ②에 들어가 반사하고 제3쿠션으로 가게 된다. 또한 수구의 위치의 수가 많아짐에 따라 제3쿠션은 반대쪽의 짧은 쿠션이 된다. 역시 정확한 치기가 절대적 조건이며 이를 위하여는 다음의 두 가지 사항에 유의해야 한다.
① 당점은 좌우 중심으로 하고,
② 부드럽게 친다.
응용 범위는 넓지 않지만 숙련자가 되기 위해서는 마스터 해야 하는 테크닉이다.

맥시멈 잉글리시 시스템

잉글리시라 함은 앞에서도 설명했듯이 비틀기를 가리키는 말이다. 맥시멈 잉글리시 시스템은 그 이름으로도 상상할 수 있듯이 수구에 최대한의 비틀기를 주는 시스템이다. 앞에서 설명한 파이브 & 하프 시스템에서는 이론상으로는 계산대로 공이 가야 하지만 실제로는 진로가 빗나가는 수도 있다. 그 빗나감을 수정하는 것이 이 시스템이다.

예컨대 수구가 50의 위치에 있다고 치자. 이때 제1쿠션의 20에 넣어도 제3쿠션의 30의 위치에 들어가지 않는 경우가 있다. 따라서 30의 위치에서 스리 쿠션시키기 위해 수구에 최대한의 비틀기를 주도록 치는 것이다.

따라서 수구의 당점은 왼쪽 아래나 오른쪽 아래의 한계선이 된다. 비틀기는 오른쪽 비틀기다. 힘의 상태는 보통으로 한다. 스리 쿠션 게임에서는 수구가 긴 거리를 가게 하기 위해 힘껏 치기 쉽지만 너무 강하게 치면 빗나가기 쉽기 때문에 주의해야 한다.

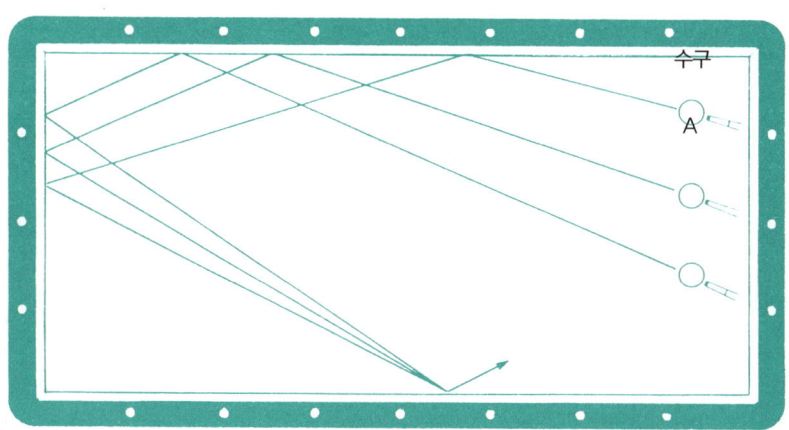

맥시멈 잉글리시 시스템

수구의 위치에 따라 다른 제1쿠션에 넣는 방법을 나타낸 것. A의 경우에 세 번째의 포인트를 겨냥하는 것이 원칙이지만 지나치게 예각이기 때문에 비틀기를 주어 그 앞의 포인트를 겨냥한다.

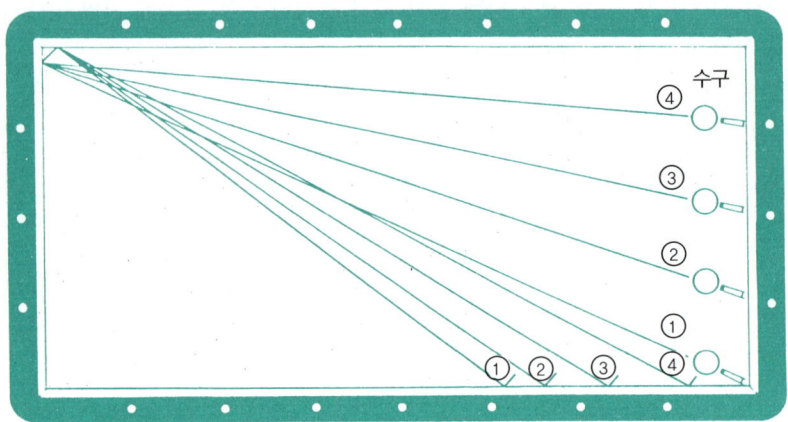

짧은 쿠션 쪽에 있는 수구를 왼쪽 위의 코너에서 투 쿠션시킬 때의 치기와 수구의 움직임을 나타낸 것.

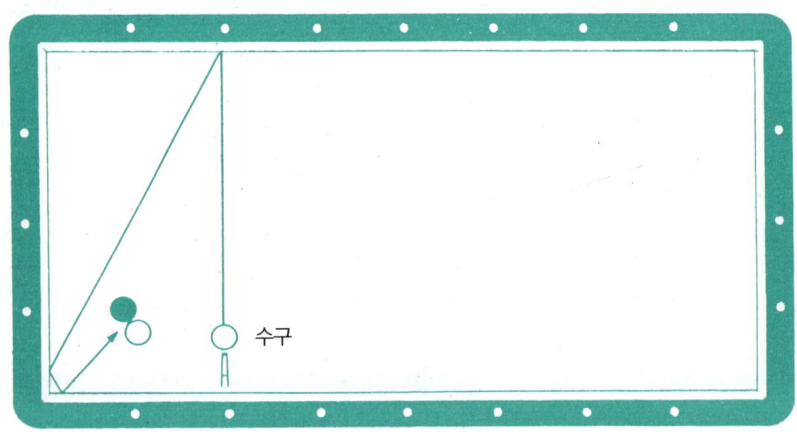

그림과 같은 위치의 공을 공 쿠션으로 칠 때의 방법. 큰 비틀기를 주며 제1쿠션에 들어가게 하고 코너에서 2회 쿠션시킨다.

더블 레일 시스템

앞에서의 세 가지 예는 계산에 의해 치는 위치를 정했다. 이와는 별도의 시스템을 이용하여 보다 확실하게 득점하기 위해 고안된 것이 이 더블 레일 시스템이다.

맥시멈 잉글리시 시스템과 마찬가지로 비틀기를 주지만 더블 레일 시스템은 왼쪽 비틀기로 친다. 즉 당점은 수구 중심의 좌우 어느 한쪽이 된다. 샷은 그다지 힘을 주지 않으며 부드럽게 그리고 길게 치도록 한다.

공이 오른쪽 돌기를 하며 달리는 각도도 쿠션에 들어가게 하려면 수구의 왼쪽을 치도록 한다. 그러면 제1쿠션에서 제2쿠션으로 들어가 반사한 공은 다시금 본래의 제1쿠션으로 돌아온다. 이 원리를 응용한 것이 더블 레일 시스템이다. 예컨대 아래의 그림과 같은 배치인 경우, 파이브 & 하프 시스템이나 플러스 투 시스템으로도 게임이 가능하지만 더블 레일 시스템을 사용하면 보다 더 간단히 그리고 확실하게 성공시킬 수가 있다. 따라서 그 이용가치가 매우 높다고 하겠다.

더블 레일 시스템
수구의 왼쪽을 치며 짧은 쿠션에 넣어 긴 쿠션에서 반사시킨 뒤 다시금 짧은 쿠션으로 되돌아오게 한다. 비틀기의 정도에 따라 제3쿠션의 각도가 달라진다.

리보이스 시스템

더블 레일 시스템과 마찬가지로 역비틀기를 주어 스리 쿠션을 택한다. 다만 역비틀기를 주기 때문에 택할 수 있는 공의 배치에 한계가 있다.

아래의 그림을 보자. 역비틀기를 준 수구는 제1쿠션으로 들어간다. 이 정도의 입사각도면 그 반사각도는 입사각도와 거의 같아진다. 또 제2쿠션에 맞을 시점에서는 보통 비틀기로 쳤을 때와 같은 상태의 공회전이 된다. 당연히 제2쿠션에서의 반사각도는 입사각도보다 넓어지고 제3쿠션으로 굴러간다. 즉 리보이스 시스템은 제1쿠션에서 역비틀기를 주고 제2쿠션 또는 제3쿠션에서 그것을 순비틀기로 바꾸는 방법이다.

따라서 겨냥한 입사각도와 반사각도에 착오가 생기지 않도록 역비틀기를 충분히 주고 보통 힘으로 친다. 또한 나사지에 습기가 있으면 비틀기가 감소되어 겨냥했던 진로대로 가지 않는 수도 있기 때문에 이 시스템을 이용할 때는 그 점에도 주의해야 한다.

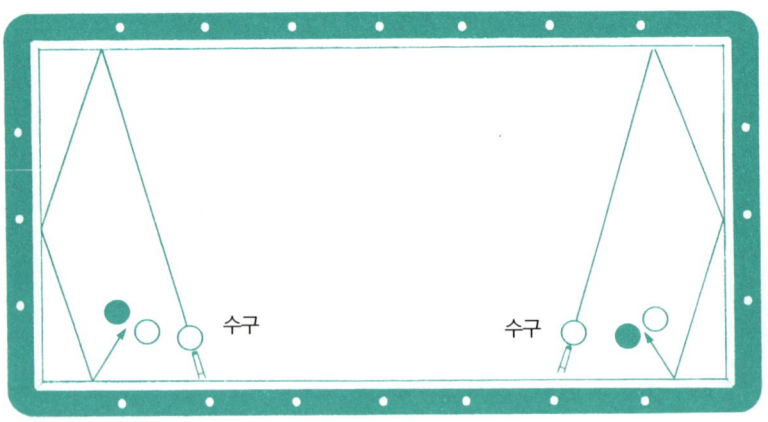

리보이스 시스템

포인트는 제1쿠션의 입사각도와 반사각도. 이 각도가 빗나가면 제2쿠션으로 들어간 수구의 진로가 크게 빗나가게 된다.

노우 잉글리시 시스템

시스템의 이름으로도 알 수 있듯이 수구에 비틀기를 전혀 주지 않는다. 비틀기를 주지 않을 때의 입사각도와 반사각도가 거의 같다는 원리를 응용한 것이므로 당점은 중심이 된다. 큐는 길게 내지르지만 너무 강하게 쳐서는 안 된다.

노우 잉글리시 시스템의 응용 범위는 그다지 넓다고는 할 수 없지만 기초적인 시스템이므로 습득해 두면 꼭 필요할 때가 있을 것이다.

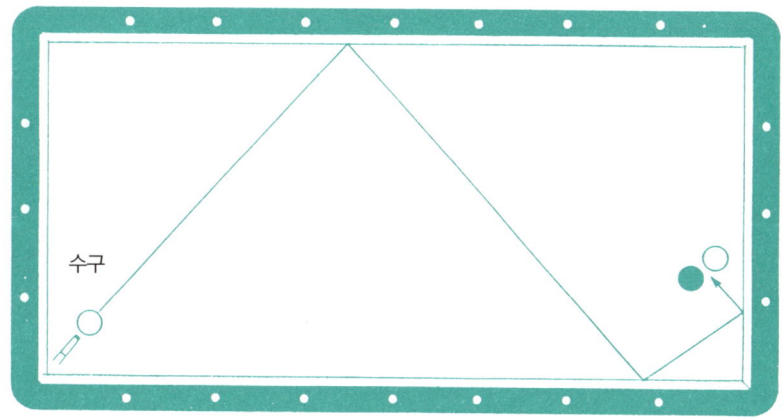

노우 잉글리시 시스템

비틀기를 주지 않을 때의 입사각도와 반사각도는 거의 같다. 그 원리를 응용한 것으로써 제1쿠션에 들어가는 입사각이 잘못되면 그 뒤의 수구의 진로가 빗나가고 만다.

이상 6가지 시스템을 설명했다. 이 6가지 시스템을 사용하면 스리쿠션에서의 성공 가능성은 80% 이상이 된다. 공의 배치는 천변만화다. 어느 하나도 다른 것과 똑같은 형태로 놓이는 경우가 없다. 그러나 이들 시스템을 이용함으로써 80% 이상 성공할 수 있다는 얘기다. 공의 배치를 통해 어느 시스템을 이용하면 확실하게 성공할 수 있을지 정확한 판단을 내리고 미스샷을 하지 않도록 기초적 시스템에 숙달되기 바란다.

보크라인 게임

사구 게임의 연장선상에 있는 게임이지만 사용하는 것은 흰 색깔의 공 2개와 붉은 색깔의 공 1개다. 사구 게임에서는 기량이 숙달되면 무제한으로 연속 득점을 할 수가 있다. 그러나 그렇기 때문에 게임으로써의 재미는 반감되고 만다. 그 점을 보완하기 위하여 테이블 위에 제한 구역을 두고 치는 장소나 횟수를 규제하는 것이 보크라인 게임이다.

사용하는 테이블은 그림에서처럼 테이블 위에 4개(또는 3개)의 선을 긋고 9개(또는 6개)의 구역을 만든다. 그리고 각 선이 쿠션과 접촉하는 곳에 사각형의 앵커를 그린다.

이 9개(6개)의 영역과 각 앵커가 제한 구역이며 이 속에서는 한 번은 그대로 적구에 맞힐 수가 있지만 두 번째의 샷에서는 반드시 적구 가운데 하나를 구역 밖으로 내보내야 한다. 그렇지 않으면 2개의 적구에 맞아도 득점은 없으며 파울이 된다.

다만 이것도 2회 치기 룰인 경우에는 1회째의 샷으로 적구 가운데 1개를 제한 구역에서 밖으로 내보내야 한다. 따라서 보크라인 게임에서는 '0cm

보크라인 게임은 테이블 위에 제한 구역을 두고 치는 장소와 횟수를 규제한 게임이다.

0회 치기'라는 표현을 한다.

'0cm'란 테이블 위에 그리는 선의 쿠션으로부터의 거리를 말하며 47cm(큰 당구대), 42cm(중간 당구대)와 71cm가 있다. 앵커의 크기는 어느 경우에나 17.8㎠가 된다.

47cm(42cm) 보크라인 테이블

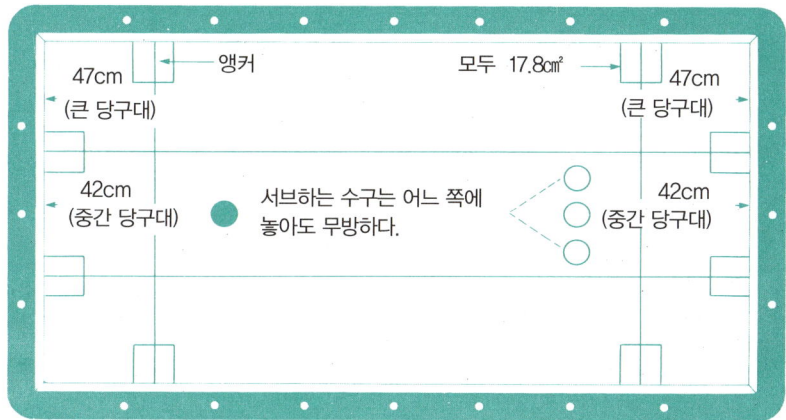

71cm 보크라인 테이블

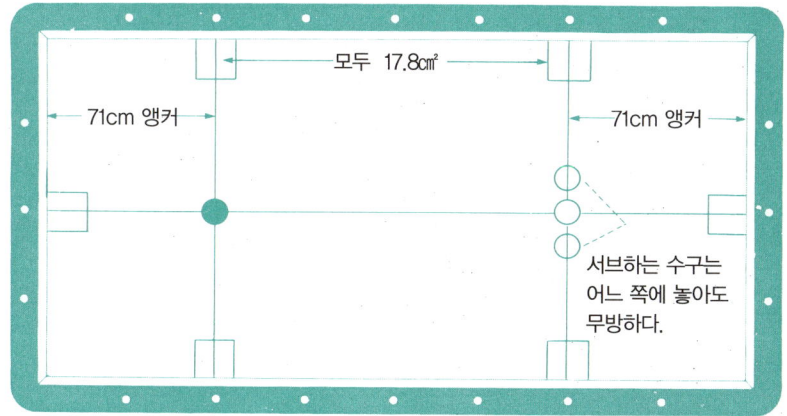

기초 지식 　Part 1

당구의 기초 테크닉 　Part 2

초보자를 위한 테크닉 　Part 3

고급 테크닉 　Part 4

숙련자를 위한 실험 테크닉 　Part 5

사구게임의 경기법과 점수계산법 　Part 6

부록 Part 7

각종 게임의 경기규칙

[캐롬 게임 경기 규칙]

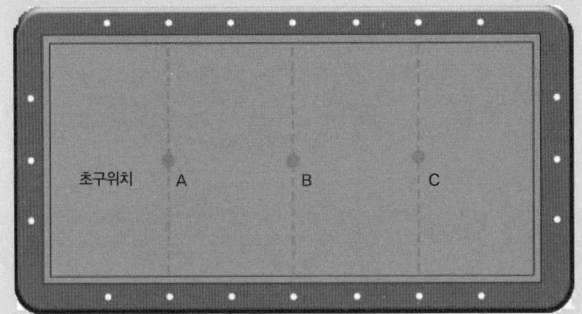

경기에 사용되는 사용구는 Super Aramith Pro -Spotted ball 61.5mm공으로 한다. 초구의 선택은 뱅킹의 승자에게 있다(뱅킹 시 긴 쿠션 맞을 때 초구 선택권 없음). 경기 중 다음의 행위는 공격권을 상대에게 넘긴다(파울 시).

1. 경기 중 옷 또는 손으로 공을 건드릴 경우.
2. 큐로 상대방의 공을 건드릴 경우.
3. 수구 및 목적구가 완전히 정지되기 전에 수구를 쳤을 경우.
4. 양쪽발이 바닥에서 모두 뜬 경우.
5. 큐 미스는 모두 파울로 간주한다.
6. 큐로 수구를 2번 쳤을 경우.
7. 공이 당구대 밖으로 튀어나갔을 경우.
1) 1개가 튀어나갔을 때(수구, 적구, 상대구) B의 위치에 간다.
2) B의 위치에 다른 공이 있을 때
 - 튀어나간 공이 수구일 때 A위치
 - 튀어나간 공이 적구일 때 C위치
 - 튀어나간 공이 상대구일 때 C위치

3) 튀어나간 공이 적구와 상대구일 때 : 상대구는 B의 위치, 적구는 C의 위치

4) 튀어나간 공이 수구와 상대구일 때 : 수구는 A의 위치, 상대구는 B의 위치

5) 튀어나간 공이 수구와 적구일 때 : 수구는 A위치, 적구는 B의 위치

8. 수구가 프로즌 되었을 때(본인의 의사에 따라서 다음과 같이 놓는다)

수구는 A, 적구는 C / 수구는 A, 상대구 B

※ 심판의 판정에 절대 복종하여야 한다(불복종 시 실격 패).

[포켓볼 게임 경기 규칙]

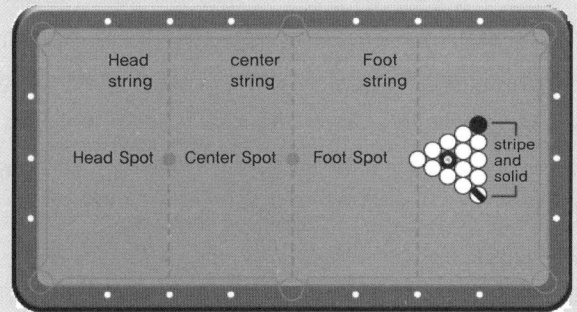

다음의 규칙들은 모든 포켓당구 경기의 진행, 득점, 주관 및 책임에 관련된 사항들이다. 그러나 본 규칙의 규정과 원칙들은 총칙의 일부로 간주되어야 하며, 해당 경기가 공식 경기인지 아닌지의 여부에 관계없이 모든 경기에 합당한 것으로써 적용되어야 한다.

시작 : 뱅킹 (FACE-OFF 또는 LAG) 순번을 정하기 위해 공을 침.

경기 진행

1. 개요

선수가 자기의 순서에서 공을 넣지 못할 경우, 그 선수의 차례는 끝이 나고 상대방에게 차례가 주어진다.

2. 시합 중의 연습금지

진행 중인 시합 이외의 타구 행위는 파울로 간주된다.

3. 협조 금지

시합 진행 중에는 관중들에게 타구의 계획이나 실행과 관련하여 도움을 받을 수 없다. 이

러한 도움을 요청하거나 실제로 도움을 받은 선수는 실격 패 한다. 자발적으로 이와 같은 도움을 제공한 관중 역시 퇴장 조치를 당한다.

4. 경기 중단 불복
선수는 자신의 차례가 끝나면 타구 행위를 중단해야 한다. 즉시 타구 행위를 중지하지 않을 경우, 실격 패한다.(예외는 14-1의 '고의적 파울' 참조)

5. 경기 진행 지연
심판의 판단 하에 해당 경기의 진행에 방해를 초래하고 있다고 인정되는 지연행위의 경우, 타구행위 사이의 시간 간격이 1분으로 제한 되데, 심판이 1분 시간제한을 선언했음에도 불구하고 이러한 시간제한을 어길 경우, 경기 중이던 프레임을 잃게 되며 그 다음 차례의 선수에게 해당 경기에 적용하기가 합당한 규칙에 의거하여 응당한 보상이 주어진다. 이러한 시간제한은 바로 전의 타구행위의 종료시점으로부터 다음 타구행위의 일부로 큐의 끝부분과 공이 접촉하는 순간까지다. 타구행위 진행 중의 시간은 이에 포함되지 않는다. 예를 들어, 자기 차례가 되어 큐볼을 손에 넣어 일체의 스파링이나 정렬이 끝났을 때로부터 시간제한이 적용된다. 제한시간이 경고하기에 앞서 20초 전에, 20초라고 외침으로써 경고를 해주어야 한다. 20초부터 5초 간격으로 남은 시간을 경고해 준다. 정해진 제한시간을 초과한 경우, 한 프레임의 몰수가 선언되고 다음 차례의 선수는 해당경기에 적용 가능한 규칙에 의거한 응분의 보상을 받게 된다. 시간을 체크하는 사람의 부주의나 실수로 인해 시간계산이 늦게 시작되는 경우, 선수는 이로 인한 정당한 이득을 누리게 된다.

6. 경기 중지
만약 심판이 경기를 중지시켰음에도 불구하고 이에 응하지 않은 선수는 실격 패하게 된다. 중지라고 외치는 것만으로도 충분한 경고로 인정된다(참조).

7. 타임아웃
선수는 경기 중 각 세트 간에 한하여 타임아웃을 사용할 수 있다. 타임아웃이 인정되면 심판은 경기 중인 테이블에 타임아웃 표시를 갖다 놓고 해당 테이블에서는 아무도 연습을 할 수가 없다. 일반적으로 선수들은 매 시합마다 최장 5분간의 타임아웃을 1회에 한해 사용할 수 있다. 타임 중 흡연이나 타음료 복용을 금한다. 타임 중 흡연을 한 선수는 게임을 몰수 패하게 된다.

8. 양보

경기 중 양보를 하는 선수는 기권 패하게 된다. 만약 상대방이 경기 중일 때에 큐의 가운데 나사를 풀어서 큐를 분해하는 행위는 기권의 표시로 인정된다. 이러한 기권의 경우, 심판의 경고가 필요치 않다.

9. 기권의 점수 계산
본 규칙에 따라 어떠한 이유로든 기권한 시합에 대해서는 경기 성적집계에 그 점수를 포함시키지 않는다. 기권선언에 앞서 득점한 점수는 아무리 높은 점수일지라도 인정하지 않는다. 공식기록상에는 아예 점수가 남지 않으며, 이겼을 경우에는 W(F), 졌을 경우에는 L(F)라는 표시만 기록해둔다.(자격불충분으로 인한 패배 역시 본 규칙에 의거하여 기권 패로 간주한다). 그러나 만약 상대방의 기권으로 승리를 거두게 된 선수가 기권선언에 하이런(또는 특별상을 받을 만한 이와 유사한 좋은 성적)을 기록하였을 경우, 해당 하이런 또는 이와 유사한 성적에 대해서는 토너먼트 규칙에 준 특별상을 수여한다.

10. 심판 불입회 경기
부득이 심판이 입회할 수 없을 경우, 자기 차례가 아닌 선수가 심판의 임무를 대행한다.

[파울(반칙)]

1. 파울의 정의
1) 수구가 목적공과 접촉하지 못하였을 경우(모든 경기에서).
붙어 있는 공에서도 그 공을 맞추지 않으면 맞은 걸로 인정하지 않는다.
2) 수구가 목적공을 맞춘 후에 쿠션을 맞추지 못할 경우.
3) 수구가 포켓에 넣어졌을 경우.
4) 수구가 테이블 밖으로 나갔을 경우.
5) 목적공이 나갔을 경우.(단 14-1에서는 제외)
6) 심판이 심판을 주관하고 있을 때 큐, 옷깃, 신체의 일부, 큐 보조대 또는 초크 등으로 타구 행위의 전후 또는 진행 중에 큐 볼 또는 표적구를 건드렸을 경우
7) 쿠션에 붙어 있는 공을 친 후에 포켓에 넣거나 다른 쿠션을 맞추지 못했을 경우, 수구가 다른 쿠션을 맞추지 못할 경우
8) 양발이 지면에서 떨어진 경우.
9) 수구가 목적공에 붙어 있거나 쿠션에 붙은 목적공을 수구로 먼저 칠 경우;

① 공이 포켓에 넣어지거나,
② 수구가 쿠션에 접하거나,
③ 쿠션에 붙어 있는 공이 단지 붙은 쿠션을 튀어나오는 것이 아니라 다른 쿠션과 접촉할 것.
④ 또 다른 공이 맞춰져 그 공이 쿠션과 접촉할 것.
10) 공이 멈추기 전에 칠 경우.
11) 점프 및 마세 샷 파울
심판이 주관하는 시합에서 앞을 가로 막고 있는 번호가 매겨진 공을 점프, 우회 또는 마세를 이용해 큐볼이 피해가도록 하려는 시도를 할 경우 가로 막고 있는 공이 움직이면 파울로 간주된다. 이 경우, 가로 막고 있는 공은 쳐야 할 차례의 표적구가 아니며 손, 큐의 후속 동작 또는 큐 보조대 중 하나로 이것을 건드려 움직일 경우를 말한다.
12) ① 공이 붙어 있을 경우, 수구에 정상적인 스트로크로 목적공이 움직이면 정상으로 인정된다.
② 공이 붙은 상태에서 공을 두 번 건드리게 되면 파울을 범한 것으로 간주됨.
③ 약 7mm 정도까지 붙어 있는 공도 붙어 있는 상태로 간주한다.
13) 만약 윗선 안에서의 프리볼을 행할 경우, 심판이 수구가 윗선 밖으로 벗어났음을 지시하는 데에도 불구하고 선수가 공을 그냥 칠 경우.

2. 파울에 대한 벌칙

선수가 파울을 범하고 나면 선수 이름에 파울이 기록된다(단, 14-1은 제외). 다음 차례에 정상적인 샷이 치러지면 파울은 지워진다. 선수가 2번째의 파울을 범하면 이 파울 역시 기록되어지고, 3번째의 샷이 정상적일 경우, 파울의 기록은 모두 지워지지만, 3번째 역시 파울을 범하면 다음의 벌칙이 가해진다.
1) 14-1에서는 선수에게서 15점이 제외되어진다. 파울을 범하지 않은 선수가 요청한다면 공을 다시 쌓고 파울을 범한 선수가 초구를 치게 할 수도 있다.
2) 8볼, 9볼에서는 1프레임의 패배로 처리된다. 목적공과 쿠션의 거리가 공의 지름 정도인 공을 2번 이상 칠 수는 없다. 이는 콤비네이션으로 야기된 상황일 경우에도 마찬가지여서 3번째 칠 경우는 3파울 벌칙이 가해진다. 선수가 2파울에 있을 경우(여러 종류의 파울들이 더해져서나 세이프티의 목적으로 파울이 범해진) 때에 상대 선수나 심판에게 이를 통보해 주어야 한다. 만약 통보가 없었을 경우는 2파울로만 인정.

3) 3파울의 경우 2번째 샷 또는 3번째 샷에서 공을 정상적으로 넣고 파울을 한 경우는 파울의 기록은 모두 지워지고 다시 1파울이 된다.

3. 제삼자의 견해
논란의 소지가 있는 타구의 경우, 자기 차례가 아닌 선수가 일시적으로 경기 관계자 또는 제3자를 초빙하여 해당 타구의 공정성을 판단케 할 수 있다.

4. 분란의 해결
선수 쌍방 간에 논쟁이 발생할 경우, 경기 감독관 또는 경기 감독관이 임명한 대리인이 이를 중재하도록 한다.

5. 스플리트
큐 볼이 쳐야 할 차례의 표적구와 그렇지 않은 표적구에 거의 동시에 접촉하였을 경우, 어느 쪽을 먼저 접촉하였는지를 분간하기 어려울 경우, 판정은 타구를 한 선수에게 유리한 방향으로 결정된다.

6. 래킹
공은 가급적 서로 밀접하게 틀 안에 정렬되어야 하는데, 이는 인접한 공들이 서로 접촉되어 있는 상태를 말한다. 꼭 필요한 경우를 제외하고는 정렬된 표적구들을 건드려서는 안 되며 테이블 위에 깔려있는 천을 고르게 만들기 위해 정렬위치 표면을 세심하게 청소해 두는 것이 바람직하다(경기에 대한 보다 상세한 지침은 "심판 지침"을 참조).

7. 고의적인 파울
어떤 파울도 고의적인 목적으로 행해질 수 있다(단, 큐 끝의 탭 부분에 정상적으로 맞췄을 경우만 인정).

8. 파울에 뒤따라 파울 후에 다음이 따른다.
1) 타구자의 차례가 끝이 난다.
2) 9볼에서의 9번 공이 파울이 되었을 때만 꺼내어진다.
3) 다음 선수는 수구의 위치를 유리하게 위치시킬 수 있다.
(단 14-1에서는 수구가 넣어졌거나 밖으로 나갔을 경우에만)

[스누커 게임 경기 규칙]

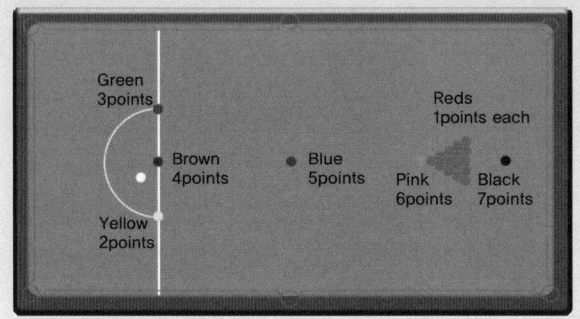

-목적 : 상대 선수보다 더 많은 점수를 내는 것.
-공의 구성 : 빨간 공 15개와 색깔 공 7개 등 22개의 공과 큐 볼이 있다.
-공의 점수: red(1점)-15개, yellow(2점), green(3점), brown(4점), blue(5점), pink(6점), black(7점)이다.
-득점 방법 : 상대 선수의 파울에 의해 점수를 얻는 방법과 목적구를 포켓에 넣음으로써 점수를 얻는 두 가지 방법이 있다. 큐 볼을 제외한 모든 볼이 포켓에 들어가면 게임이 종료되며, 검은 볼 하나만 남아있을 때는, 그로부터 첫 번째 득점 또는 파울 시 게임이 종료된다. 이때 선수들의 점수가 동점일 경우, 검은 볼을 원위치에 놓고 한 선수를 뽑아 자기가 칠 것인지 상대 선수에게 치게 할 것인지 선택권을 준다. 이때 큐 볼은 반원 안에서 원하는 위치에 놓고 칠 수 있으며 역시 첫 번째 득점 또는 파울에 의해 게임이 종료된다.
-초구 : 한 선수를 뽑아 초구를 칠 것인지 선택권을 준다. 이후 게임의 초구는 번갈아 친다. 초구를 치는 선수는 큐 볼을 반원 안에서 원하는 위치에 놓을 수 있다. 초구는 큐 볼이 빨간 볼에 맞지 않았을 때 파울이 되어 상대 선수가 득점하게 되고, (모든 파울 시) 상대 선수는 자기가 칠 것인지 한 번 더 치게 요구할 것인지 선택권을 가진다.

[그 밖의 경기 규칙]

1. 목적구를 넣은 선수는 연속하여 칠 수 있다.

2. 모든 샷(Shot)은 규칙 5, 6번을 항시 충족시켜야만 한다.
3. 빨간 볼이 테이블 위에 남아 있을 경우 다음 선수의 목적구는 빨간 볼이 된다.
4. 정당한 샷으로 포켓에 들어간 어떤 빨간 볼도 점수로 인정하고, 타자는 특정한 빨간 볼을 어떻게 넣을 것인지 밝히지 않아도 된다.
5. 타자의 목적구가 빨간 볼일 때는 큐 볼이 처음으로 맞추는 볼이 빨간 볼이어야 하며, 실패할 경우 파울(Foul)이 된다.
6. 타자가 빨간 볼을 넣은 후 목적구는 컬러 볼이 되며, 빨간 볼이 남아 있는 한 빨간 볼과 컬러 볼이 번갈아 목적구가 된다(컬러 볼이 목적구일 때 타자는 6개의 컬러 중 하나를 선택하여 특정 볼을 목적구로 삼는다. 빨간 볼이 테이블 위에 남아 있고, 목적구가 스트로킹(Stroking) 전에 목적구의 색을 밝혀야 하고, 큐 볼이 처음으로 맞추는 볼은 특정색이어야 한다. 그렇지 않은 경우 파울이 된다.).
7. 타자의 목적구가 빨간 볼일 때 컬러 볼이 들어가면 파울이 된다.
8. 타자의 목적구가 컬러 볼일 때 빨간 볼이 들어가면 파울이 된다.
9. 점프 샷은 국제 경기에서 파울이 된다. 타자가 의도적으로 큐 볼을 점프시키면(테이블 면으로부터), 큐 볼을 가리고 있는 볼을 닿지 않고 넘어가서라도 파울이 된다.
10. 빨간 볼이 테이블에 남아 있을 경우, 들어간 컬러 볼은 다음 스트로크 전에 원위치로 꺼내 놓는다(Spotting). 스포팅이 잘못 되었을 경우(상대 선수 혹은 심판이 2번의 스트로크가 이루어지기 전)에 지속된다. 타자는 큐 볼을 치기 전에 스포팅이 제대로 되었는지 확인해야 한다. 타자의 이닝(Inning) 중에 스포팅할 볼이 테이블 위에 없이 경기가 진행되었을 경우 파울이 선언되며, 파울 발견 전까지 득점한 점수는 인정된다.
11. 빨간 볼이 하나도 남지 않게 되면 타자의 목적구는 컬러 볼이 되며, 그 순서는 점수 순으로 한다(2, 3, 4, 5, 6, 7). 정당하게 들어간 컬러 볼은 스포팅하지 않는다. 단, 동점일 경우 검정 볼은 예외(☞ 득점).
12. 목적구가 아닌 볼이 들어간 경우 빨간 볼은 스포팅하지 않고, 컬러 볼은 스포팅 한다(☞ Spotting Balls).
13. 목적구가 테이블 밖으로 떨어진 경우, 밖으로 떨어진 빨간 볼은 스포팅하지 않으며 타자는 파울을 범한 것이 된다. 밖으로 떨어진 컬러 볼은 스포팅하며 타자는 파울을 범한 것이다(☞ 파울에 대한 법칙).
14. 스포팅 : 빨간 볼은 스포팅하지 않는다. 컬러 볼은 초구 세팅과 같이 스포팅하며, 특

정 색의 볼 위치를 다른 볼이 가렸을 때(그 볼을 건드리지 않고 스포팅이 불가능할 경우) 비어있는 가장 높은 점수의 위치에 스포팅한다. 비어있는 곳이 없을 때는 탑쿠션과 일직선상에서 가능한 가까이 스포팅한다.

[잉글리시 빌리아드 경기 규칙]

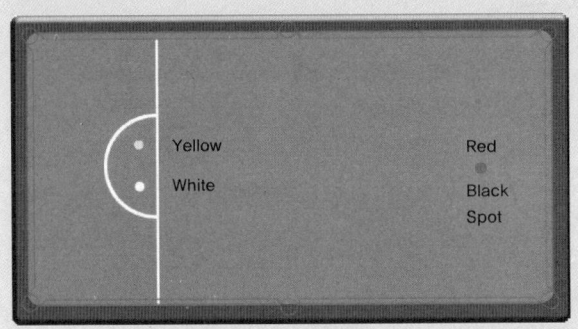

1998년 방콕 아시안게임 때부터 금메달 2개가 걸린 정식종목으로 채택되었다.
스누커 테이블에서 3개의 스누커 공을 이용하여 행하는 경기다.
-게임형태
1. 초구 : 공 3개(큐 볼, 황색 공, 적색 공)로 하는 게임. 동전 토스로 초구를 치는 선수를 결정하여, 게임은 테이블 위 D Zone안에서 단지 자신의 큐 볼과 적색 공만을 가지고 시작한다. 큐 볼은 흰색 공과 황색 공을 선택할 수 있다(두 번째 선수는 초구를 치는 선수의 첫 번째 이닝을 위해서 자기 큐 볼을 제거한다.). 적색 공은 black spot에 놓는다.
2. 초구를 친 후에 다음 공격자는 자기 큐 볼을 D Zone 어디든 놓고 칠 수 있다. 보크라인에 적용된다(보크라인 적용 : 자기 공이 D Zone으로 오는 경우 보크라인 밑에 있는 공을 칠 수 없다. 라인을 벗어난 쿠션을 먼저 치고 볼을 쳐야만 한다.).
3. 공격자의 큐 볼이 in-off 되면 D Zone으로 꺼낸 다음 계속 친다(playing from hand).-항상 보크라인을 적용함.
4. 빨간 볼이 potting 되면 매번 black spot 지점에 다시 배치한다. 이때 다른 볼이 이 지점을 점유할 때는 pink spot 지점에 놓는다. pink spot도 점유될 경우는 blue spot 에 놓는다.

5. 빨간 볼을 연속으로 집어넣을 경우 black spot에 2번 놓은 다음에는 blue spot에 1번 놓는다. 이것을 번갈아 가면서 한다.
6. 상대방의 큐 볼을 potting하면 그 큐 볼은 공격자의 공격이 끝날 때까지 그대로 두었다가 공격권이 넘어 올 때 상대방이 큐 볼을 꺼내 D Zone에 놓고 시작한다.
7. Limitation(제한) : 15번 hazzard(심판이 10번째는 반드시 선언한다.) 75번 canon(70번째 선언한다) 후에는 hazzard 공격으로 바꾸어야 한다.
8. 공격자가 faul한 후에는 상대방이 있는 그 상태에서 치거나, re-setting 할 수 있다. 빨간 볼을 black spot에 상대방 큐 볼은 blue spot 지점에 놓고 공격자의 큐 볼은 D Zone에 놓고 칠 수 있다(in-hand).
9. touching ball일 경우 : red는 black spot, 상대 큐 볼은 blue spot 지점에 놓는다(re-setting).

득점방법
1. pot : 상대방 큐 볼(2점), red(3점).
2. canon : 공격자의 큐 볼로 2개의 볼을 맞추었을 때(2점).
3. 공격자의 큐 볼이 빨간 볼을 집어넣고 자신도 포켓에 들어갔을 때 : 6점.
4. in-off : 큐 볼이 상대방 큐 볼을 맞추고 포팅되면 in-off white(2점) 큐 볼이 red 볼을 맞추고 포팅되면 in-off red(3점).
5. 공격자의 큐 볼이 red볼을 먼저 맞힌 후 상대방 큐 볼을 맞히고 자기공이 들어갔을 경우 5점이며, 상대방 큐 볼을 먼저 맞힌 후 빨간 볼을 맞히고 자기 공이 들어갔을 경우는 4점이다.
6. 모든 faul과 miss는 상대방에게 2점을 추가한다.
*hazzard : pot과 in-off를 통틀어서 말하는 것.

[예술구 경기규칙]

제1조 대한당구연맹은 예술구 경기를 행함에 있어 대한당구연맹 경기규정에 따라 이에 경기규정을 제정한다.
제2조 예술구 경기 출제 종목은 UMB(세계당구연맹) 공인 60종목에서 30문제를 출제

한다.(단, 경기 진행방법의 필요에 따라 국내 종목에서 선정 출제할 수 있다.)
제3조 출제 종목의 점수는 UMB 공인점수로 하고 국내지정 및 자유종목의 점수는 심판위원의 협의 하에 결정한다.
제4조 출제 종목공의 위치는 심판위원이 놓아 준다.
제5조 출제 1종목마다 경기방법에 따라 1차 시기부터 3차 시기까지 경기할 수 있다.
제6조 경기 중 아래 사항은 한 차례 시기의 실격으로 판정된다.
(가) 공 건드리기.
(나) 공이 밖으로 튀어 나갔을 시.
(다) 큐 미스가 났을 시.
(라) 출제 종목에 명시된 쿠션 수 이하로 쿠션을 맞고 목표구에 적중하였을 시.
(마) 심판이 공을 놓은 위치를 거부할 시.
(바) 장애물을 수구 등으로 건드렸을 시.
제7조 전항 제6조 사항의 경우 경기방법이 1종목마다 3차 시기까지 경기할 수 있는 규칙일 시엔 1차 시기 실격이며 2, 3차 시기까지 경기할 수 있다.
제8조 경기 중 큐 미스가 발생하였을 시 종목의 명시된 시스템으로 목표구의 적중하였을 시는 득점으로 인정한다.
제9조 경기 중 종목에 명시된 쿠션 수 이상으로 쿠션을 맞고 시스템의 방향으로 목표구에 적중하였을 시 득점으로 인정한다.
제10조 경기 전에 심판이 놓아 준 공의 위치에 이의가 있을 시 경기 전의 위치 변경을 제기할 수 있으나 심판이 인정하지 않을 시는 그대로 경기를 해야 한다.
제11조 최종합계점수가 동점일 시는 동점자 최고 이닝이 낮은 선수가 승자로 한다.
제12조 득점점수는 3차 시기에 성공하면 유효하다.
〈 내용 출처 : 대한 당구 연맹 〉

일본어의 잔재가 남아있는 당구 용어

우리나라에 당구가 전래된 역사를 알리는 유일한 기록은 〈순종국장록〉으로써 이에 따르면 한일합방이 있기 1년 전인 1909년에 순종이 체력단련으로 또한 어전놀이로써 당구대 2대를 창덕궁 동행각에 설치하여 몸소 즐겼던 것으로 되어 있다.

순종 때 들어온 이후 한일합방이라는 국가적 비극을 겪었고 일본에 의해 문화가 전해지고 한일합방 이후 일본의 압제 하에 있었으니 일본말로 전해졌으니 어쩌면 일본말로 전해진 것은 역사적인 환경 때문이라고 볼 수 있다.

영업용 당구장이 처음 등장한 것은 1923년으로 명동의 진고개에 '파주정'이라는 당구장을 일본인이 경영하였고, 최초의 한국인이 운영하는 당구장은 1924년 임정호씨가 조흥은행 본점 건너편에 '무궁헌'이라는 이름으로 2대의 당구대를 설치 개업함으로써 최초의 한국인이 운영하는 당구장이 생겼다. 이렇게 당구는 일본에서 우리나라로 들어온 것으로 처음부터 모든 당구용어는 일본말이었으나 앞으로는 우리말로 순화해서 써야겠다. 이에 아래와 같이 고쳐 써 보자.

일본말	우리말
히끼	끌어치기
기리히끼(기래비끼)	짧게 끊어치기
오시	밀어치기
무시	중심 치기, 무회전
다마	공
백다마	수구
아까다마	적구, 목적구, 빨간 공
히내리(시내루)	비틀기, 회전
오마와시(오마오시)	크게 돌리기, 앞으로 돌리기
우라마와시	뒤로 돌리기, 바깥 돌리기
하코마와시	옆으로 돌리기, 상자 돌리기
리주마와시, 레지	두 번 돌리기, 대회전
기레가에시(기대까시)	잘라 치기(빗겨 치기)
히까끼(히까께)	앞으로 걸어치기
다데(다대가에시)	길게 치기(길게 잡기)
나메(나미)	얇게 치기
가락	쿠션 먼저 치기

다마꼬, 쫑다마	부딪혀 치기
리꾸	두 번 치기
겐세이	견제, 수비
세리	모아치기
제시	정회전
갸꾸	역회전
겜베이(겐뻬이)	편 가르기, 복식
리보이스	리버스
쫑	트라이(try)
떡	붙은 볼
라사	당구지
다이	당구대
야스리	줄
답브	팁(tip)
후루꾸, 뽀로꾸	럭키 샷(플루크, fluke)
바라다마	벌려치기
삑사리	미스 큐(miss cue)
가라쿠션	공 쿠션치기
긴다마	쉬운 공
기리오시(기대오시)	짧게 밀어치기
기마와시	돌리기
우라까이(당구지)	뒤집기
시로다마(히로다마)	하얀 공
가라꼬	공 쿠션 돌리기
가에리	돌려오기
산주마와시	세 번 돌리기
사끼다마	앞 공
쓰리끼리	단번 치기
가와	연결판
아까도리	빨간 공 치기
구멍 가락구	구멍 치기
아데	취부목
아시바	돌받침목

오모데까에시	안돌리기
오수리	대수리
오시	밀어치기
오시누끼	밀어 뻗어 치기
완전가락구	완전 치기
다마사와리	공 건드리기
요세다마	모아치기
요코히끼	옆 끌기
대아이	마주치기
덴빵	위틀
짱골라	길게 꺾기
접시	역치기
조단조	되오기 치기
투가락구	걸어치기
마시	다 맞히기
헤리다	옆 모서리판
마와시	돌리기
사끼가리	상목교체

〈내용출처 : 생활 속의 일본어/ billitopia/ yick〉

당구의 매너

당구가 대중의 스포츠로 자리 잡은 것은 얼마 되지 않은 일이다. 지금은 많은 수의 당구장이 새로 생기면서 시대의 흐름에 맞게 시설도 고급화되고 당구장의 모습이 영화나 TV를 통해 새롭게 비춰지면서 과거에는 볼 수 없었던 여성 당구인과 가족 단위로 경기를 즐기는 모습을 어렵지 않게 볼 수 있게 되었다. 이런 현상은 당구를 건전한 스포츠로 대중화시키는 데 견인차 역할을 하지만 가끔 나쁜 매너를 가지고 경기를 하는 사람들 때문에 주변 사람들의 인상을 찌푸리게 한다. 다른 스포츠도 마찬가지이지만 특히 당구는 다른 스포츠와는 달리 남녀노소가 한자리에 모여 경기를 치를 수 있기 때문에 올바른 매너는 필수인 것이다.

1. 담배를 입에 물거나 피우면서 플레이하는 것을 삼간다.

   가까운 테이블에서 나이 많은 어른들이 경기를 하고 있을 때, 그 옆에서 젊은 사람들이 담배를 입에 물고 경기를 하는 것을 보면 꽤나 보기에 좋지 않다. 또 피우던 담배를 테이블 가에 놓는 경우가 있는데 이때에는 테이블이 더러워질 뿐만 아니라 경우에 따라서는 쿠션이나 테이블의 천을 태울 수 있다. 담배를 꼭 피우고 싶으면 재떨이 근처나 휴게실에서 피우도록 한다. 물론 정식 시합(당구대회 등)에서는 금연이다.

2. 술을 마시고 경기하는 것을 삼가자.

   술을 마시고 경기를 하다보면 평소보다 자기 억제가 되지 않아 감정이 격양되어 있는 상태에서 큰 소리로 웃거나 거친 발언, 난폭한 행위를 하기 쉽다.

3. 주위 사람에게 해가 안 되도록 조용히 경기를 한다.

   크게 떠들거나 큰소리로 웃으며 게임을 하는 것은 다른 사람들을 불쾌하게 만들 수 있는 행위다. 물론 당구도 승부를 가리는 스포츠이므로 본인이나 자신의 팀이 승리를 할 경우 승리의 함성 정도는 당구장의 분위기를 더욱 고조시키는 활력소가 되지만 전자와 같은 행동들은 필히 삼가야 한다.

4. 당구대 위에 마실 것이나 담배를 놓지 않는다.

5. 당구 테이블에 앉지 않는다.

   당구대는 의자가 아니다. 간혹 테이블에 걸터앉거나 기대는 것을 볼 수 있는데 이럴 경우 테이블의 수평이 틀어질 수 있다.

6. 큐대를 난폭하게 다루거나 휘두르지 말자.

7. 쵸크칠은 그립을 잡는 손을 사용한다.

    흔히 당구장에서 보면 브리지를 하는 손으로 소리 나게 쵸크칠을 하고 테이블 옆을 '탕' 하고 치고 나서 샷을 하는 사람들을 많이 본다. 그러면 쵸크가 팁의 모서리에만 칠해져 미스 샷의 확률이 높아지고 테이블을 큐대로 때리면 큐의 상대에 흠집이 생기게 된다.

8. 옆 테이블의 경기에 지장이 없도록 주의를 기울여야 한다.

    당구장에서는 영세성으로 인해 테이블의 배치를 좁게 해놓는 경우가 많다. 게임에 집중하다보면 다른 테이블에서 경기하는 사람과 부딪치거나 플레이를 방해하는 경우가 생기는데 타 테이블의 게임에 방해가 되지 않도록 주의하는 것이 매우 중요하다. 또한 실수로 방해가 되었을 때는 반드시 사과를 해야 한다.

9. 게임상대의 플레이에 영향을 미칠 수 있는 언행(일명 '구찌')을 삼가야 한다. 상대방의 좋은 플레이에 나이스 샷 등의 말을 제외하고는 경기 중 될 수 있으면 말을 많이 하지 않는 것이 좋다.

10. 의도하지 않은 샷이 성공할 경우에는 반드시 인사를 하여 미안함을 표시하고 상대방은 비난하거나 야유해서는 안 되며 상대방의 행운을 축하해 준다.

11. 경기테이블 위로 쵸크 가루나 분가루 등이 떨어져 당구대의 상태에 영향을 미치지 않도록 당구대를 깨끗이 사용해야 한다. 당구대 위에서 쵸크칠을 하거나 손에 분을 지나치게 발라서 당구대 위에 손도장을 여기저기 찍는 행위는 예의에 어긋날 뿐 아니라 당구대 상태를 안 좋게 하는 요인이 된다. 게임을 한 사람이 고수인지 하수인지는 사용하고 난 테이블 상태를 보면 알 수 있다.

12. 상대방이 샷을 할 때는 시야나 진로에 방해가 되지 않는 곳에서 대기해야 한다. 테이블 주변을 왔다 갔다 하거나 경기력에 영향을 줄 수 있는 행동을 해서는 안 된다.

13. 상대방이 샷을 할 때는 관심을 가지고 주의 깊게 지켜본다. 간혹 자기 차례가 아니면 TV앞에 가서 다른 프로그램을 시청하고 상대가 몇 점을 쳤는지 관심도 없는 사람들이 있다.

14. 빈쿠션치기(가락)를 시도할 때 쵸크를 목표지점에 올려놓고 샷을 하면 안 된다.

15. 자기공격 시에 너무 인터벌을 길게 가져가 상대방에게 피해를 주면 안 된다.

〈내용 출처 : 빌리어드 매니아 클럽/ 유성당구사랑모임〉

미국당구협의회(BCA) 제정 당구용어 및 정의

다음은 미국당구협의회(BCA)가 제정한 게임룰을 적용할 때 필수적인 당구 용어들이다. 정리의 편의상 영미인(英美人)들이 쓰는 용어를 원어 그대로 표기하였으며 괄호 안에는 이 용어의 원문 표시와 용어가 주로 쓰이는 게임 형식을 표시한 것이다. 순서는 알파벳 순이다.

[A]

앵글드(ANGLED : 스누커, 포켓 게임)
포켓의 코너가 수구를 적구에 직접 샷하는 것을 방해할 경우.

앵글 샷(ANGLE SHOT : 포켓 게임)
적구에 샷을 하여 적구를 일직선이 아닌 방향으로 이동시킬 때의 샷(컷 샷 참조).

트라이앵글 에이펙스(APEX OF TRIANGLE : 포켓 게임)
적구의 그룹에서 풋 스폿의 지점. 피라미드나 랙의 꼭대기 볼의 위치.

어라운드 더 테이블(AROUND THE TABLE : 캐롬 게임)
수구가 보통 두 개의 짧은 쿠션을 포함하여 3개 이상의 쿠션을 쳐야 하는 샷.

[B]

밸런스 포인트(BALANCE POINT : 전체 게임)
큐대를 받침대에 올려놓았을 때 균형을 이루는 지점. 보통 큐의 밑둥에서 18인치 되는 거리에 있다.

볼 온(BALL ON : 스누커)
플레이어가 정상적으로 포켓에 넣기로 된, 적색이 아닌 색깔이 있는 볼. 온 볼과 같은 용어다.

뱅크 샷(BANK SHOT : 포켓 게임)
적구가 포켓에 들어가기 전에 한 개 이상의 쿠션에 맞을 경우. 우연히 맞거나 쿠션에 붙어 있는 경우는 쿠션이나 뱅크로 인정하지 않는다. 이 샷은 분명하지 않기 때문에 콜을 하여야 하는 샷의 경우 이를 구두로 지정하여야 한다(킥 샷 참조).

테이블 베드(BED OF TABLE : 전체 게임)
쿠션 안에 있는 천으로 덮인 평평한 바닥. 쿠션을 제외한 플레이 에어리어.

빌리어드(BILLIARD : 캐롬 게임) 카운트 또는 스코어. 득점 샷.

블라인드 드로(BLIND DRAW : 전체 게임)
토너먼트 게임에서 플레이어들을 완전히 임의로 짝을 짓는 방식.

바틀(BOTTLE : 포켓 게임) 특이한 유형의 고무 또는 프라스틱 용기.

브레이크(BREAK : 포켓 게임) 오픈 브레이크 및 오프닝 브레이크 샷 참조.

브레이크(BREAK : 스누커) 한 이닝에서의 토탈 스코어.

브레이킹 바이얼레이션(BREAKING BIOLATION : 포켓 게임)
오프닝 브레이크 샷에만 적용되는 일정한 룰의 위반. 개별 게임에서 특별히 규정하지 않았을 경우 브레이킹 바이얼레이션은 파울이 된다.

브리지(BRIDGE : 전체 게임)
플레이 중에 큐의 샤프트 끝을 고정시키는 손의 모양. 머케니컬 브리지 참조.

버스트(BURST : 포티-원(FORTY-ONE), 포켓 게임)
41포인트 이상을 득점할 경우.

큐 버트(BUTT OF CUE : 전체 게임)
팁의 반대쪽에 있는 큐의 두꺼운 부분. 두 쪽으로 된 큐의 경우에는 조인트 부분까지를 버트라 한다.

[C]

콜 샷(CALL SHOT : 포켓 게임)
샷을 하기 전에 플레이어가 볼과 볼이 들어갈 포켓을 지정해야 하는 조건.

콜드 샷(CALLED SHOT : 포켓 게임) 플레이어가 지정한 볼.

콜드 포켓(CALLED POCKET : 포켓 게임) 플레이어가 지정한 포켓.

캐롬(CAROM : 전체 게임)
적구나 쿠션을 칠 때. 수구가 적구를 치고 또 다른 적구를 칠 때, 이를 캐롬이라 한다.

캐롬, 스코어링(CAROM, SCORING : 전체 게임)
일정한 규칙에 따라 수구가 적구, 바틀 또는 쿠션에 맞아 정식으로 득점이 되는 경우.

센터 스폿(CENTER SPOT : 전체 게임) 테이블의 정확한 센터 지점.

초크(CHALLK : 전체 게임)
큐팁과 수구 사이가 볼을 칠 때 미끄러지지 않도록 큐팁에 칠하는 건조한 연마성 재료.

처크 너스(CHUCK NURSE : 스트레이트 레일 빌리아드)
한 개의 적구가 쿠션에 붙어 있고 두 번째 적구는 쿠션과 떨어져 첫 번째 볼에 붙어 있을 때의 샷 테크닉. 수구는 먼저 쿠션에 붙은 볼을 치고 다음에 두 번째 볼을 쳐서 이 볼이 바깥으로 나가지 않도록 하여 다음에 비슷한 샷을 할 수 있도록 한다.

클린 뱅크(CLEAN BANK : 뱅크 포켓 빌리어드)
적구가 다른 적구에 닿지 않도록 하는 샷.

클리어 볼(CLEAR BALL : 캐롬 게임)
캐롬 게임에서 사용하는 아무런 표시가 없는 흰색 볼.

콤비네이션(COMBINATION : 포켓 게임)
수구가 포켓에 들어갈 볼을 치기에 앞서 다른 볼을 치는 것.

콤비네이션 온(COMBINATION ON : 포켓 게임)
한 개의 볼이 콤비네이션 샷으로 포켓에 들어가도록 두 개 또는 그 이상의 볼이 위치하는 것. 데드 콤보(Dead Combo) 또는 온 콤보(On Combo)라고 부르기도 한다.

콘텍트 포인트(CONTACT POINT : 전체 게임)
수구가 적구를 칠 때 수구와 적구 사이의 정확한 접촉 지점.

코너 훅(CONER HOOCKED : 포켓 게임, 스누커)
수구가 포켓의 코너로 인해 적구를 바로 칠 수 없을 경우.

카운트(COUNT : 전체 게임) 성공적인 샷 스코어.

카운터 더(COUNT, THE : 전체 게임)
연속적으로 스코어가 될 경우의 현재 스코어.

크로스 코너(CROSS CORNER : 포켓 게임)
쿠션을 치고 코너 포켓에 들어가는 뱅크 샷.

크로스 사이드(CROSS SIDE : 포켓 게임)
쿠션을 치고 사이드 포켓에 들어가는 뱅크 샷.

크로스 테이블 샷(CROSS TABLE SHOT : 캐롬 게임)
긴 쿠션 사이의 테이블을 가로질러 득점할 경우의 샷.

크로치(CROTCH : 캐롬 게임) 머케니컬 브리지의 속어.

큐(CUE : 전체 게임)
수구를 쳐서 캐롬 샷이나 포켓 샷을 하는데 사용되는 막대.

큐 볼(CUE BALL : 전체 게임) 항상 큐대로 치는, 숫자가 없는 흰색 볼. 수구(手球).

큐 볼 인 핸드(CUE BALL IN HAND : 포켓 게임)
수구는 테이블 위의 어느 지점에든지 놓고 샷을 할 수 있다.

헤드열 뒤에서의 큐 볼 인 핸드(CUE BALL IN HAND BEHIND THE HEAD STRING : 포켓 게임)
수구는 헤드열과 테이블의 헤드 끝 사이 임의 지점에 놓고 플레이를 개시할 수 있다.

큐 팁(CUE TIP : 전체 게임)
수구와 접촉하는, 샤프트 끝에 부착된 특별 가공한 가죽으로 된 부분.

쿠션(CUSHION : 전체 게임)
캐롬 및 포켓 게임에 있어 레일의 내부를 경계로 하는 천으로 덮인 고무 부분.

컷 샷(CUT SHOT : 포켓 게임)
수구를 적구의 중심 이외 부분에 쳐서 처음 수구의 방향과 다른 부분으로 이동되도록 하는 샷.

[D]

D(스누커)
반원형으로 된 부분, 일직선 부분은 헤드열과 헤드 스폿을 중심점으로 형성됨. 반원의 반경은 사용하는 테이블의 크기에 따라 달라진다.

데드 볼(DEAD BALL : 포켓 게임)
수구의 스피드나 스핀을 거의 적구로 전달하여 적구를 친 후에 수구는 거의 움직임이 없도록 하는 샷.

데드 콤비네이션(DEAD COMBINATION : 포켓 게임) 콤비네이션 온 참조.

다이아몬드(DIAMONDS : 전체 게임)
참고용 또는 타겟 포인트로써 사용하는 테이블 위의 마크. 포켓 게임에 주로 사용하지만 캐롬 게임 플레이어에 사용되는 여러 수학적 시스템의 적용에 있어 필수적인 것이다.

드로 샷(DRAW SHOT : 전체 게임)
수구를 중심점 밑으로 쳐서 적구를 친 다음에 방향을 바꾸는 샷.

드롭 포켓(DROP POCKETS : 포켓 게임)
테이블의 풋 끝으로 볼을 자동으로 회수하는 장치가 없는 포켓. 볼을 손으로 들어내야 한다.
더블 드로 샷(DOUBLE DRAW SHOT : 전체 게임)
드로 스트로크를 강하게 쳐서 수구가 적구에 맞은 다음에 쿠션에 닿아 리바운드될 때 언더 스핀이 리바운드의 속도를 이겨내어 수구가 멈춘 다음 다시 방향을 바꾸도록 하는 샷.
더블 일리미네이션(DOUBLE ELIMINATION : 전체 게임)
한 플레이어가 두 번 질 때까지 탈락하지 않는 게임 형태.
더블 히트(DOUBLE HIT : 전체 게임) 한번의 샷에 수구를 두 번 치는 것.
더블 라운드 로빈(DOUBLE ROUND ROBIN : 전체 게임)
한 팀의 한 플레이어가 다른 팀의 플레이어와 두 번 경기하는 것.

[E]

잉글리시(ENGLISH : 전체 게임)
수구를 중심 이외 부분에 때려 사이드 스핀이 되도록 하는 것. 수구나 적구의 방향을 바꿀 때 사용한다.

[F]

페더 샷(FEATHER SHOT : 전체 게임) 수구가 적구를 매우 얇게 치는 샷.
페럴(FERRULE : 전체 게임)
큐대의 끝에 있는 보통 상아나 플라스틱으로 되어 있는 보호 기구. 이 곳에 큐팁을 부착시킨다.
폴로 샷(FOLLOW SHOT : 전체 게임)
수구를 중심 위 부분에 쳐서 볼이 적구와 같은 방향으로 가도록 하는 샷. 수구에 가해지는 오버 스핀으로 인하여 수구의 속도는 정상적인 속도보다 빨라진다.
폴로 스루(FOLLOW THROUGH : 전체 게임)
수구를 친 다음 수구가 있었던 부분으로의 큐대의 이동.
테이블 풋(FOOT OF TABLE : 전체 게임)
게임을 시작할 경우에 볼을 랙으로 모으는 테이블의 끝 부분.

풋 스폿(FOOT SPOT : 전체 게임)
쇼트 레일의 센터 다이아몬드와 롱 레일의 두 번째 다이아몬드가 겹치는 부분 사이에 가상선을 그은 테이블 풋 엔드 지점.

풋 열(FOOT STRING : 전체 게임)
풋 스폿을 지나는 롱 레일의 두 번째 다이아몬드 사이의 테이블 풋 엔드 라인.

포스(FORCE : 전체 게임)
수구에 가하는 힘. 수구의 방향을 바꾸는 데 사용한다.

포스 드로(FORCE DRAW : 전체 게임)
수구에 극심하게 언더 스핀을 가하는 경우. 보통 수구가 처음에 볼을 치는 방향으로 이동하다가 스핀이 적용되어 수구가 멈추었다가 뒤쪽으로 끌리는 샷.

포스 폴로(FORCE FOLLOW : 전체 게임)
극심한 폴로 샷. 수구를 친 다음에 오버 스핀이 적용되어 잠시 동안 멈추었다가 친 방향으로 이동하는 것.

파울(FOUL : 전체 게임)
플레이 룰을 위반하는 것(룰을 위반하는 것이 전부 파울은 아니다). 파울의 경우 게임 룰에 따라 벌점을 주게 된다.

파울 스트로크(FOUL STROKE : 전체 게임) 파울이 발생됐을 경우의 스트로크.

프리 브레이크(FREE BREAK : 포켓 게임)
벌점을 받지 않고 적구를 널리 퍼지도록 하는 오프닝 브레이크.

프로즌(FROZEN : 전체 게임) 볼이 다른 볼이나 쿠션에 닿는 경우.

풀 볼(FULL BALL : 전체 게임)
수구와 적구의 중심을 이등분하는 라인의 접촉 지점에서 수구가 적구와 접촉하는 것.

[G]

게임 볼(GAME BALL : 전체 게임)
정식으로 포켓에 들어갔을 경우 게임에 이기면 이 볼을 게임 볼이라 한다.

모으기 샷(GATHER SHOT : 캐롬 게임)
한 개 이상의 볼을 다른 볼에 쳐서 샷이 끝났을 때 볼이 다시 돌아와 다음에 쉬운 샷을 할 수 있도록 볼을 모으는 것.

그립(GRIP : 전체 게임) 큐대의 밑둥을 손으로 쥐는 자세.

걸리 테이블(GULLY TABLE : 포켓 게임)
포켓과 볼이 테이블 풋에 있는 용기에 들어갈 때 볼을 회수하는 장치.

[H]

핸디캐핑(HANDICAPPING : 전체 게임)
수준이 다른 플레이어가 공정한 게임을 하도록 게임의 룰이나 스코어 방식을 변경하는 것.

테이블 헤드(HEAD OF TABLE : 전체 게임)
오픈 브레이크 샷을 하는 테이블의 끝. 끝 부분은 보통 제조회사의 상표가 마크되어 있다.

헤드 스폿(HEAD SPOT : 전체 게임)
쇼트 레일의 중심 다이아몬드와 롱 레일의 두 번째 다이아몬드가 교차하는 사이에 가상선을 그은 테이블 헤드 끝의 지점.

헤드 열(HEAD STRING : 전체 게임)
헤드 스폿을 지나는 롱 레일의 두 번째 다이아몬드 사이의 테이블 헤드 끝 라인.

하이 런(HIGH RUN : 캐롬 게임) 한 이닝에 친 볼의 최고 숫자.

홀드(HOLD : 전체 게임)
수구가 정상적으로 구르지 않고 멈추도록 하는 스핀 샷.

[I]

이닝(INNING : 전체 게임) 경기에서 플레이어 교대까지의 진행 타임.

[J]

조(JAW : 포켓 게임)
테이블 베드로부터 포켓 쪽으로 공간이 생기도록 깎인 쿠션의 경사진 부분.

조 볼(JAWED BALL : 포켓 게임)
포켓의 조 때문에 볼이 앞뒤로 바운드되어 포켓에 들어가지 않는 볼.

조인트(JOINT : 전체 게임)
큐대의 중간 부분을 나사로 연결한 두 부분으로 된 큐. 조인트는 큐대를 두 부분으로 나

눌 수 있도록 한다.

점프 샷(JUMPED SHOT : 전체 게임)
수구와 적구가 동시에 또는 따로따로 테이블 위로 뜨도록 하는 샷.

점프 볼(JUMPED BALL : 전체 게임) 샷을 하여 테이블 밖으로 나간 볼.

[K]

키 볼(KEY BALL : 14.1 연속 게임)
각 랙의 14번째 볼. 볼을 랙으로 다시 모아 초구 샷을 할 때 위치를 선정하는 데 중요하므로 키 볼이라 부른다.

킥 샷(KICK SHOT : 전체 게임) 수구가 적구와 접촉하기 전에 쿠션에 뱅크되는 샷.

킬 샷(KILL SHOT : 포켓 게임) 데드볼 샷 참조.

키스(KISS : 전체 게임) 볼과 볼의 접촉.

키스 샷(KISS SHOT : 포켓 게임)
수구가 적구와 한번 이상 접촉하도록 하는 샷. 예를 들어 수구는 한 개의 적구와 키스, 접촉한 다음 다른 볼에 닿아 득점을 할 수 있다. 또한 적구가 한 개 또는 그 이상의 적구와 캐롬되어 포켓에 들어가도록 하는 샷을 가리킨다.

키스 아웃(KISS-OUT : 전체 게임) 접촉, 샷을 실패하게 만드는 우연한 접촉.

키친(KITCHEN : 포켓 게임) 헤드열과 테이블 헤드 끝의 쿠션 사이를 표시하는 속어.

[L]

랙(LAG : 캐롬 게임)
수구가 적구에 닿기 전에 3개 이상의 쿠션에 닿는 경우.

랙 포 브레이크(LAG FOR BREAK : 전체 게임)
스타트 플레이어를 결정하기 위해 사용하는 절차. 각 플레이어는 헤드열 뒤에서 샷을 하여 헤드 쿠션에 될 수 있는 한 가깝이 가도록 한다.

리브(LEAVE : 포켓 게임) 샷을 하고 난 다음의 볼의 위치.

롱(LONG : 전체 게임)
보통의 비틀기와 정상적인 스피드보다 강하게 비틀기와 스트로크를 하여 볼의 각도를 크게 할 경우의 볼을 가리킨다.

롱 열(LONG STRING : 포켓 게임)
풋 쿠션의 중심으로부터 볼을 놓는 풋 스폿까지(필요할 경우 이 이상)의 라인.

루징 해저드(LOSING HAZARD : 스누커)
수구가 적구와 접촉한 다음에 발생한다.

롯(LOT : 전체 게임)
보통의 게임에서 득점 기술이 아닌, 스타트 플레이어나 플레이 순서를 정할 때 사용하는 절차.

[M]

마세 샷(MASSE SHOT : 전체 게임)
큐대의 밑둥을 테이블 베드와 30~90도로 세워 극심한 비틀기를 시행하는 것.

머캐니컬 브리즈(MECHANICAL BRIDGE : 전체 게임)
정상적으로 브리지 핸드를 사용하여 볼을 치기 어려울 때 큐대를 받치기 위해 사용하는 홈이 패인 장치.

미스큐(MISCUE : 전체 게임)
큐의 팁이 수구를 제대로 치지 못할 경우의 스트로크. 보통 원하는 스트로크를 수구에 전달하지 못하고 큐대가 수구를 미끄러져 나가게 된다.

미스(MISS : 전체 게임) 완전한 샷을 못한 경우.

[N]

내추럴(NATURAL : 캐롬 게임)
성공적인 샷을 하는데 자연스러운 각도와 스트로크가 필요할 경우의 샷. 쉽게 볼 수 있으며 행할 수 있는 샷.

내추럴 잉글리시(NATURAL ENGLISH : 전체 게임)
수구에 자연스럽게 구르도록 하고 중심을 칠 때보다 스피드가 빨라지도록 치는 보통의 사이드 스핀.

내추럴 롤(NATURAL ROLL : 전체 게임)
비틀기를 가하지 않는 경우의 수구의 이동.

닙 드로(NIP DRAW : 전체 게임)

정상적인 드로 샷이 파울을 범할 우려가 있을 경우의 짧고 예리한 스트로크.

너스(NURSES : 캐롬 게임)

볼을 쿠션이나 볼 사이가 서로 밀접하게 붙도록 하여 쉽게 연속으로 득점할 수 있도록 하는 테크닉.

[O]

적구(OBJECT BALLS : 전체 게임) 수구가 아닌 나머지 볼.

오픈 브레이크(OPEN BREAK : 포켓 게임)

적어도 4개의 볼을 랙의 밖으로 나가도록 해야 하는 조건.

오프닝 브레이크 샷(OPENING BREAK SHOT : 전체 게임) 게임의 맨 처음 샷.

[P]

피(PEAS : 포켓 게임)

1번부터 15번 또는 16번까지 표시된 작은 플라스틱 볼. 필(PILL)이라고도 부른다.

플랜트 (PLANT : 스누커)

콤비네이션 샷으로써 포켓에 볼이 들어가도록 하는 두 개 이상의 적색 볼의 위치.

포지션 (POSITION : 전체 게임)

매번의 샷에 있어서 다음의 샷과 연결되는 수구의 위치.

파우더(POWDER : 전체 게임)

큐대가 브리지를 통해 쉽게 움직이도록 바르는 미세한 분말 가루.

파워 드로 샷 (POWER DRAW SHOT : 전체 게임)

수구에 극심한 드로 샷을 하는 경우의 샷. 포스 드로 샷과 같은 의미다.

푸시 샷 (PUSH SHOT : 전체 게임)

큐의 팁이 수구를 친 후에도 계속 닿아 있도록 하는 샷.

피라미드 (PYRAMID : 포켓 게임)

여러 포켓 빌리어드 게임에서 사용하는, 삼각형 그룹으로 되어 있는 적구의 포지션

[R]

레이스 (RACE : 전체 게임) 게임에 승리하는 데 필요한 미리 정한 게임의 숫자.

레일 (RAILS : 전체 게임)
천으로 덮이지 않은 테이블 위의 맨 위쪽 부분. 여기에서 쿠션이 테이블 쪽으로 나와 있다. 헤드 레일과 풋 레일은 테이블의 짧은 레일이며 오른쪽 레일과 왼쪽 레일은 긴 레일이다.

레드 볼(RED BALL : 캐롬 게임)
적색으로 된 적구(的球). 또한 특이한 3쿠션 빌리어드 게임을 가리킨다.

리버스 잉글리시(REVERSE ENGLISH : 전체 게임)
수구의 방향이 거꾸로 되도록 수구에 가하는 사이드 스핀. 볼이 적구나 쿠션에 맞고 리바운드되어 비틀기를 사용하지 않고 칠 때보다 속도가 줄어든다.

라운드 로빈(ROUND ROBIN : 전체 게임)
한 팀의 플레이어가 다른 팀의 플레이어와 한번씩만 경기하도록 하는 방식.

러닝 잉글리시(RUNNING ENGLISH : 전체 게임)
사이드 스핀을 수구에 가하여 비틀기를 사용하지 않은 때보다 빠른 속도와 예리한 각도로 적구나 쿠션으로부터 리바운드되도록 하는 샷.

런(RUN : 전체 게임)
한 이닝에서 득점한 연속적인 스코어, 포인트 또는 카운트. 또한 매치나 토너먼트에서 미스 샷을 하지 않고 승리한 전체적인 쇼트 랙 게임을 지칭하기도 한다.

[S]

세이프티(SAFETY : 전체 게임)
상대의 스코어 기회를 최소로 하기 위한 방어적인 볼의 포지션(세이프티 플레이의 특성과 룰은 게임에 따라 다양하다). 세이프티 플레이를 한 다음에는 그 플레이어의 이닝이 끝나게 된다.

스크래치(SCRATCH : 캐롬 게임)
예상하지 않은 키스 샷이나 예정하지 않은 타임 샷으로 인해 우연히 득점하는 경우.

스크래치(SCRATCH : 포켓 게임) 스트로크로 수구를 포켓에 넣는 것.

시딩(SEEDING : 전체 게임)
토너먼트 게임에서 처음에 미리 팀을 가르거나 플레이어의 포지션을 배정하는 것.

세트(SET : 전체 게임) 시합을 이기는 데 필요한 처음에 정한 게임의 수효.

샤프트(SHAFT : 전체 게임)
큐대의 가는 부분. 여기에 큐팁을 부착한다. 두 미디로 된 큐대의 경우 샤프트는 큐의 팁으로부터 조인트 부분까지 해당한다.

쇼트(SHORT : 전체 게임)
비틀기를 사용하지 않는 샷에 비해 각도가 좁게 이동하는 볼을 가리킨다.

쇼트 랙(SHORT RACK : 포켓 게임)
15개 이하의 적구를 사용하는 게임.

싱글 일리미네이션(SINGLE ELIMINATION : 전체 게임)
한 번이라도 지는 경우 경기에서 제거시키는 토너먼트 형식.

스네이크(SNAKE : 캐롬 게임)
두 개의 쿠션을 이용하지만 비틀기를 사용하여 수구가 3개 이상의 쿠션에 닿도록 하는 것.

스폿(SPOT : 전체 게임)
스폿 지점을 표시하기 위해 천에 붙인 얇은 원형의 종이나 천 조각(헤드 스폿, 센터 스폿, 풋 스폿 등이 있다). 또한 핸디캡을 의미하기도 한다.

스폿 볼(SPOT BALL : 캐롬 게임)
보통 점이나 서클로 표시하여 완전한 흰색 볼과 구분된 흰색 볼.

스폿 샷(SPOT SHOT : 포켓 게임)
플레이어는 헤드열 뒤에서 수구로써 풋 스폿에 있는 볼에 샷을 한다.

스포팅 볼(SPOTTING BALLS : 전체 게임)
일정한 게임 룰에 따라 볼을 테이블에 놓은 것.

스탠스(STANCE : 전체 게임) 샷을 할 때의 몸의 자세.
스톱 샷(STOP SHOT : 포켓 게임) 수구가 적구를 친 다음에 즉시 멈추도록 하는 샷.
스트로크 (STROKE : 전체 게임) 샷을 할 때의 큐대의 이동.
연속 파울(SUCCESSIVE FOULS : 포켓 게임)
동일한 플레이어에 의해 연속 스트로크 할 때의 파울.

[T]
테이블 인 포지션(TABLE IN POSITION : 전체 게임)
샷을 한 다음에 적구가 움직이지 않을 경우에 쓰이는 용어.

스루 샷(THROW SHOT : 포켓 게임)
① 비틀기를 사용하여 볼의 방향을 바꿀 때의 샷. ② 수구를 접촉되어 있는 첫 번째 적구의 오른쪽이나 왼쪽으로 쳐서 두 번째 적구가 수구와 반대 방향으로 가도록 하는 샷.

타임 샷(TIME SHOT : 전체 게임)
수구가 볼을 쳐서 다른 방향으로 이동시키고 계속해서 이동된 볼을 쳐서 득점을 하는 것.

트라이앵글(TRIANGLE : 포켓 게임)
대부분의 게임을 개시할 때 볼을 제 위치에 모으는 데 사용하는 삼각형 기구.

〈내용출처 : 빌리어드 코리아〉

|판권본사소유|

탄탄한 기초를 위한
당구 입문서

2024년 3월 15일 8쇄 발행

역은이 (前)서울스포츠대학원대학 스포츠레저연구소
발행인 김 중 영
발행처 오성출판사

주   소 서울시 영등포구 영등포 6가 147-7
T E L (02) 2635-5667~8
F A X (02) 835-5550
출판등록 1973년 3월 2일 제 13-27호
홈페이지 www.osungbook.com

ISBN 978-89-7336-758-0

※ 파본은 교환해 드립니다.
※ 독창적인 내용의 무단 전재, 복제를 절대 금합니다.